Heidenfelder • Das Bauunternehmen in der Krise und Insolvenz

D1855242

Branchenspezifische Insolvenzen

Herausgegeben von Dr. Dr. Thomas B. Schmidt
Fachanwalt für Insolvenzrecht, Fachanwalt für Arbeitsrecht

Das Bauunternehmen in der Krise und Insolvenz

von

Petra Heidenfelder,
Rechtsanwältin, Fachanwältin für Insolvenzrecht

ZAP

ISBN: 978-3-89655-425-3

© ZAP Verlag
LexisNexis Deutschland GmbH, Münster 2009
Ein Unternehmen der Reed Elsevier Gruppe

Alle Rechte sind vorbehalten.

Dieses Werk und alle in ihm enthaltenen Beiträge und Abbildungen sind urheberrechtlich geschützt. Mit Ausnahme der gesetzlich zugelassenen Fälle ist eine Verwertung ohne Einwilligung des Verlages unzulässig.

Druck: Bercker, Kevelaer

Vorwort

Dieses Buch ist vor allem für Praktiker gedacht, die vor der Aufgabe stehen, ein Bauunternehmen zu sanieren, d.h. als erster Leitfaden für vorläufige Insolvenzverwalter, um eine Bauinsolvenz mit all ihren branchenspezifischen Besonderheiten in den Griff zu bekommen. Ich habe daher viele Muster, die ich selbst in Insolvenzverfahren verwandt habe, zur praktischen Verwendung beigefügt.

Bei einer Bauinsolvenz besteht die Besonderheit, dass jede einzelne Baustelle wie eine einzelne Unternehmensinsolvenz kalkuliert und bearbeitet werden sollte. Erst das Ergebnis der einzelnen Baustellen zusammen gibt dem Berater bzw. dem Insolvenzverwalter eine Aussage über das gesamte Unternehmen.

Dieses Buch ist ein Gesamtwerk von Kollegen, die ich im Laufe meiner Tätigkeit in den Insolvenzverfahren Philipp Holzmann AG und Walter Bau AG kennengelernt habe. Einige dieser Kollegen arbeiten in der p.e.o.s. GmbH, einem auf die Baubranche spezialisierten Dienstleistungsunternehmen mit Sitz in Neu-Isenburg. Die Unterstützung von Insolvenzverwaltern bei der Abwicklung von Bauunternehmen bildet einen Schwerpunkt der Tätigkeiten der p.e.o.s. GmbH.

Insbesondere möchte ich mich bei Herrn Dr.-Ing. Heinrich Weiler, Frau Rechtsanwältin Isolde Wölfing-Hamm, Herrn Erik Mayenfels, Frau Rechtsanwältin Tina Bernecker, Herrn Wirtschaftsprüfer und Steuerberater Christian Böhm und Frau Rechtsanwältin Dr. Birte Klippel sowie Herrn Pietro Nuvoloni bedanken. Sie haben mich mit ihren jeweiligen Spezialkenntnissen in verschiedenen Bereichen einer Bauinsolvenz sehr unterstützt.

Anregungen und Verbesserungsvorschläge sind herzlich willkommen.

Bei den einzelnen Abschnitten haben mitgewirkt:

Teil A – Das Bauunternehmen in der Krise
Erik Mayenfels, Baufachwirt/IHK

Teil B – Das Bauunternehmen in der Insolvenz
Petra Heidenfelder, Rechtsanwältin, Fachanwältin für Insolvenzrecht

Teil C – Fortführung von Baustellen
Dr.-Ing. Heinrich Weiler

Teil D – Liquiditätsplanung im eröffneten Insolvenzverfahren
Petra Heidenfelder, Rechtsanwältin, Fachanwältin für Insolvenzrecht und Erik Mayenfels, Baufachwirt/IHK

Teil E – Avalmanagement
Dr.-Ing. Heinrich Weiler

Teil F – Archivierung
Dr.-Ing. Heinrich Weiler

Teil G – Insolvenz des Generalunternehmers, Vorliegen von Mängeln, Sicherheiten der Nachunternehmer
Isolde Wölfing-Hamm, Rechtsanwältin

Teil H – ARGEN
Isolde Wölfing-Hamm, Rechtsanwältin

Teil I – Bürgschaftsarten bei Bauverträgen
Tina Bernecker, Rechtsanwältin

Teil J – Insolvenz und Rechtsstreite
Tina Bernecker, Rechtsanwältin

Teil J Abschnitt VII – Baurechtliche Besonderheiten im Zusammenhang mit Anfechtungsmöglichkeiten
Petra Heidenfelder, Rechtsanwältin, Fachanwältin für Insolvenzrecht

Teil K – Steuerrechtliche Besonderheiten in der Bauinsolvenz
Petra Heidenfelder, Rechtsanwältin, Fachanwältin für Insolvenzrecht

Teil L – Krisenkommunikation bei Bauinsolvenzen
Pietro Nuvoloni, Medienberater in Köln

Neu-Isenburg, im Dezember 2008 Petra Heidenfelder

Inhaltsübersicht

Literaturverzeichnis

Adler/Düring/Schmaltz, Rechnungslegung und Prüfung der Unternehmen, 6. Aufl., ab 1994.

Adler/May, Inanspruchnahme einer Vertragserfüllungsbürgin durch Mitgesellschafter einer Bau-ARGE – Regressmöglichkeiten bei der ARGE in Form einer GbR und OHG, BauR 2006, 756.

Burchardt/Pfülb, ARGE-Kommentar, 3. Aufl., 2006, zitiert: Buchardt/Pfülb/Bearbeiter.

Federmann, Bilanzierung nach Handelsrecht und Steuerrecht, 11. Aufl., 2000.

Feuerborn, Die Geltendmachung von Gewährleistungsansprüchen im Bauträgerkonkurs, ZIP 1994, 14.

Freiberger Handbuch zum Baurecht, hrsg. von Jacob/Ring/Wolf, 2. Aufl., 2003, zitiert: Bearbeiter, Titel des Abschnitts, in: Freiberger Handbuch zum Baurecht.

Fritsche/Kilian, Die Kontrolle der insolvenzbedingten Kündigung nach § 8 Nr. 2 VOB/B am Maßstab des allgemeinen Zivil- und des Insolvenzanfechtungsrechts, DZWIR 2008, 45.

Haller/Mielicki, Bewertungsprobleme in der Praxis, BWi 1997, 6.

Häsemeyer, Insolvenzrecht, 4. Aufl., 2007.

Heinze, Die Anfechtung von Bauabzugsteuern, DZWIR 2005, 282.

Hölzle, Umsatzsteuerliche Organschaft und Insolvenz der Organgesellschaft, DStR 2006, 1210.

Horschitz/Groß/Fanck, Bilanzsteuerrecht und Buchführung, 11. Aufl., 2007.

Huber, Neues Verjährungsrecht für Insolvenzanfechtungsanspruch, ZInsO 2005, 190.

Ingenstau/Korbion, VOB Teile A und B – Kommentar, 16. Aufl., 2007, zitiert: Ingenstau/Korbion/Bearbeiter.

Jagenburg, Haftungsbeschränkung durch Abtretung von Gewährleistungsansprüchen, NJW 1972, 1222.

Jagenburg/Schröder, Der ARGE-Vertrag, 2. Aufl., 2008, zitiert: Jagenburg/Schröder.

Joussen, Das Ende der Arge als BGB-Gesellschaft, BauR 1999, 1063.

ders., in: Baurecht im Wandel, Festgabe für Steffen Kraus, hrsg. von Klaus Vygen und Christian Sienz, 2003, S. 73, zitiert: Joussen, in: Baurecht im Wandel.

Koenen, Die Kündigung nach § 8 Nr. 2 VOB/B und deren Abrechnungsprobleme, BauR 2005, 202 (Beilage).

Lachmann/Nieberding, Insolvenz am Bau – Beratung der Bauvertragsparteien in Krise und Insolvenz, zitiert: Lachmann/Nieberding, Insolvenz am Bau.

Lauer, Wem ist die Bürgschaftsurkunde zurückzugeben?, NZBau 2003, 318.

Lindken/Mielicki, Buchhaltung, Zwischenabschlüsse und Schlussbilanz der Bau-Arbeitsgemeinschaften, 6. Aufl., 2006.

Muffler, Das Mängelbeseitigungsrecht des Werkunternehmers und die Doppelsinnigkeit der Nacherfüllung, BauR 2004, 1356.

Münchener Kommentar zum Bürgerlichen Gesetzbuch, 4. Aufl., ab 2001, 5. Aufl., ab 2006, zitiert: MünchKomm-BGB/Bearbeiter.

Münchener Kommentar zur Insolvenzordnung, 2. Aufl., 2008; zitiert: MünchKomm-InsO/Bearbeiter.

Palandt, Bürgerliches Gesetzbuch – Kommentar, 67. Aufl., 2008; zitiert: Palandt/Bearbeiter.

Rondorf, Auswirkungen der Insolvenz auf die umsatzsteuerliche Organschaft, INF 2003, 466.

Schmitz, Die Bauinsolvenz, 4. Aufl., 2007.

Schulze-Hagen, Die Vertragserfüllungsbürgschaft, BauR 2007, 170.

Staudinger, Kommentar zum Bürgerlichen Gesetzbuch, ab 1993, zitiert: Staudinger/Bearbeiter.

Tintelnot, Vereinbarungen für den Konkursfall, 1991, zugleich Diss. Universität Göttingen 1990.

Uhländer/Waza, Skript zum NWB-Seminar, Umsatzsteuer in der Insolvenz, 2006, S. 68 ff.

Uhlenbruck/Richter, Kosten eines nach Unterbrechung wieder aufgenommenen Prozesses im Insolvenzverfahren, ZIP 2001, 1988.

Wölfing-Hamm/Hochstadt, Sicherungsumfang der Bürgschaften einer Bau-ARGE bei Insolvenz eines Gesellschafters, NZBau 2007, 65.

Abkürzungsverzeichnis

A

AfA	Absetzung für Abnutzung
AG	Aktiengesellschaft/Amtsgericht
AGB	Allgemeine Geschäftsbedingungen
AGB-Bk	Allgemeine Geschäftsbedingungen der Banken
AGBG	Gesetz zur Regelung des Rechts der Allgemeinen Geschäftsbedingungen
AGK	Allgemeine Geschäftskosten
AN	Auftragnehmer
Anm.	Anmerkung
AO	Abgabenordnung
ARGE	Arbeitsgemeinschaft
Aufl.	Auflage
AÜG	Gesetz zur Regelung der gewerbsmäßigen Arbeitnehmerüberlassung

B

BauR	Baurecht (Zs.)
Bd.	Band
BFH	Bundesfinanzhof
BGB	Bürgerliches Gesetzbuch
BGH	Bundesgerichtshof
BGHZ	Sammlung der Entscheidungen des Bundesgerichtshofes in Zivilsachen
BIC	Bank Identifier Code
BRD	Bundesrepublik Deutschland
bspw.	beispielsweise
BT-Drucks.	Bundestagsdrucksache
BWi	Die Bauwirtschaft – Zentralblatt für das gesamte Bauwesen (1947–2001; 2001 aufgegangen in Baumarkt + Bauwirtschaft)
bzgl.	bezüglich

D

ders.	derselbe
DStR	Deutsches Steuerrecht (Zs.)
DV	Datenverarbeitung
DZWIR	Deutsche Zeitschrift für Wirtschafts- und Insolvenzrecht

E

EDV	Elektronische Datenverarbeitung
EfbV	Verordnung über Entsorgungsfachbetriebe
EStG	Einkommensteuergesetz
etc.	et cetera
evtl.	eventuell

F

f./ff.	und die folgende/n
FA	Finanzamt
Fn.	Fußnote

G

G+V	Gewinn- und Verlustrechnung
GbR	Gesellschaft bürgerlichen Rechts
GewStG	Gewerbesteuergesetz
ggf.	gegebenenfalls
ggü.	gegenüber
grds.	grundsätzlich
GW	Gewährleistungsbürgschaft

H

HGB	Handelsgesetzbuch
hrsg.	herausgegeben

I

i.Ü.	im Übrigen
IBAN	International Bank Account Number
IBR	Immobilien- & Baurecht (Zs.)

IBR-Werkstattbeitrag	Urteilsbesprechung in der Internet-Datenbank www.ibr-online.de, Rubrik Werkstatt (kostenpflichtig)
ILV	Interne Leistungsverrechnung
INF	Die Information für Steuerberater und Wirtschaftsprüfer (Zs.)
insbes.	insbesondere
InsO	Insolvenzordnung

K

Kfz	Kraftfahrzeug
KG	Kammergericht
KStG	Körperschaftsteuergesetz
KTS	bis 1988: Konkurs-, Treuhand- und Schiedsgerichtswesen; seit 1989: Zeitschrift für Insolvenzrecht – Konkurs, Treuhand, Sanierung

L

LG	Landgericht
lt.	laut

M

m.	mit
max.	maximal
MTA	Maschinentechnische Abteilung

N

NJW	Neue Juristische Wochenschrift (Zs.)
NJW-RR	Rechtsprechungsreport der NJW (Zs.)
NJW-Spezial	Beilage zur NJW (Zs.)
NWB	Neue Wirtschafts-Briefe – Zeitschrift für Steuer- und Wirtschaftsrecht
NZBau	Neue Zeitschrift für Baurecht und Vergaberecht
NZI	Neue Zeitschrift für das Recht der Insolvenz und Sanierung

O

o.g.	oben genannt

OFG	Oberfinanzgericht
OHG	Offene Handelsgesellschaft
OLG	Oberlandesgericht
P	
PA	Partnerausschüttungsbürgschaft bei ARGEN
R	
r.	rechte
RG	Reichsgericht
RGZ	Sammlung der Entscheidungen des Reichsgerichts in Zivilsachen
Rn.	Randnummer
S	
s.	siehe
S.	Seite
s.o.	siehe oben
sog.	sogenannt
SOKA-Bau	SOKA-BAU (Sozialkasse Bau), Urlaubs- und Lohnausgleichskasse der Bauwirtschaft (ULAK) und Zusatzversorgungskasse des Baugewerbes AG (ZVK)
Sp.	Spalte
StGB	Strafgesetzbuch
T	
T€	Tausend Euro
TB	Technische Bearbeitung
U	
u.a.	unter anderem
u.ä.	und ähnlich
Überbl.	Überblick
Urt.	Urteil
USt	Umsatzsteuer
usw.	und so weiter

V

v.	vom
VE	Vertragserfüllungsbürgschaft
Vfg.	Verfügung
vgl.	vergleiche
VOB/B	Allgemeine Vertragsbedingungen für die Ausführung von Bauleistungen (Teil B der Vergabe- und Vertragsordnung für Bauleistungen)
VZ	Vorauszahlungsbürgschaft/Anzahlungsbürgschaft

W

WM	Wertpapier-Mitteilungen (Zs.)

Z

z.Zt.	zur Zeit
ZB	Zahlungsbürgschaft
ZfIR	Zeitschrift für Immobilienrecht
ZInsO	Zeitschrift für das gesamte Insolvenzrecht
ZIP	Zeitschrift für Wirtschaftsrecht
Zs.	Zeitschrift

A. Das Bauunternehmen in der Krise

I. Allgemeines

Tägliche Berichte in den Medien über Insolvenzen, Ertragseinbrüche oder drohende Unternehmensniedergänge zeugen von den Auswirkungen eines härter werdenden Wettbewerbes – auch und gerade wegen der Globalisierung. 1

Unsere auf Wachstum, Leistung und Karriere ausgerichtete Wertegesellschaft stößt an ihre Grenzen. Da die gesamte Konkurrenz im Leistungsstand nachgezogen hat und die bisher marktführenden Unternehmen keinen Wettbewerbsvorteil mehr haben, findet ein Verdrängungswettbewerb unter den Besten statt. Dies geschieht oft über den (Angebots-) Preis. 2

Krisen kommen nicht über Nacht, sondern sind häufig das Ergebnis jahrelanger Fehlentwicklungen. Je früher diese Fehlentwicklungen erkannt werden, desto höher sind die Chancen, erfolgreich gegensteuern zu können. Dabei sind die branchenspezifischen Risiken und Marktbedingungen von zentraler Bedeutung. 3

Mit **Krise** wird eine Unternehmenssituation beschrieben, die Handlungsbedarf erfordert. Betriebswirtschaftlich bedeutet die Krise Existenzgefährdung des Unternehmens, die, wenn die Entwicklung nicht gestoppt wird, zur Insolvenz des Unternehmens führt. Eine Krise kündigt sich an. Zunächst gibt es strategische Fehlentwicklungen, beim Bau bspw. Annahme nicht kostendeckender Prestigeobjekte und fehlende Führungsqualitäten im Management. 4

Dies führt zur **Ertragskrise**, d.h. das Eigenkapital ist aufgezehrt, Überschuldung tritt ein und schließlich kommt es zur **Liquiditätskrise**, d.h. die Zahlungsmittel reichen nicht aus, um die fälligen Verbindlichkeiten zu bedienen. 5

II. Baubranchenspezifische Gründe und Risikofaktoren der Krise eines Bauunternehmens

1. Krisenursachen aus dem Bereich der Auftragsbeschaffung

a) Die Marktbereinigung als Folge eines Überangebotes an Anbietern nach Ablauf von staatlichen Förderprogrammen im Bauinland (Bauboom Ost in den 1990er Jahren in den Neuen Bundesländern). Die Verluste im Bauin- 6 landsgeschäft können nicht mehr durch internationale Erlöse ausgeglichen bzw. subventioniert werden.

7 b) Die fehlende Flexibilisierung der Kapazitäten (Personalfixkosten und Gerätemieten) erfordert einen Grundstock an Auftragsbeständen in den Büchern.

8 c) Dieses Auslastungsdiktat zur Deckung der Fixkosten zwingt zur Annahme erkaufter bzw. unrentabler Aufträge (sog. Kampfpreise). Die fehlende Kostendeckung trotz voller Auftragsbücher führt mittelfristig zur Schädigung des Unternehmens und der Branche.

9 d) Die Abhängigkeiten von einigen wenigen Kunden (Auftraggeber und Nachunternehmer) führen zu Preisdiktaten bei der Vergabe und im Einkauf sowie zu Liquiditätsengpässen bei schlechter Zahlungsmoral der Auftraggeber. Hinzu kommen wirtschaftliche Probleme sowie Zahlungseinbehalte bei Schwächen im Leistungsprozess (z.B. Bauausführungsmängel, verzögerte Baufertigstellung, nicht genehmigte Nachträge, Altlasten, Mietausfälle u.ä.).

2. Krisenursachen aus dem Bereich der Führung/des Managements

10 a) Der Generationenwechsel in der Unternehmensführung und bei den Gesellschafterverhältnissen ist nicht geklärt bzw. abgeschlossen oder es fehlt die persönliche und/oder fachliche Qualifikation der neuen Handlungsträger.

11 b) Eine oftmals unausgewogene strategische Ausrichtung und fehlende Marktpositionierung verhindern eine Spezialisierung und damit die mögliche Einzigartigkeit als Wettbewerbsvorteil (Nischenplayer). Denn die mit dieser Monopolstellung am Markt erzielbaren Premiumpreise sichern die Existenz eines Unternehmens langfristig ab.

12 c) Eine Verzettelung im Leistungsspektrum („Alles aus einer Hand" ohne Untervergabe, Prestigeobjekte) und komplexe Bauvorhaben überfordern viele Bauunternehmen.

13 d) Nicht vorhandenes oder unterentwickeltes kaufmännisches und technisches Controlling auf Unternehmens- und Baustellenebene.

3. Krisenursachen aus dem Bereich der Finanzierung

14 a) Eine meist geringe Eigenkapitalausstattung schränkt den Zeitraum für das Überstehen von wirtschaftlichen Durststrecken ein. Die Bauwirtschaft ist

aufgrund der vergleichsweise geringen Eigenkapitalquote eine sehr insolvenzanfällige Branche.

b) Eingeschränkte Investitionsmöglichkeiten verhindern dringend notwendige Umstrukturierungen im Produktionsprozess und Erweiterungen/Änderungen in der Angebotspalette. 15

III. Krisenfrüherkennung in der Baubranche durch effizientes Controlling

Zentraler Baustein für die Analyse und die Führung von Unternehmen ist ein aussagekräftiges und effizientes Controlling-System. Gerade für ein Bauunternehmen ist ein kaufmännisches und technisches Controlling aufgrund der vielfältigen Risiken unverzichtbar. Die Risiken liegen in der Bauabwicklung selbst. Jedes Bauwerk ist ein Unikat, wodurch die Wahrscheinlichkeit von Herstellungsfehlern steigen kann. Durch die Dauer der Bauzeit kann es zu Materialpreissteigerungen kommen. Die Baustellen laufen über mehrere Geschäftsjahre und müssen für die Erstellung von Jahresabschlüssen hinsichtlich ihres Leistungsstandes und ihrer Risiken einzeln bewertet werden. Hierdurch wird die Bewertung der wirtschaftlichen Situation eines Bauunternehmens erheblich erschwert. 16

1. Grundzüge und Elemente des Controlling

Das Controlling ist ein umfassendes Steuerungs- und Koordinationskonzept zur Unterstützung der Geschäftsleitung bei der ergebnisorientierten Planung und Umsetzung unternehmerischer Aktivitäten. Controller gestalten und begleiten den Management-Prozess der Zielfindung und die Planung und Steuerung der Unternehmensprozesse. Im Auftrag des Managements wacht das Controlling über die Wirtschaftlichkeit im Unternehmen. 17

Das Controlling befasst sich mit der Entwicklung von Steuerungsinstrumenten, mit der Ausrichtung von Steuergrößen auf strategische Zielgrößen, mit der Koordinierung von Informationen, mit der Moderation von Auswertungen und hilft bei den Entscheidungsfindungen der Unternehmensführung. 18

Das Controlling wird in folgende Aufgaben und Funktionen aufgeteilt:

a) Planungsaufgaben

19 In der Planung werden Maßnahmen und Ressourcen zur Zielerreichung festgelegt. Der Controller erstellt die erforderlichen Planungsunterlagen/-formulare, während die inhaltliche Planung durch die Abteilungsleiter vorgenommen wird. Die Teilpläne der Bereiche fügt der Controller zu einem Gesamtplan („Businessplan") zusammen. Dieses Budget der Unternehmensplanung stellt die wertmäßige Sollvorgabe zum Erreichen des angestrebten Geschäftsergebnisses dar.

20 Die erforderlichen Planungsunterlagen/-formulare nach bauspezifischen Kriterien haben wir als Muster mit einem Beispiel beigefügt (s. Rn. 22, 49 bis 55).

aa) Planung der Gemeinkosten

(1) Gemeinkostenbudget

21 Ziel der Planung ist die Aufstellung von Budgets auf Basis von Plankostenarten. Die Budgets sind als Maßstab bei der Gegenüberstellung der Plan- und Istwerte im Berichtsjahr zu werten. Relevante Abweichungen sind zu analysieren. Diese Gemeinkostenbudgets sind Teil der Unternehmensgesamtplanung und bilden einen Maßstab für die wirtschaftliche Beurteilung der Kostenstellen während des Planjahres.

22 Der Kostenstellenverantwortliche (i.d.R. der Abteilungsleiter) plant die Personal- und Sachkosten seines Geschäftsbereiches, die auf diverse Kostenstellen (z.B. technische und kaufmännische Tätigkeiten) verteilt sind.

Beispiel:

Der Abteilungsleiter des Geschäftsbereiches Hochbau aus der Hauptniederlassung Musterstadt einer großen Bauunternehmung namens Allbau AG hat den Auftrag bekommen, das Gemeinkostenbudget seines Bereiches für die Jahre 2008 bis 2010 zu planen. Er ermittelt die anfallenden Personal- und Sachkosten, die Belastungen und Gutschriften aus internen Leistungsverrechnungen, die Abrechnungsergebnisse interner Aufträge sowie sonstige Gutschriften und trägt diese wie im Muster (Rn. 49 bis 55) gezeigt in das vom Controller der Unternehmung bereitgestellte „Planungsformular Gemeinkosten" ein. Er macht diese Planung für die Kostenstellen Technische Verwaltung, Angebots- und Projektbearbeitung,

Oberbauleitung, Bauleitung, Baukaufleute und Auszubildende und kommt so zu einem Gemeinkostenbudget für seinen Geschäftsbereich.

Typische Beispiele für eine interne Leistungsverrechnung sind die Kostenstellen Bauleitung und Baukaufleute. In unserem Fall können Sie sehen, dass die Plankosten 2008 dieser Kostenstellen über 1.271,3 T€ und 210,7 T€ durch Gutschriften aus Leistungsverrechnungen ausgeglichen werden. Diese Kosten werden direkt zulasten der Projekte/Baustellen auf das sog. Baustellenergebnis gebucht. 23

Für das Jahr 2008 ist ein Gemeinkostenbudget von rund 1.207 T€ vorzumerken, das im Beispiel (ab Rn. 22) im späteren Businessplan 2008 (Rn. 68) wiederzufinden sein wird. 24

Für die Zuordnung einzelner Positionen zu den Plankostenarten im Muster „Planungsformular Gemeinkosten" (Rn. 49 bis 55) kann folgender Leitfaden dienen: 25

(2) Leitfaden für die Zuordnung zu den Plankostenarten (Personalkosten, Sachkosten, innerbetriebliche Leistungsverrechnung)

- Lohn: 26
  Löhne, Lohnzusatzkosten und Lohnnebenkosten für Gewerbliche, Poliere, Meister, Auszubildende und Praktikanten.
- Gehalt: 27
  Gehälter, Gehaltszusatzkosten und Gehaltsnebenkosten für Angestellte, Auszubildende und Praktikanten.
- Sonstige Gehaltskosten: 28
  U.a. Vorruhestandsleistungen, Unterstützungsaufwendungen und Abfindungen.
- Fremdlöhne, Fremdgehälter, Zeitarbeitskräfte: 29
  Fremdleistungen, z.B. Beratungskosten, sind unter „Fremde Dienstleistungen/Service" zu planen.
- Zuschlag Pensionsumlage: 30
  Für laufende Aufwendungen aus Pensionszahlungen.
- Reisekosten und Bewirtung. 31

32 • Büromaterial, Bücher, Zeitschriften etc.:
Direkte Kosten für extern bezogenes Büromaterial, Lichtpausen, Bücher, Zeitschriften und Datenverarbeitungs (DV)-Kleinmaterial.

33 • Post und Telekommunikation:
Direkte Kosten für Post und Telekommunikation (z.B. Autotelefon).

34 • Fremde Dienstleistungen/Service:
U.a. Rechts- und Beratungskosten, fremde Planungs- und Entwurfskosten, Kosten des Zahlungsverkehrs, Fremdinstandhaltung, Transportkosten, sonstige Fremdleistungen wie z.B. Reinigung und Müll.

35 • Geräte, Hardware, Software, Büroausstattung, kalkulatorische AfA und Zinsen:
Kalkulatorische Absetzung für Abnutzung (AfA) und Zinsen, Gebrauchsgebühren für Geräte, Hardware, Software und Büroausstattung, ebenso Fremdgerätemiete, Leasing sowie direkt zu belastende Anschaffungen wie z.B. Büromöbel.

36 • Hilfs-, Betriebs- und Verbrauchsstoffe:
U.a. Benzin für Firmen-PKW, Reinigungsmaterial, Strom, Gas und Wasser.

37 • Versicherung, Steuern, Abgaben:
Versicherungsgebühren, Steuern (z.B. Kfz), Grundstücksabgaben und sonstige Gebühren.

38 • Werbung, Repräsentation:
U.a. Werbeartikel, Repräsentationsaufwendungen.

39 • Sonstige Sachkosten:
Z.B. Fortbildungsaufwendungen, Aufwand für Personaleinstellungen, Ersatzteile (z.B. Reifen), Gemeinschaftsverpflegung, Jubiläumsaufwendungen.

40 • Mieten, Leasing, Gebäude:
Direkte Kosten z.B. für angemietete Räume (extern/zwischenbetrieblich) und Auto-Leasing.

41 • Raumkosten:
Belastung aus interner qm-Verrechnung.

42 • Sonstige interne Leistungsverrechnung (ILV-Belastungen) wie Datenverarbeitungs (DV)-Kosten, Lichtpauserei, Technische Bearbeitungs (TB)-Leistungen und Kalkulationsleistungen:

Leistungen, die in Anspruch genommen werden, die aber nicht über verrechenbare interne Aufträge umgelegt werden können.

- Umlagen: 43
  Belastungen aus internen Sachumlagen wie z.B. Büromaterial, Post und Telefon.
- Sonstige innerbetriebliche Leistungsverrechnungen: 44
  Diese sind auf einem formlosen Anhang separat zu erläutern.
- Sonstige zwischenbetriebliche Belastungen: 45
  Z.B. zwischenbetriebliches Abstellen von Personal.
- Ergebnis aus der Abrechnung von Gemeinkosten-Aufträgen: 46
  Bauprojekte, die auf mehrere Geschäftsbereiche bzw. Niederlassungen aufgeteilt worden sind und nun ergebnismäßig verrechnet werden.
- Gutschriften aus Leistungsverrechnung: 47
  Gutschriften für zwischenbetriebliche und innerbetriebliche Leistungsverrechnung. Eine Planung müssen diejenigen Kostenstellen vornehmen, die Leistungen (z.B. Verrechnungen des Baukaufmanns) innerhalb der Geschäftsbereiche der Gesellschaft erbringen.
- Erlöse von Externen: 48
  U.a. Miet- und Zinserlöse, Zuschüsse und sonstige Gutschriften.

Beispiel auf den folgenden Seiten: Gemeinkostenplanung mit Zahlen

49 **Planungsformular Gemeinkosten 2008/2009/2010** **Währung: T€**

	Geschäftsbereich	Kostenstelle
Kostenstelle:	**1000**	**alle**

1000 HN Musterstadt Hochbau	**PLAN 2008**	**PLAN 2009**	**PLAN 2010**
Personalkosten			
Lohn	0,0	0,0	0,0
Lohnzusatzkosten	0,0	0,0	0,0
Lohnnebenkosten	0,0	0,0	0,0
Summe Lohn	0,0	0,0	0,0
Gehalt	1.345,5	1.462,7	1.491,9
Gehaltszusatzkosten	376,7	409,6	417,7
Gehaltsnebenkosten	43,0	48,0	55,0
Summe Gehalt	1.765,2	1.920,3	1.964,6
Sonstige Personalkosten	11,1	12,0	12,0
Zeitarbeitskräfte, freie Mitarbeiter	0,0	0,0	0,0
Summe Personalkosten	1.776,3	1.932,3	1.976,6
Zuschlag Pensionsumlage (7,98 %)	141,8	154,3	157,8
Summe Personalkosten inkl. P-Umlage	1.918,1	2.086,6	2.134,4
Sachkosten			
Reisekosten und Bewirtung	13,0	14,0	15,0
Büromaterial, Bücher, Zeitschriften	8,7	11,5	12,1
Post und Telekommunikation	7,5	8,0	8,0
Fremde Dienstleistungen/Service	183,0	204,0	225,0
Geräte (inkl. DV), Büroausstattung, AfA	110,1	111,8	118,9
Betriebs- und Verbrauchsstoffe	1,0	1,0	1,0
Versicherungen, Steuern, Abgaben	2,0	2,0	3,0
Werbung, Repräsentation	3,0	3,0	3,0
Sonstige Sachkosten	10,1	11,3	11,8
Miete, Leasing, Gebäude	0,0	0,0	0,0
Summe Sachkosten	338,4	366,6	397,8
Belastungen aus Leistungsverrechnung			
Raumkosten	43,4	44,4	44,4
DV-Kosten	3,0	3,0	3,0
Lichtpauserei	43,0	48,0	53,0
TB-Leistungen	340,0	360,0	380,0
Kalkulationsleistungen	0,0	0,0	0,0
Umlagen	0,0	0,0	0,0
Sonstige innerbetriebl. Leistungsverrechnungen	0,0	0,0	0,0
Sonstige zwischenbetriebliche Belastungen	3,0	3,0	3,0
Summe Leistungsverrechnung	432,4	458,4	483,4
Abrechnung interner Aufträge			
Ergebnis aus der Abrechnung von Gemeinkosten-Aufträgen	0,0	0,0	0,0
Gutschriften			
Aus Leistungsverrechnung	-1.482,0	-1.590,4	-1.633,5
Erlöse von Externen	0,0	0,0	0,0
Summe Gutschriften	-1.482,0	-1.590,4	-1.633,5
Über- bzw. Unterdeckung	**1.206,9**	**1.321,2**	**1.382,1**

Planungsformular Gemeinkosten 2008/2009/2010 **Währung: T€** 50

	Geschäftsbereich	Kostenstelle
Kostenstelle:	**1000**	**2000**

1000 HN Musterstadt Hochbau - Techn. Verwaltung	**PLAN 2008**	**PLAN 2009**	**PLAN 2010**
Personalkosten			
Lohn	0,0	0,0	0,0
Lohnzusatzkosten	0,0	0,0	0,0
Lohnnebenkosten	0,0	0,0	0,0
Summe Lohn	0,0	0,0	0,0
Gehalt	230,0	234,6	239,3
Gehaltszusatzkosten	64,4	65,7	67,0
Gehaltsnebenkosten	15,0	15,0	15,0
Summe Gehalt	309,4	315,3	321,3
Sonstige Personalkosten	0,0	0,0	0,0
Zeitarbeitskräfte, freie Mitarbeiter	0,0	0,0	0,0
Summe Personalkosten	309,4	315,3	321,3
Zuschlag Pensionsumlage (7,98 %)	24,7	25,2	25,6
Summe Personalkosten inkl. P-Umlage	334,1	340,5	346,9
Sachkosten			
Reisekosten und Bewirtung	3,0	3,0	3,0
Büromaterial, Bücher, Zeitschriften	3,0	4,0	5,0
Post und Telekommunikation	3,0	3,0	3,0
Fremde Dienstleistungen/Service	2,0	2,0	2,0
Geräte (inkl. DV), Büroausstattung, AfA	29,0	29,0	30,0
Betriebs- und Verbrauchsstoffe	1,0	1,0	1,0
Versicherungen, Steuern, Abgaben	2,0	2,0	3,0
Werbung, Repräsentation	3,0	3,0	3,0
Sonstige Sachkosten	3,0	3,0	3,0
Miete, Leasing, Gebäude	0,0	0,0	0,0
Summe Sachkosten	49,0	50,0	53,0
Belastungen aus Leistungsverrechnung			
Raumkosten	11,8	11,8	11,8
DV-Kosten	3,0	3,0	3,0
Lichtpauserei	3,0	3,0	3,0
TB-Leistungen	0,0	0,0	0,0
Kalkulationsleistungen	0,0	0,0	0,0
Umlagen	0,0	0,0	0,0
Sonstige innerbetriebl. Leistungsverrechnungen	0,0	0,0	0,0
Sonstige zwischenbetriebliche Belastungen	3,0	3,0	3,0
Summe Leistungsverrechnung	20,8	20,8	20,8
Abrechnung interner Aufträge			
Ergebnis aus der Abrechnung von Gemeinkosten-Aufträgen	0,0	0,0	0,0
Gutschriften			
Aus Leistungsverrechnung	0,0	0,0	0,0
Erlöse von Externen	0,0	0,0	0,0
Summe Gutschriften	0,0	0,0	0,0
Über- bzw. Unterdeckung	**403,9**	**411,3**	**420,7**

51 **Planungsformular Gemeinkosten 2008/2009/2010** **Währung: T€**

	Geschäftsbereich	Kostenstelle
Kostenstelle:	1000	2040

1000 HN Musterstadt Hochbau - Angebots- und Projektbearbeitungskosten	**PLAN 2008**	**PLAN 2009**	**PLAN 2010**
Personalkosten			
Lohn	0,0	0,0	0,0
Lohnzusatzkosten	0,0	0,0	0,0
Lohnnebenkosten	0,0	0,0	0,0
Summe Lohn	0,0	0,0	0,0
Gehalt	0,0	0,0	0,0
Gehaltszusatzkosten	0,0	0,0	0,0
Gehaltsnebenkosten	0,0	0,0	0,0
Summe Gehalt	0,0	0,0	0,0
Sonstige Personalkosten	0,0	0,0	0,0
Zeitarbeitskräfte, freie Mitarbeiter	0,0	0,0	0,0
Summe Personalkosten	0,0	0,0	0,0
Zuschlag Pensionsumlage (7,98 %)	0,0	0,0	0,0
Summe Personalkosten inkl. P-Umlage	0,0	0,0	0,0
Sachkosten			
Reisekosten und Bewirtung	0,0	0,0	0,0
Büromaterial, Bücher, Zeitschriften	0,0	0,0	0,0
Post und Telekommunikation	0,0	0,0	0,0
Fremde Dienstleistungen/Service	180,0	200,0	220,0
Geräte (inkl. DV), Büroausstattung, AfA	0,0	0,0	0,0
Betriebs- und Verbrauchsstoffe	0,0	0,0	0,0
Versicherungen, Steuern, Abgaben	0,0	0,0	0,0
Werbung, Repräsentation	0,0	0,0	0,0
Sonstige Sachkosten	5,0	5,0	5,0
Miete, Leasing, Gebäude	0,0	0,0	0,0
Summe Sachkosten	185,0	205,0	225,0
Belastungen aus Leistungsverrechnung			
Raumkosten	0,0	0,0	0,0
DV-Kosten	0,0	0,0	0,0
Lichtpauserei	40,0	45,0	50,0
TB-Leistungen	340,0	360,0	380,0
Kalkulationsleistungen	0,0	0,0	0,0
Umlagen	0,0	0,0	0,0
Sonstige innerbetriebl. Leistungsverrechnungen	0,0	0,0	0,0
Sonstige zwischenbetriebliche Belastungen	0,0	0,0	0,0
Summe Leistungsverrechnung	380,0	405,0	430,0
Abrechnung interner Aufträge			
Ergebnis aus der Abrechnung von Gemeinkosten-Aufträgen	0,0	0,0	0,0
Gutschriften			
Aus Leistungsverrechnung	0,0	0,0	0,0
Erlöse von Externen	0,0	0,0	0,0
Summe Gutschriften	0,0	0,0	0,0
Über- bzw. Unterdeckung	**565,0**	**610,0**	**655,0**

Planungsformular Gemeinkosten 2008/2009/2010 **Währung: T€** 52

	Geschäftsbereich	Kostenstelle
Kostenstelle:	1000	2060

1000 HN Musterstadt Hochbau - Oberbauleitung	PLAN 2008	PLAN 2009	PLAN 2010
Personalkosten			
Lohn	0,0	0,0	0,0
Lohnzusatzkosten	0,0	0,0	0,0
Lohnnebenkosten	0,0	0,0	0,0
Summe Lohn	0,0	0,0	0,0
Gehalt	138,0	182,0	185,6
Gehaltszusatzkosten	38,6	51,0	52,0
Gehaltsnebenkosten	0,0	0,0	0,0
Summe Gehalt	176,6	233,0	237,6
Sonstige Personalkosten	0,0	0,0	0,0
Zeitarbeitskräfte, freie Mitarbeiter	0,0	0,0	0,0
Summe Personalkosten	176,6	233,0	237,6
Zuschlag Pensionsumlage (7,98 %)	14,1	18,6	19,0
Summe Personalkosten inkl. P-Umlage	190,7	251,6	256,6
Sachkosten			
Reisekosten und Bewirtung	1,0	1,0	1,0
Büromaterial, Bücher, Zeitschriften	1,0	1,0	1,0
Post und Telekommunikation	1,0	1,0	1,0
Fremde Dienstleistungen/Service	0,0	0,0	0,0
Geräte (inkl. DV), Büroausstattung, AfA	23,5	23,5	25,0
Betriebs- und Verbrauchsstoffe	0,0	0,0	0,0
Versicherungen, Steuern, Abgaben	0,0	0,0	0,0
Werbung, Repräsentation	0,0	0,0	0,0
Sonstige Sachkosten	0,0	0,0	0,0
Miete, Leasing, Gebäude	0,0	0,0	0,0
Summe Sachkosten	26,5	26,5	28,0
Belastungen aus Leistungsverrechnung			
Raumkosten	8,8	8,8	8,8
DV-Kosten	0,0	0,0	0,0
Lichtpauserei	0,0	0,0	0,0
TB-Leistungen	0,0	0,0	0,0
Kalkulationsleistungen	0,0	0,0	0,0
Umlagen	0,0	0,0	0,0
Sonstige innerbetriebl. Leistungsverrechnungen	0,0	0,0	0,0
Sonstige zwischenbetriebliche Belastungen	0,0	0,0	0,0
Summe Leistungsverrechnung	8,8	8,8	8,8
Abrechnung interner Aufträge			
Ergebnis aus der Abrechnung von Gemeinkosten-Aufträgen	0,0	0,0	0,0
Gutschriften			
Aus Leistungsverrechnung	0,0	0,0	0,0
Erlöse von Externen	0,0	0,0	0,0
Summe Gutschriften	0,0	0,0	0,0
Über- bzw. Unterdeckung	**226,0**	**286,9**	**293,4**

53 **Planungsformular Gemeinkosten 2008/2009/2010** **Währung: T€**

	Geschäftsbereich	Kostenstelle
Kostenstelle:	**1000**	**2071**

1000 HN Musterstadt Hochbau - Bauleitung	**PLAN 2008**	**PLAN 2009**	**PLAN 2010**
Personalkosten			
Lohn	0,0	0,0	0,0
Lohnzusatzkosten	0,0	0,0	0,0
Lohnnebenkosten	0,0	0,0	0,0
Summe Lohn	0,0	0,0	0,0
Gehalt	849,0	915,0	933,3
Gehaltszusatzkosten	237,7	256,2	261,3
Gehaltsnebenkosten	20,0	23,0	28,0
Summe Gehalt	1.106,7	1.194,2	1.222,6
Sonstige Personalkosten	0,0	0,0	0,0
Zeitarbeitskräfte, freie Mitarbeiter	0,0	0,0	0,0
Summe Personalkosten	1.106,7	1.194,2	1.222,6
Zuschlag Pensionsumlage (7,98 %)	88,3	95,3	97,6
Summe Personalkosten inkl. P-Umlage	1.195,0	1.289,5	1.320,2
Sachkosten			
Reisekosten und Bewirtung	9,0	10,0	11,0
Büromaterial, Bücher, Zeitschriften	2,2	3,7	3,0
Post und Telekommunikation	1,5	2,0	2,0
Fremde Dienstleistungen/Service	0,0	1,0	1,0
Geräte (inkl. DV), Büroausstattung, AfA	51,6	52,8	57,1
Betriebs- und Verbrauchsstoffe	0,0	0,0	0,0
Versicherungen, Steuern, Abgaben	0,0	0,0	0,0
Werbung, Repräsentation	0,0	0,0	0,0
Sonstige Sachkosten	0,0	0,0	0,0
Miete, Leasing, Gebäude	0,0	0,0	0,0
Summe Sachkosten	64,3	69,5	74,1
Belastungen aus Leistungsverrechnung			
Raumkosten	12,0	13,0	13,0
DV-Kosten	0,0	0,0	0,0
Lichtpauserei	0,0	0,0	0,0
TB-Leistungen	0,0	0,0	0,0
Kalkulationsleistungen	0,0	0,0	0,0
Umlagen	0,0	0,0	0,0
Sonstige innerbetriebl. Leistungsverrechnungen	0,0	0,0	0,0
Sonstige zwischenbetriebliche Belastungen	0,0	0,0	0,0
Summe Leistungsverrechnung	12,0	13,0	13,0
Abrechnung interner Aufträge			
Ergebnis aus der Abrechnung von Gemeinkosten-Aufträgen	0,0	0,0	0,0
Gutschriften			
Aus Leistungsverrechnung	-1.271,3	-1.372,0	-1.407,3
Erlöse von Externen	0,0	0,0	0,0
Summe Gutschriften	-1.271,3	-1.372,0	-1.407,3
Über- bzw. Unterdeckung	**0,0**	**0,0**	**0,0**

Planungsformular Gemeinkosten 2008/2009/2010 **Währung: T€** 54

	Geschäftsbereich	Kostenstelle
Kostenstelle:	**1000**	**2072**

1000 HN Musterstadt Hochbau - Baukaufleute	**PLAN 2008**	**PLAN 2009**	**PLAN 2010**
Personalkosten			
Lohn	0,0	0,0	0,0
Lohnzusatzkosten	0,0	0,0	0,0
Lohnnebenkosten	0,0	0,0	0,0
Summe Lohn	0,0	0,0	0,0
Gehalt	128,5	131,1	133,7
Gehaltszusatzkosten	36,0	36,7	37,4
Gehaltsnebenkosten	8,0	10,0	12,0
Summe Gehalt	172,5	177,8	183,1
Sonstige Personalkosten	0,0	0,0	0,0
Zeitarbeitskräfte, freie Mitarbeiter	0,0	0,0	0,0
Summe Personalkosten	172,5	177,8	183,1
Zuschlag Pensionsumlage (7,98 %)	13,8	14,2	14,6
Summe Personalkosten inkl. P-Umlage	186,3	192,0	197,7
Sachkosten			
Reisekosten und Bewirtung	0,0	0,0	0,0
Büromaterial, Bücher, Zeitschriften	2,5	2,8	3,1
Post und Telekommunikation	2,0	2,0	2,0
Fremde Dienstleistungen/Service	1,0	1,0	2,0
Geräte (inkl. DV), Büroausstattung, AfA	6,0	6,5	6,8
Betriebs- und Verbrauchsstoffe	0,0	0,0	0,0
Versicherungen, Steuern, Abgaben	0,0	0,0	0,0
Werbung, Repräsentation	0,0	0,0	0,0
Sonstige Sachkosten	2,1	3,3	3,8
Miete, Leasing, Gebäude	0,0	0,0	0,0
Summe Sachkosten	13,6	15,6	17,7
Belastungen aus Leistungsverrechnung			
Raumkosten	10,8	10,8	10,8
DV-Kosten	0,0	0,0	0,0
Lichtpauserei	0,0	0,0	0,0
TB-Leistungen	0,0	0,0	0,0
Kalkulationsleistungen	0,0	0,0	0,0
Umlagen	0,0	0,0	0,0
Sonstige innerbetriebl. Leistungsverrechnungen	0,0	0,0	0,0
Sonstige zwischenbetriebliche Belastungen	0,0	0,0	0,0
Summe Leistungsverrechnung	10,8	10,8	10,8
Abrechnung interner Aufträge			
Ergebnis aus der Abrechnung von Gemeinkosten-Aufträgen	0,0	0,0	0,0
Gutschriften			
Aus Leistungsverrechnung	-210,7	-218,4	-226,2
Erlöse von Externen	0,0	0,0	0,0
Summe Gutschriften	-210,7	-218,4	-226,2
Über- bzw. Unterdeckung	**0,0**	**0,0**	**0,0**

55 **Planungsformular Gemeinkosten 2008/2009/2010** **Währung: T€**

	Geschäftsbereich	Kostenstelle
Kostenstelle:	1000	2091

1000 HN Musterstadt Hochbau - Auszubildende	**PLAN 2008**	**PLAN 2009**	**PLAN 2010**
Personalkosten			
Lohn	0,0	0,0	0,0
Lohnzusatzkosten	0,0	0,0	0,0
Lohnnebenkosten	0,0	0,0	0,0
Summe Lohn	0,0	0,0	0,0
Gehalt	0,0	0,0	0,0
Gehaltszusatzkosten	0,0	0,0	0,0
Gehaltsnebenkosten	0,0	0,0	0,0
Summe Gehalt	0,0	0,0	0,0
Sonstige Personalkosten	11,1	12,0	12,0
Zeitarbeitskräfte, freie Mitarbeiter	0,0	0,0	0,0
Summe Personalkosten	11,1	12,0	12,0
Zuschlag Pensionsumlage (7,98 %)	0,9	1,0	1,0
Summe Personalkosten inkl. P-Umlage	12,0	13,0	13,0
Sachkosten			
Reisekosten und Bewirtung	0,0	0,0	0,0
Büromaterial, Bücher, Zeitschriften	0,0	0,0	0,0
Post und Telekommunikation	0,0	0,0	0,0
Fremde Dienstleistungen/Service	0,0	0,0	0,0
Geräte (inkl. DV), Büroausstattung, AfA	0,0	0,0	0,0
Betriebs- und Verbrauchsstoffe	0,0	0,0	0,0
Versicherungen, Steuern, Abgaben	0,0	0,0	0,0
Werbung, Repräsentation	0,0	0,0	0,0
Sonstige Sachkosten	0,0	0,0	0,0
Miete, Leasing, Gebäude	0,0	0,0	0,0
Summe Sachkosten	0,0	0,0	0,0
Belastungen aus Leistungsverrechnung			
Raumkosten	0,0	0,0	0,0
DV-Kosten	0,0	0,0	0,0
Lichtpauserei	0,0	0,0	0,0
TB-Leistungen	0,0	0,0	0,0
Kalkulationsleistungen	0,0	0,0	0,0
Umlagen	0,0	0,0	0,0
Sonstige innerbetriebl. Leistungsverrechnungen	0,0	0,0	0,0
Sonstige zwischenbetriebliche Belastungen	0,0	0,0	0,0
Summe Leistungsverrechnung	0,0	0,0	0,0
Abrechnung interner Aufträge			
Ergebnis aus der Abrechnung von Gemeinkosten-Aufträgen	0,0	0,0	0,0
Gutschriften			
Aus Leistungsverrechnung	0,0	0,0	0,0
Erlöse von Externen	0,0	0,0	0,0
Summe Gutschriften	0,0	0,0	0,0
Über- bzw. Unterdeckung	**12,0**	**13,0**	**13,0**

bb) Planung der Bauleistung und des Baustellenergebnisses

Hier plant der zuständige Projektleiter die aus den vorhandenen Bauaufträgen und den erwarteten Neuaufträgen im Geschäftsjahr angestrebte monatliche Bauleistung und das jeweilige Ergebnis der Baustelle. 56

Die einzelnen Begriffe und Positionen in dem Muster (Rn. 61) werden vorab kurz erläutert:

(1) Bauleistung

Die Leistung stellt den Wert der ausgeführten Arbeit inklusive schriftlich beauftragter Nachträge dar. 57

(2) Baustellen-/Auftragsergebnis

Das Baustellen-/Auftragsergebnis resultiert aus der Leistung abzüglich der Herstellungskosten nach Verrechnung von Allgemeinen Geschäftskosten (AGK) als Umlagen und nach Berücksichtigung des Saldos der Veränderungen bei den Drohverlustrückstellungen. Die AGK werden im Punkt „Businessplan“ erläutert. Die Drohverlustrückstellungen sind bereits während der Bauphase eines Projektes bei erkennbaren zukünftigen Verlusten (durch von der Kalkulation abweichende Mehrkosten und/oder Mindereinnahmen) bis Bauende zu bilden (sog. Zuführung) und werden bei Beendigung der Baustelle entweder ergebnisneutral verbraucht oder bei nicht eingetretenem bzw. geringer eingetretenem Verlust ergebnisverbessernd wieder aufgelöst. 58

Beispiel:

Hier plant der verantwortliche Projektleiter des Geschäftsbereiches Hochbau aus der Hauptniederlassung Musterstadt der Allbau AG die Bauleistung für das Jahr 2008. Der Projektleiter trägt die Zahlen in das vom Controller bereitgestellte Planungsformular „Leistungsplanung 2008“ (Rn. 61) in kumulierten Monatswerten ein.

Aus den sechs vorhandenen Bauaufträgen ermittelt sich am 01.01.2008 ein Auftragsbestand von 5.767 T€. Für das laufende Jahr erwartet der Projektleiter einen Auftragszugang (i.d.R. aus beauftragten Nachträgen) über 861 T€. Die Bauleistung 2008 soll 5.474 T€ betragen, sodass zum Jahresende die bestehenden Aufträge mit 1.154 T€ in den Büchern stehen würden. Das Baustel- 59 lenergebnis wird mit 3 % der Bauleistung kalkuliert, sodass es für Ende 2008 mit 164 T€ geplant wird.

60 Der Projektleiter plant für 2008 mit sechs Neuaufträgen im Gesamtwert von 104.500 T€ und einem Baustellenergebnis von 3.135 T€ (dies entspricht auch wieder 3 % der Bauleistung). Hiervon plant er 27.300 T€ über das Jahr 2008 zu „verbauen“, sodass zum Jahresende noch 77.200 T€ Auftragssumme übrigbleiben.

Beispiel: Leistungsplanung mit Zahlen

Leistungsplanung 2008
Geschäftsbereich: Hochbau
Verantwortlicher: Hr. Projektleiter
Währung: T€

1. Bestehende Aufträge

Projektname/-nummer		Auftragsbestand am 01.01.2008	erwarteter Auftragszugang	1 kumul. Jahr	2 kumul. Jahr	3 kumul. Jahr	4 kumul. Jahr	5 kumul. Jahr	6 kumul. Jahr	7 kumul. Jahr	8 kumul. Jahr	9 kumul. Jahr	10 kumul. Jahr	11 kumul. Jahr	12 kumul. Jahr	Auftragsbestand am 31.12.2008
Flughafen 1	Bauleistung	301	777	50	108	178	278	378	478	578	678	778	878	979	1.078	0
PSP 01	Bauergebnis	9	23	2	3	5	8	11	14	17	20	23	26	29	32	0
EKZ 1 PSP	Bauleistung	2.336	0	1.145	1.482	1.787	2.336	2.336	2.336	2.336	2.336	2.336	2.336	2.336	2.336	0
02	Bauergebnis	70	0	34	44	53	70	70	70	70	70	70	70	70	70	0
Altbaustellen Restarb.	Bauleistung	0	0	0	0	0	0	0	0	0	0	0	0	0	0	0
PSP 03	Bauergebnis	0	0	0	0	0	0	0	0	0	0	0	0	0	0	0
Wohnhaus 1 PSP	Bauleistung	0	84	7	14	21	28	35	42	49	56	63	70	77	84	0
04	Bauergebnis	0	3	0	0	0	0	1	1	1	2	2	2	2	3	0
Arge Tower 1 PSP	Bauleistung	1.634	0	40	80	120	160	200	240	280	320	360	400	440	480	1.154
05	Bauergebnis	49	0	1	2	4	5	6	7	8	10	11	12	13	14	35
Arge Galerie 1 PSP	Bauleistung	1.496	0	460	960	1.496	1.496	1.496	1.496	1.496	1.496	1.496	1.496	1.496	1.496	0
06	Bauergebnis	45	0	14	29	45	45	45	45	45	45	45	45	45	45	0
	Verbrauch Drohverlust-rückstellungen	0	0	0	0	0	0	0	0	0	0	0	0	0	0	0
Bestehende Aufträge	Bauleistung	5.767	861	1.702	2.644	3.602	4.298	4.445	4.592	4.739	4.886	5.033	5.180	5.328	5.474	1.154
	Bauergebnis	173	26	51	78	107	128	133	137	141	147	151	155	159	164	35

2. Erwartete Neuaufträge

Projektname/ ggf. -nummer		Realisierungs-chance in %	erwarteter Auftragszugang	1 kumul. Jahr	2 kumul. Jahr	3 kumul. Jahr	4 kumul. Jahr	5 kumul. Jahr	6 kumul. Jahr	7 kumul. Jahr	8 kumul. Jahr	9 kumul. Jahr	10 kumul. Jahr	11 kumul. Jahr	12 kumul. Jahr	Auftragsbestand am 31.12.2008
Bürozentrum 1	Bauleistung	10	10.500	500	1.000	1.500	2.000	2.600	3.300	4.000	4.700	5.400	6.100	6.900	7.700	2.800
	Bauergebnis		315	15	30	45	60	78	99	120	141	162	183	207	231	84
Parkdeck 1	Bauleistung	100	1.500	0	0	0	200	400	600	800	1.000	1.200	1.400	1.500	1.500	0
	Bauergebnis		45	0	0	0	6	12	18	24	30	36	42	45	45	0
Konsulat 1	Bauleistung	25	2.500	0	0	200	400	600	800	1.000	1.200	1.400	1.600	1.800	2.000	500
	Bauergebnis		75	0	0	6	12	18	24	30	36	42	48	54	60	15
Börse 1	Bauleistung	100	7.000	250	500	750	1.000	1.450	1.900	2.600	3.300	4.000	4.700	5.400	6.100	900
	Bauergebnis		210	8	15	23	30	44	57	78	99	120	141	162	183	27
Arge Hochhaus 2	Bauleistung	k.A.	64.000	0	0	0	0	0	0	500	1.000	2.000	3.000	4.500	6.000	58.000
	Bauergebnis		1.920	0	0	0	0	0	0	15	30	60	90	135	180	1.740
Arge Verw.gebäude 1	Bauleistung	30	19.000	0	0	0	0	500	1.000	1.500	2.000	2.500	3.000	3.500	4.000	15.000
	Bauergebnis		570	0	0	0	0	15	30	45	60	75	90	105	120	450
Erwartete Neuaufträge	Bauleistung		104.500	750	1.500	2.450	3.600	5.550	7.600	10.400	13.200	16.500	19.800	23.600	27.300	77.200
	Bauergebnis		3.135	23	45	74	108	167	228	312	396	495	594	708	819	2.316

cc) Businessplan

(1) Von Gemeinkosten- und Leistungsplänen zum Geschäftsplan

62 Der Controller fügt nun die Gemeinkosten- und Leistungspläne der Geschäftsbereiche zu einem verbindlichen Geschäftsplan („Businessplan“) mit kumulierten Monatswerten zusammen.

Beispiel:

Betrachten Sie zunächst den „Businessplan 2008 des Geschäftsbereiches Hochbau aus der Hauptniederlassung Musterstadt der Allbau AG“, Rn. 69. Hier finden Sie oben die Angaben zum Auftragsbestand, erwartetem Auftragszugang, Bauleistung und Baustellenergebnis für die Bestandsobjekte und Neuobjekte aus der „Leistungsplanung 2008“ (Rn. 61) wieder.

63 Die Gemeinkosten in der nächsten Zeile stammen aus dem „Planungsformular Gemeinkosten“. Sie erinnern sich? Für das Jahr 2008 war ein Gemeinkostenbudget von rund 1.207 T€ vorzumerken (Rn. 24), das Sie hier jetzt wieder finden.

(2) Allgemeine Geschäftskosten

64 Zu den geplanten Gemeinkosten des Geschäftsbereiches ergänzt der Controller noch die geplanten Gemeinkosten der Direktion und Konzernleitung, die durch sogenannte Direktions- und Konzernumlagen abgedeckt werden müssen. Im dargestellten Beispiel betragen diese Umlagen 2,0 % und 1,8 % der geplanten Bauleistung 2008, also 655 T€ und 590 T€. Die Summe aller so geplanten Gemeinkosten – 2.452 T€ – wird **Allgemeine Geschäftskosten (AGK)** genannt. Sie werden in Form der AGK-Verrechnung (hier 7,5 % der monatlichen Bau-Istleistung 2008) auf die Baustellen umgelegt und dem Baustellenergebnis belastet. Somit bilden die AGK auch einen wesentlichen Kostenfaktor bei der Kalkulation von Angeboten für neue Bauaufträge.

65 Im Beispielsfall (ab Rn. 22) lässt sich gut erkennen, dass aufgrund der geringen Bau-Istleistung im 1. Halbjahr 2008 und dem Warten auf die Neuaufträge die monatlichen AGK-Verrechnungen zunächst nicht ausreichen, um die monatlichen AGK zu decken und folglich erst zum Jahresende 2008 ein Ausgleich durch die dann ausreichend hohe Bau-Istleistung der Neuaufträge stattfinden wird. Sollten die geplanten Neuaufträge nicht wie erwartet oder verspätet eingehen, gerät der Geschäftsbereich in wirtschaftliche Probleme.

(3) Betriebsergebnis

Über das geplante neutrale Ergebnis und die erforderlichen Rückstellungen für Gewährleistungen zum Jahresende (hier i.H.v. 0,5 % der Bauleistung Neubildung für Planjahr und Auflösung vom Vorjahr) kommt der Controller so auf das geplante **Betriebsergebnis** des Geschäftsbereiches Hochbau aus der Hauptniederlassung Musterstadt der Allbau AG für das Geschäftsjahr 2008. Es beträgt 1.044 T€. 66

Ergänzend zu unserem Beispiel haben wir einen fiktiven „Businessplan 2008 für die gesamte Unternehmung Allbau AG" erstellt. Die dortigen Planzahlen finden Sie im Anschluss im „Controlling-Report" als Sollwerte wieder. 67

68 **Beispiel: Businessplanung mit Zahlen**

Businessplan 2008
Geschäftsbereich: **Hochbau**
Verantwortlicher: **Hr. Controller**
Währung: T€

		Auftragsbestand am 01.01.2008	erwarteter Auftragszugang	1 kumul. Jahr	2 kumul. Jahr	3 kumul. Jahr	4 kumul. Jahr	5 kumul. Jahr	6 kumul. Jahr	7 kumul. Jahr	8 kumul. Jahr	9 kumul. Jahr	10 kumul. Jahr	11 kumul. Jahr	12 kumul. Jahr	Auftragsbestand am 31.12.2008
Bestandsobjekte	Bauleistung	5.767	861	1.702	2.644	3.602	4.298	4.445	4.592	4.739	4.886	5.033	5.180	5.328	5.474	1.154
	Bauergebnis	173	26	51	78	107	128	133	137	141	147	151	155	159	164	35
Neuobjekte	Bauleistung		104.500	750	1.500	2.450	3.600	5.550	7.600	10.400	13.200	16.500	19.800	23.600	27.300	77.200
	Bauergebnis		3.135	23	45	74	108	167	228	312	396	495	594	708	819	2.316
Bauleistung		5.767	105.361	2.452	4.144	6.052	7.898	9.995	12.192	15.139	18.086	21.533	24.980	28.928	32.774	78.354
Bauergebnis		173	3.161	74	123	181	236	300	365	453	543	646	749	867	983	2.351
Gemeinkosten	Ergebnis			-101	-201	-302	-402	-503	-603	-704	-804	-905	-1.005	-1.106	-1.207	
Direktionsumlage (2 % der Jahresplanleistung 2008 (T€ 32.774)) linear	Ergebnis			-55	-109	-164	-218	-273	-328	-382	-437	-491	-546	-601	-655	
Konzernumlage (1,8 % der Jahresplanleistung 2008 (T€ 32.774)) linear	Ergebnis			-49	-98	-147	-196	-245	-294	-343	-392	-441	-490	-539	-590	
AGK-Summe	Ergebnis			-205	-408	-613	-816	-1.021	-1.225	-1.429	-1.633	-1.837	-2.041	-2.246	-2.452	
AGK auf Baustellen verrechnet (7,5 % der Jahresistleistung 2008, mtl. Istleistung als Bezugsgröße)	Ergebnis			184	311	454	592	750	914	1.135	1.356	1.615	1.874	2.170	2.458	
AGK-Deckung	Ergebnis			-21	-97	-159	-224	-271	-311	-294	-277	-222	-167	-76	6	
Neutrales Ergebnis	Ergebnis			0	0	0	0	0	0	0	0	0	0	0	0	
Gewährleistungsrückstellungen Neubildung (0,5 % der Jahresist- leistung 2008 (T€ 32.774))	Ergebnis														-164	
Gewährleistungsrückstellungen Auflösung (0,5 % der Jahresist-leistung 2007 (T€ 43.727))	Ergebnis														219	
Saldo Gewährleistungsrückstellungen	Ergebnis														55	
BETRIEBSERGEBNIS	Ergebnis			53	26	22	12	29	54	159	266	424	582	791	1.044	

Beispiel: Businessplanung AG mit Zahlen

Businessplan 2008
Gesellschaft **Allbau AG**
Verantwortlicher: **Hr. Controller**
Währung: T€

		Auftragsbestand am 01.01.2008	erwarteter Auftragszugang	1 kumul. Jahr	2 kumul. Jahr	3 kumul. Jahr	4 kumul. Jahr	5 kumul. Jahr	6 kumul. Jahr	7 kumul. Jahr	8 kumul. Jahr	9 kumul. Jahr	10 kumul. Jahr	11 kumul. Jahr	12 kumul. Jahr	Auftragsbestand am 31.12.2008
Bestandsobjekte	Bauleistung	300.000	80.000	45.000	55.000	85.000	110.000	130.000	155.000	180.000	195.000	220.000	250.000	275.000	295.000	85.000
	Bauergebnis	9.000	2.400	1.350	1.650	2.550	3.300	3.900	4.650	5.400	5.850	6.600	7.500	8.250	8.850	2.550
Neuobjekte	Bauleistung		1.000.000	0	50.000	90.000	150.000	195.000	255.000	320.000	380.000	440.000	495.000	555.000	600.000	400.000
	Bauergebnis		30.000	0	1.500	2.700	4.500	5.850	7.650	9.600	11.400	13.200	14.850	16.650	18.000	12.000
Bauleistung		300.000	1.080.000	45.000	105.000	175.000	260.000	325.000	410.000	500.000	575.000	660.000	745.000	830.000	895.000	485.000
Bauergebnis		9.000	32.400	1.350	3.150	5.250	7.800	9.750	12.300	15.000	17.250	19.800	22.350	24.900	26.850	14.550
Gemeinkosten	Ergebnis			-2.750	-5.500	-8.250	-11.000	-13.750	-16.500	-19.250	-22.000	-24.750	-27.500	-30.250	-33.000	
Direktionsumlage (2 % der Jahresplanleistung 2008 (T€ 895.000)) linear	Ergebnis			-1.492	-2.984	-4.475	-5.968	-7.460	-8.950	-10.444	-11.936	-13.425	-14.920	-16.412	-17.900	
Konzernumlage (1,8 % der Jahresplanleistung 2008 (T€ 895.000)) linear	Ergebnis			-1.343	-2.686	-4.028	-5.372	-6.715	-8.055	-9.401	-10.744	-12.083	-13.430	-14.773	-16.110	
AGK-Summe	Ergebnis			-5.585	-11.170	-16.753	-22.340	-27.925	-33.505	-39.095	-44.680	-50.258	-55.850	-61.435	-67.010	
AGK auf Baustellen verrechnet (7,5 % der Jahresistleistung 2008, mtl. Istleistung als Bezugsgröße)	Ergebnis			3.375	7.875	13.125	19.500	24.375	30.750	37.500	43.125	49.500	55.875	62.250	67.125	
AGK-Deckung	Ergebnis			-2.210	-3.295	-3.628	-2.840	-3.550	-2.755	-1.595	-1.555	-758	25	815	115	
Neutrales Ergebnis	Ergebnis			0	0	0	0	0	0	0	0	0	0	0	0	
Gewährleistungsrück-stellungen Neubildung (0,5 % der Jahresist- leistung 2008 (T€ 895.000))	Ergebnis														-4.475	
Gewährleistungsrück-stellungen Auflösung (0,5 % der Jahresistleistung 2007 (T€ 950.000))	Ergebnis														4.750	
Saldo Gewährleistungs-rückstellungen	Ergebnis														275	
BETRIEBSERGEBNIS	Ergebnis			-860	-145	1.622	4.960	6.200	9.545	13.405	15.695	19.042	22.375	25.715	27.240	

b) Informations- und Dienstleistungsaufgaben

aa) Controlling-Report

(1) Management-Informationssystem

70 Der Controller berichtet im Rahmen eines umfassenden Management-Informationssystems regelmäßig und periodisch an die Führungskräfte. Die übermittelten betriebswirtschaftlichen Steuerungsinformationen bilden die Grundlage für die Überwachung der Wirtschaftlichkeit und für die Beurteilung der Geschäftsentwicklung anhand von Zielgrößen wie Gewinn, Rentabilität und Deckungsbeitrag. Die aus dem Rechnungswesen (Finanz- und Betriebsbuchhaltung) für die abgelaufene Periode bereitgestellten Zahlen (Ist-Werte) werden mit den Sollvorgaben aus dem Businessplan verglichen und für das Management in benutzerorientierten Berichten („Controlling-Report") aufbereitet.

71 Ein **Muster** für einen solchen Report nach bauspezifischen Kriterien finden Sie im Anschluss, Rn. 89. Die einzelnen Begriffe und Positionen werden wieder vorab erläutert:

72 • Auftragsbestand:
Summe der schriftlich beauftragten Aufträge inklusive schriftlich beauftragter Nachträge abzüglich der dafür bereits erbrachten Leistung

73 • Außerhalb Deutschlands:
Maßgebend ist der Ort der Leistungserbringung, nicht der Sitz der Gesellschaft

74 • Auftragseingang:
Im Geschäftsjahr schriftlich beauftragte Aufträge inklusive schriftlich beauftragter Nachträge

75 • Leistung:
Die Leistung stellt den Wert der ausgeführten Arbeit inklusive schriftlich beauftragter Nachträge dar

76 • Extern:
Auftraggeber ist ein fremder Dritter oder jemand außerhalb des Konsolidierungskreises

77 • Intern:
Alle Aufträge – alle externen Aufträge – alle internen Aufträge

- Baustellen-/Auftragsergebnis: 78
  Leistung abzüglich Herstellungskosten nach Verrechnung von AGK als Umlagen und nach Berücksichtigung des Saldos der Veränderungen bei den Drohverlustrückstellungen
- Allgemeine Geschäftskosten (AGK): 79
  Kosten der allgemeinen Verwaltung, Haus- und Grundstücksverwaltung, Lagerplatz und Geräteverwaltung, Angebots- und Projektbearbeitungskosten
- Verrechnete AGK: 80
  Auf Baustellen/Aufträge (Kostenträger) verrechnete AGK
- Drohverlustrückstellungen und aktivische Absetzungen: 81
  Veränderungen fließen ins Baustellenergebnis ein

Beispiel: 82

Sie finden den „Controlling-Report der Allbau AG zum 30.09.2008" vor, Rn. 89. Er lässt sich in drei Spalten unterteilen: Ist-Werte zum Stichtag 30.09.2008, Restvorgabe bis Jahresende, Planwerte für Gesamtjahr 2008 (lt. Businessplan 2008, den Sie schon von oben kennen, Rn. 69). Zur Vereinfachung sind die Ist-Werte zum 30.09.2008 identisch mit den Planwerten zum 30.09.2008 gewählt.

Zunächst wird über die Auftragslage berichtet. Es ist zu sehen, dass die geplanten Auftragseingänge über 1.080.000 T€ bereits zum Stichtag in den Büchern stehen. Wäre dies nicht der Fall, bestünde die Gefahr einer AGK-Unterdeckung, wie unter dem Punkt „Businessplan" zuvor bereits geschildert (Rn. 62 ff.). Es fehlen noch 235.000 T€ bis zur Jahresplanleistung 2008. Somit befindet sich die Allbau AG hier im vorgegebenen Korridor. Für den Auftragsbestand zum 30.09.2008 über 720.000 T€ werden die Bauleistung und das Baustellenergebnis aufgeteilt auf Restjahr 2008, 2009 sowie auf die Folgejahre dargestellt. 83

Weiter wird über die Personalentwicklung, die Investitionen und Abschreibungen informiert. 84

Die Wirtschaftlichkeit der Unternehmung zeigt sich unter dem Punkt „Leistung/Betriebsergebnis". Bei einer Bauleistung von 660.000 T€ beträgt das Baustellenergebnis 19.650 T€ zum 30.09.2008. Wenn Sie sich den „Businessplan für 2008" anschauen, beträgt dort der Planwert für das Baustellenergebnis zum 30.09.2008 19.800 T€. Woher kommt diese Abweichung von 150 T€? 85

86 Im Beispielsfall drohen aus einer der Altbaustellen (Restarbeiten) bis Jahresende Zusatzkosten für Mängelbeseitigungen, die mit 150 T€ bewertet und für die vorsorglich Drohverlustrückstellungen gebildet wurden. Diese belasten das ansonsten im Plan liegende Baustellenergebnis. Die sog. Zuführung zu den Drohverlustrückstellungen und deren Verbrauch bis Jahresende 2008 werden am Ende des Controlling-Reports separat ausgewiesen.

87 Die Allgemeinen Geschäftskosten (AGK) zum 30.09.2008 betragen 50.258 T€ und werden durch die AGK-Verrechnung über 49.500 T€ (7,5 % der Bauleistung von 660.000 T€ zum 30.09.2008) annähernd ausgeglichen. Aus dem Baustellenergebnis von 19.650 T€ und der leichten AGK-Unterdeckung von 758 T€ errechnet sich das ausgewiesene Betriebsergebnis der Allbau AG zum 30.09.2008 über 18.892 T€.

(2) Analyse der Profitcenter-Entwicklung

88 In einem Anhang sollte man ergänzend die Profitcenter-Entwicklung nach Geschäftsbereichen (Auftragseingang, Leistung, Auftragsbestand, Betriebsergebnis) darstellen und über die größten laufenden Bauvorhaben ergebnismäßig berichten. Hier werden auch die besonderen Auftragserfolge der jüngeren Vergangenheit präsentiert und in einer abschließenden Analyse/Beschreibung der Geschäftsentwicklung die Marktsituation und eigene Geschäftslage, die Leistungs- und Ergebnisentwicklung sowie die Kapazitätsauslastung und Personalsituation bewertet.

Beispiel: Controlling-Report mit Zahlen

89

CONTROLLING REPORT

Gesellschaft: Allbau AG — Berichtsmonat: September 2008 kumuliert

Währung: T€ — **Verantwortlicher: Hr. Controller**

		Ist per ST	Restvorgabe	Prognose GJ
A) Auftragslage Gesamt				
1	Auftragsbestand per 01.01.	300.000		300.000
1.1	davon außerhalb Deutschlands	0		0
2	Auftragseingang	1.080.000	0	1.080.000
2.1	davon außerhalb Deutschlands	0	0	0
3	Leistung	660.000	235.000	895.000
3.1	davon außerhalb Deutschlands	0	0	0
4	Auftragsbestand per ST	720.000	-235.000	485.000
4.1	davon außerhalb Deutschlands	0	0	0
4.2	Leistung lfd. Jahr aus AB per ST		235.000	
4.3	Baustellen-/Auftragserg. lfd. Jahr aus AB per ST		7.050	
4.4	Leistung nächstes Jahr aus AB per ST			400.000
4.5	Baustellen-/Auftragserg. nächstes Jahr aus AB per ST			12.000
4.6	Leistung Folgejahre aus AB per ST			85.000
4.7	Baustellen-/Auftragserg. Folgejahre aus AB per ST			2.550
B) Auftragslage Extern				
5	Auftragsbestand per 01.01.	300.000		300.000
5.1	davon außerhalb Deutschlands	0		0
6	Auftragseingang	1.080.000	0	1.080.000
6.1	davon außerhalb Deutschlands	0	0	0
7	Leistung	660.000	235.000	895.000
7.1	davon außerhalb Deutschlands	0	0	0
8	Auftragsbestand	720.000	-235.000	485.000
8.1	davon außerhalb Deutschlands	0	0	0
C) Auftragslage Intern				
9	Auftragsbestand per 01.01.	0		0
9.1	davon außerhalb Deutschlands	0		0
10	Auftragseingang	0	0	0
10.1	davon außerhalb Deutschlands	0	0	0
11	Leistung	0	0	0
11.1	davon außerhalb Deutschlands	0	0	0
12	Auftragsbestand	0	0	0
12.1	davon außerhalb Deutschlands	0	0	0
D) Personal (Stichtag) (ohne Konzernleitung)				
13	Angestellte tatsächlich (ohne Azubi)	902	-2	900

14	Gewerbliche tatsächlich (ohne Azubi)	1.000	-20	980
15	**Auszubildende**	130	-2	128
15.1	kfm./techn. Auszubildende	20	0	20
15.2	gewerbliche Auszubildende	110	-2	108
16	**Summe eigenes Personal tatsächlich**	2.032	-24	2.008
17	Fremdes Personal tatsächlich	2	0	2
18	**Personal gesamt tatsächlich**	2.034	-24	2.010
E) Investitionen				
19	Immaterielle Vermögensgegenstände	0	0	0
20	Sachanlagen	0	0	0
21	Finanzanlagen	0	0	0
22	Leasing-/Mietkaufvolumen	0	0	0
23	Gesamt	0	0	0
F) Abschreibungen				
24	Immaterielle Vermögensgegenstände	0	0	0
25	Sachanlagen	0	0	0
26	Finanzanlagen	0	0	0
27	Gesamt	0	0	0
G) Leistung/Betriebsergebnis				
28	**Leistung**	660.000	235.000	895.000
28.1	Leistung aus Auftragsbestand per ST		235.000	
28.2	Leistung aus Auftragseingang		0	
29	**Baustellen-/Auftragsergebnis**	19.650	7.200	26.850
29.1	Baustellen-/Auftragsergebnis aus AB per ST		7.050	
29.2	Baustellen-/Auftragsergebnis aus AE		150	
30	**Allgemeine Geschäftskosten**			
30.1	AGK gesamt	-50.258	-16.752	-67.010
30.1.1	davon Konzernumlage	-12.083	-4.027	-16.110
30.1.2	davon AGK-Berichtseinheit	-38.175	-12.725	-50.900
30.2	AGK verrechnet	49.500	17.625	67.125
30.3	**AGK-Über-(+)/Unterdeckung(-)**	-758	873	115
31	**Sonstiges Ergebnis**	0	275	275
31.1	sonstige betriebl. Aufwendungen/Erträge	0	0	0
31.2.1	Zinsaufwand (-)	0	0	0
31.2.2	Zinsertrag (+)	0	0	0
31.3	Saldo Gewährleistungsrückstellungen	0	275	275
31.4	Saldo sonstige Rückstellungen	0	0	0
31.5	Saldo Einzelwertberichtigungen	0	0	0
31.6	Saldo Pauschalwertberichtigungen	0	0	0
32	**Betriebs-/HN-Ergebnis (Gesellschaft)**	18.892	8.348	27.240
29a	**Drohverluste und aktivische Absetzungen**			
29a1	Anfangsbestand	0		0
29a2	Zuführung (neg. Vorz.)	-150		-150
29a3	Verbrauch (pos. Vorz.)	0		150
29a4	Auflösung (pos. Vorz.)	0		0
29a5	Endbestand	150		0
29a6	Im Baustellenergebnis enthaltene Veränderung	-150		0

bb) Kennzahlensysteme für die Geschäftsführung

90 Daneben stellt das Controlling der Geschäftsführung Kennzahlensysteme zur Verfügung, die zur Fundierung betrieblicher Entscheidungen dienen. Kenn-

zahlen sind vor allem in der zeitlichen Betrachtung über mehrere Perioden und im brancheninternen Vergleich aussagekräftig, indem sie die Unternehmensentwicklung offenlegen und der Problemerkennung dienen. Es sind Messgrößen, die in konzentrierter Form auf relativ einfache Weise über einen betrieblichen Tatbestand informieren. Die wichtigsten Kennzahlen sind:

(1) Wirtschaftlichkeit

= Ertrag/Aufwand. 91

Eine Maßnahme ist wirtschaftlich, wenn der monetär quantifizierbare resultierende Umsatz (Erlös) höher ist als die dafür anfallenden Kosten.

(2) Produktivität

= Ausbringungsmenge/Einsatzmenge. 92

Hierunter ist das Mengenverhältnis zwischen dem, was produziert wird (Output), und den dafür bei der Herstellung eingesetzten Produktionsfaktoren (Input) zu verstehen. Je nach eingesetzten Produktionsfaktoren unterscheiden wir z.B. zwischen Arbeitsproduktivität (Anzahl der Erwerbstätigen oder Arbeitsstunden), Maschinenproduktivität (Maschinenstunden) und Materialproduktivität (Materialeinsatz).

(3) Rentabilität

= Erfolg/Kapital. 93

Als Rentabilität definiert sich das Verhältnis einer Erfolgsgröße zum eingesetzten Kapital oder erlösten Umsatz. Sie wird i.d.R. in Prozent angegeben. In Abhängigkeit von der Bezugsgröße gibt es z.B. die Eigenkapitalrentabilität (Gewinn/eingesetztes Eigenkapital), die Fremdkapitalrentabilität (Fremdkapitalzinsen/eingesetztes Fremdkapital), die Gesamtkapitalrentabilität (Reingewinn + Fremdkapitalzinsen/eingesetztes Gesamtkapital) und die Umsatzrentabilität (Gewinn/erlöster Nettoumsatz).

(4) Liquidität

Liquidität setzt die Fähigkeit voraus, seine fälligen Verbindlichkeiten fristgerecht und in voller Höhe bedienen zu können. Wir unterscheiden dabei unter 94 der Fälligkeit zwischen kurzfristigen (unter einem Jahr), mittelfristigen (ein bis fünf Jahre) und langfristigen (über fünf Jahre) Verbindlichkeiten. Mangelnde Liquidität ist neben einer zu geringen Eigenkapitaldeckung und Überschuldung die Hauptursache für Unternehmensinsolvenzen. D.h., dass auch bei einem nicht überschuldeten Betrieb der Gang zum Insolvenzgericht erforderlich ist, wenn die liquiden Vermögenswerte nicht ausreichen um die fälligen Zahlungsverpflichtungen zu begleichen. Diese Situation tritt ein, wenn fällige Forderungen des Unternehmens nicht bezahlt werden und somit nicht als liquide Mittel (Barmittel, Kontoguthaben) zur Verfügung stehen. In der Baubranche entsteht dieser Konflikt typischerweise bei zwischen dem Bauherrn und der Baufirma strittigen Abschlags- und Schlussrechnungen, die der Auftraggeber aufgrund von Baumängeln, Bauzeitverzögerungen, Mietausfällen, nicht genehmigten Auftrags-Nachträgen etc. nicht oder nur teilweise bezahlen will. Bauunternehmen sollten daher ihre Forderungen regelmäßig kritisch auf deren Werthaltigkeit überprüfen und rechtzeitig Wertberichtigungen für einen möglichen Ausfall bilden. Als Kennzahlen für die Liquidität seien genannt:

95 • **Liquidität 1. Grades (Cash Ratio):**

= liquide Mittel/kurzfristige Verbindlichkeiten.

= Geldvermögen – Forderungen/kurzfristige Verbindlichkeiten.

Sie gibt an, ob ein Unternehmen seine fälligen kurzfristigen Zahlungsverpflichtungen allein durch seine liquiden Mittel bezahlen kann. Die Forderungen sind nicht zu berücksichtigen.

96 • **Liquidität 2. Grades (Acid Test Ratio):**

= Geldvermögen/kurzfristige Verbindlichkeiten

= Umlaufvermögen – Vorräte/kurzfristige Verbindlichkeiten.

Sie gibt an, ob ein Unternehmen seine fälligen kurzfristigen Zahlungsverpflichtungen durch schnell zur Verfügung stehendes Vermögen abdecken kann. Die Vorräte sind nicht zu berücksichtigen. Ist der Wert dieser Kennzahl kleiner als 1, kann ein Liquiditätsengpass entstehen.

97 • **Liquidität 3. Grades (Current Ratio):**

= Umlaufvermögen/kurzfristige Verbindlichkeiten

= Geldvermögen + Vorräte/kurzfristige Verbindlichkeiten.

Sie gibt an, ob ein Unternehmen seine fälligen kurzfristigen Zahlungsverpflichtungen durch sein Umlaufvermögen abdecken kann. Ist der Wert dieser Kennzahl kleiner als 1, muss ggf. Anlagevermögen veräußert werden.

Im Gegensatz zu diesen statischen Kennzahlen zur Liquidität ist zu unterscheiden die 98

- **Periodenliquidität:**

  = Zahlungsausgänge/Zahlungseingänge.

  Hier werden innerhalb einer Periode die notwendigen Zahlungsausgänge den erwarteten Zahlungseingängen gegenübergestellt.

c) Steuerungsaufgaben

Unter der Steuerung ist neben dem permanenten **Soll-/Ist-Vergleich** der betriebswirtschaftlichen Zahlen auch die **Nachsteuerung** durch bestimmte Maßnahmen zu verstehen. Die Veränderung des ursprünglichen Businessplanes mit den nunmehr angepassten Soll-Werten zur **Prognose** ist zu dokumentieren, um jederzeit eine aussagekräftige Überprüfung des Geschäftsverlaufes zu gewährleisten. I.R.d. **Abweichungsanalysen** werden deren Ursachen und Auswirkungen auf den Geschäftsverlauf untersucht und falls erforderlich dem Management Gegensteuerungsmaßnahmen zur Zielerreichung aufgezeigt. 99

d) Koordinationsaufgaben

Koordination der betriebswirtschaftlichen Führungsteilsysteme: Controlling ist mehr als die reine Zusammenfassung bereits bestehender Führungsteilaufgaben wie z.B. Planung, Berichtswesen und Abweichungsanalyse. Die Eigenständigkeit der Controllingfunktion ist in der Koordination der betriebswirtschaftlichen Führungsteilsysteme zu sehen. Der Schwerpunkt liegt einmal in der generellen Zielausrichtung und zum anderen in der Koordination des Planungs- und Kontrollsystems mit dem Informationssystem. 100

aa) Internes Reporting (Niederlassungsbesprechung)

Hierzu zählt auch die Koordination der periodischen internen Berichterstattung der Geschäftsführung und der operativen Bereiche, die sog. Niederlassungsbesprechung. 101

102 Nach den Vorgaben des Controllings informieren im Rahmen einer Präsentation (z.B. Power Point)

- die Geschäftsführer über Leistung, Ergebnis, Allgemeine Geschäftskosten, Liquidität der Niederlassung und
- die Geschäftsbereichsleiter über Akquisition/Angebotsbearbeitung/Submission/Verhandlung/Auftragserteilung ihres Geschäftsbereiches.

103 Darüber hinaus werden zeitnah die einzelnen Bauleistungen und Baustellenergebnisse im Berichtszeitraum dokumentiert und die Durchsetzbarkeit von Nachträgen bewertet. Neben einer zeitnahen Überprüfung der Entwicklung der Allgemeinen Geschäftskosten (AGK) und der Mitarbeiterzahlen (Werden diese Kosten durch die erzielten Baustellenergebnisse getragen?) werden die Ausfallrisiken von offenen Forderungen erörtert (ggf. ist ein Wertberichtigungsbedarf vorhanden) und für laufende Rechtsstreitigkeiten und deren Folgekosten in der Zukunft Rückstellungen in der Bilanz gebildet.

104 **Hinweis:**

Hier sollte immer ein konservativer Ansatz (worst case) gewählt werden, um unliebsame Überraschungen zu vermeiden.

bb) Externes Reporting (Review für Gläubigerbanken)

105 Sofern durch Gläubigerbanken eingesetzte externe Berater im Unternehmen bereits Sanierungsmaßnahmen eingeleitet haben bzw. durchführen, koordiniert das Controlling die Berichterstattung der Geschäftsführung gegenüber diesen Geschäftspartnern in sog. vierteljährlichen Reviews.

106 Wesentliche Punkte eines solchen externen Reportings sind:

- Bauleistung,
- Auftragseingang/Auftragsbestand,
- Betriebsergebnis,
- Bewertung der größten Baustellen,
- Bautenstandsbericht,
- Personalentwicklung,
- Maßnahmenumsetzung (Liquidität, Controlling, Personal, Desinvestments, Flächenoptimierung, Kosteneinsparung maschinentechnische Ab-

teilung (MTA), Prozess- und Nachunternehmermanagement, Produktdefinition, Restrukturierung),

- Liquiditätsentwicklung,
- Ausnutzung und Rückführung von Avallinien,
- Gewinn- und Verlustrechnung,
- Bilanz,
- Kennzahlenübersicht (Rentabilität, Produktivität, Vermögenslage, Controllingdaten),
- Kapitalflussrechnung.

2. Zusammenfassung

Das Controlling ist der zentrale Baustein zur Planung und Steuerung des Unternehmens. Es offenbart im Abgleich der Soll- und Ist-Werte die Schwachstellen des Unternehmens und liefert in der Sanierung und Krise damit die erforderlichen **Ansatzpunkte zur Restrukturierung des Unternehmens**. 107

Diese können bspw. sein: 108

- Anpassung von Auslastungskapazitäten verschiedener Baustellen,
- Optimierung und zeitliche Straffung der Arbeitsprozesse,
- Senkung von Kosten durch Abbau von Personal und Großabnahme von Baumaterialien,
- Kündigung von Baustellen, die nicht kostendeckend sind oder Nachverhandlung der Baukosten,
- Austausch der Leiter von Baustellen und Austausch von langjährigen Führungsmitarbeitern (geistige Verkrustung).

B. Das Bauunternehmen in der Insolvenz

Wenn die Controllingmaßnahmen nicht gegriffen haben und die Zahlungseinstellung beim Unternehmen droht, wird häufig der Gang der Geschäftsleitung zum Insolvenzgericht unvermeidlich sein. In diesem Fall wird das örtlich zuständige Insolvenzgericht einen vorläufigen Insolvenzverwalter bestellen. 109

I. Vorläufige Insolvenzverwaltung

Die Ausgangsposition im Unternehmen ist wie folgt: 110

Es gibt mehrere nicht abgeschlossene Bauvorhaben, die Lieferanten haben mangels Zahlung die Lieferungen von Baumaterialien zur Fortführung der Baustellen eingestellt, die Löhne des laufenden Monats wurden nicht bezahlt. Zahlreiche Auftraggeber halten Zahlungen zurück.

Vorbereitende Maßnahmen im Büro des Insolvenzverwalters: 111

Bevor der Beschluss über die vorläufige Verwaltung beim Insolvenzverwalter eingeht, werden bereits vorbereitende Maßnahmen getroffen. Es wird ein Team zusammengestellt, bestehend aus einem Unternehmensberater/Betriebswirt, einem Juristen, einem Arbeitsrechtler und einem Buchhalter.

II. Erstellung einer Checkliste für das Erstgespräch im Unternehmen

Die Einholung von Informationen über das Unternehmen über Google etc. ist sinnvoll. Weiter sollte eine Checkliste für das Erstgespräch im Unternehmen vorbereitet werden . Diese könnte folgende Punkte enthalten: 112

1. Situation der Baustellen

Auflistung der noch ungekündigten Bauvorhaben 113

- ☐ Bautenstand des einzelnen Bauvorhabens
- ☐ Rentabilitätsberechnung der einzelnen Baustellen
- ☐ Zeitplan, wie lange die Baustelle noch läuft; Fertigstellung während vorläufiger Insolvenzverwaltung möglich?

- ☐ Abgrenzungsmöglichkeit der einzelnen Gewerke, Teilfertigstellung möglich?
- ☐ Fertigstellungstermine nach dem Bauvertrag
- ☐ Bereits eingetretene Bauvertragsverzögerungen der einzelnen Baustellen
- ☐ Ermittlung der Kosten der Restfertigstellung, Kalkulation der Kosten der Fertigstellung des Bauvorhabens unter Berücksichtigung eventueller Gegenansprüche, z.B. Vertragsstrafe wegen Verzögerung
- ☐ Wie hoch sind die Erlöse der Fertigstellung?
- ☐ Fotodokumentation der einzelnen Baustellen
- ☐ Begehungstermin Bauherr und Bauleiter mit der Geschäftsführung des insolventen Unternehmens und dem vorläufigen Insolvenzverwalter

2. Liquidität im Unternehmen

114 ☐ Zahlungsstand klären: Welche Rechnungen an den Auftraggeber wurden noch nicht bezahlt?

- ☐ Welche offenen Forderungen bestehen gegenüber dem Bauherrn und welche Rechnungen der Nachunternehmer sind noch nicht bezahlt?

3. Inventarisierung

115 ☐ Inventarisierung der noch vorhandenen Materialien auf den Baustellen und im Bauhof

- ☐ Aufstellung aller Baufahrzeuge mit Kennzeichen und Angaben, wo sich die Fahrzeugbriefe befinden
- ☐ Inventarliste der wertvollen Werkzeuge und Geräte, sofortige Bestandsaufnahme im ersten Termin vor Ort (bspw. werden häufig die begehrten Maschinen der Marke Hilti von verärgerten Arbeitnehmern mitgenommen)
- ☐ Wo befinden sich die Bauakten? Wo sind die Rechnungen aufbewahrt?

4. Fortführung von Baustellen

116 ☐ Klären, welche Zahlungszusagen nötig sind, um eine Baustelle fortführen zu können

- ☐ Kurzfristig Termin mit Bauherren vereinbaren wegen Gesprächen über mögliche Fortführung der Baustelle
- ☐ Über Baustopp nachdenken, wenn Gespräche mit Bauherren ohne Ergebnis verlaufen
- ☐ Sonderzahlungen von Bauherren verlangen, damit weiter gebaut werden kann
- ☐ Zeitplan erstellen, wie lange die Baustelle noch läuft: Fertigstellung während der vorläufigen Insolvenzverwaltung möglich oder erst im eröffneten Verfahren?

5. Gegenseitige Verträge

- ☐ Gegenseitige Verträge überprüfen: Handyverträge wie lange bezahlt? Baumaschinen geleast? Welche Raten sind offen? Miete für Betriebshof und Gewerberäume: Wie lange nicht bezahlt? Droht Vermieterpfandrecht? 117
- ☐ Ist die Bauhaftpflichtversicherung bezahlt?

6. Darlehensverträge mit Banken

- ☐ Wo befinden sich die Bürgschaftsverträge, die Bürgschaftsurkunden, die Nachunternehmerbürgschaften? 118
- ☐ Gibt es Sicherheitseinbehalte, die auf Sperrkonten eingezahlt wurden? Gekündigt? Gibt es noch freie Kredit- und Avallinien?
- ☐ Wo sind Kautionssparbücher für Sicherheitseinbehalte? Im Tresor? Bei der Bank?
- ☐ Sind die Bankkredite bereits gekündigt?
- ☐ Gibt es gemeinsame Konten mit dem Bauherrn oder einem Mitunternehmer über gesperrte Sicherheitseinbehalte?

7. Mängelmanagement

- ☐ Liegen bereits Mängelmeldungen vor? 119
- ☐ Wer kontrolliert das Einhalten der Fristen für Einreden gegen Mängelbeseitigungsansprüche gemäß der VOB/B?
- ☐ Sollen Mängel mit dem vorhandenen Personal während der vorläufigen Insolvenzverwaltung noch abgearbeitet werden, um Vergütungsansprüche gegenüber dem Bauherren zu generieren?

- ☐ Können die geltend gemachten Mängel noch durch Nachunternehmer abgearbeitet werden? Welche Nachunternehmer sind noch leistungswillig?
- ☐ Haftet der Geschäftsführer des insolventen Unternehmens persönlich für Gewährleistungsbürgschaften? Eigeninteresse des Geschäftsführers, die Mängel abzuarbeiten?

8. Debitoreneinzug

120 ☐ Wer ist verantwortlich für die Buchhaltung?
- ☐ Wichtig: Welche Außenstände gibt es? Wer ist verantwortlich für das Mahnwesen?
- ☐ Wer bucht? Bis wann wurde gebucht?
- ☐ Wurden Buchhaltung und Lohnbuchhaltung über einen Steuerberater oder einen Buchhalter gemacht?
- ☐ Über welches Buchhaltungsprogramm wurde gebucht? DATEV?

9. Erfüllung steuerrechtlicher Verpflichtungen

121 ☐ Welche Bilanzen wurden zuletzt beim Finanzamt eingereicht?
- ☐ Welches Finanzamt ist zuständig?
- ☐ Gibt es eine Freistellungserklärung zur Abführung der USt?
- ☐ Gibt es verbundene Unternehmen? Gibt es eine umsatzsteuerliche Organschaft?

10. Arbeitnehmersituation

122 ☐ Anzahl der Mitarbeiter (gewerbliche, kaufmännische, angestellte Mitarbeiter)
- ☐ Kündigungsfristen der Mitarbeiter
- ☐ Höhe der einzelnen Gehälter
- ☐ Betriebsrat ja oder nein?
- ☐ Wie lange wurden keine Löhne mehr bei den gewerblichen Mitarbeitern und bei den kaufmännischen und technischen Angestellten gezahlt?

III. Beschluss über die vorläufige Insolvenzverwaltung

Nach Erhalt des Beschlusses über die Eröffnung des vorläufigen Insolvenz- 123
verfahrens wird der Verwalter möglichst noch am gleichen Tag einen Termin mit dem Geschäftsführer, dessen technischem und kaufmännischem Leiter vor Ort vereinbaren.

Der vorläufige Insolvenzverwalter sollte zu diesem Termin einen Betriebswirt 124
oder einen Juristen mitnehmen, jedoch nicht sofort mit zu vielen Mitarbeitern im insolventen Unternehmen auftauchen. Es geht im ersten Gespräch hauptsächlich darum, Vertrauen zu den Mitarbeitern des insolventen Unternehmens aufzubauen und nicht sofort inquisitorische Maßnahmen einzuleiten.

Der Beschluss über die vorläufige Insolvenzverwaltung sollte die Befugnis 125
beinhalten, die Banken durch Unterrichtung über die Insolvenzeröffnung bösgläubig zu machen, Forderungen einziehen zu dürfen, Auskünfte von Banken sowie Ämtern und Steuerberatern einholen zu können. Pfändungsmaßnahmen sollten verboten werden, da sonst die Eintragung von **Bauhandwerkersicherungshypotheken** auf firmeneigenen Grundstücken und auf den Bauvorhaben droht.

Ein **Muster** eines optimalen **Beschlusses für ein vorläufiges Insolvenzver-** 126
fahren ist im Anhang (**Anlage B 1**, Rn. 713) dargestellt.

Hinweis: 127

Für den Insolvenzverwalter ist es vorteilhaft, wenn er als schwacher vorläufiger Verwalter bestellt wird:

Als schwacher vorläufiger Insolvenzverwalter begründet er keine Mas- 128
severbindlichkeiten. Er muss keine USt abführen, er kann zunächst, falls erforderlich, Baustellen weiter fortführen; es besteht aber für ihn als schwachen vorläufigen Insolvenzverwalter die Möglichkeit, die gegenseitigen Verträge später, zur Verfahrenseröffnung hin, zu kündigen und die Wahl nach § 103 InsO auszusprechen. Dies wäre nicht ohne Weiteres möglich, wenn er starker vorläufiger Insolvenzverwalter wäre.

IV. Der erste Termin im Unternehmen

129 Der erste Termin sollte auf jeden Fall vor Ort in den Geschäftsräumen des insolventen Unternehmens, zunächst möglichst **abgeschirmt** von den Mitarbeitern, stattfinden. Evtl. sollte noch am gleichen Tag oder spätestens am darauffolgenden Tag eine **Betriebsversammlung** einberufen werden, um die Mitarbeiter zu informieren und zu beruhigen.

1. Vorbereitete Unterlagen

Zu dem Termin sollte der Verwalter Folgendes mitnehmen:

130 ☐ Beschluss über die vorläufige Verwaltung im Original, sowie ausreichende Kopien für die verschiedenen Abteilungen des insolventen Unternehmens

☐ Eine vorbereitete Vollmacht für die Kreditinstitute, Rechtsanwälte, Steuerberater, Finanzämter, die der Geschäftsführer unterzeichnen soll, damit Auskünfte unproblematisch erteilt werden können

☐ Eine auf den Namen des insolventen Unternehmens ausgestellte Anfrage beim Finanzamt zur Erteilung einer Kontenstandabfrage per Stichtag vorläufige Insolvenzverwaltung

☐ Eine Schuldnerauskunft, die der Geschäftsführer innerhalb der nächsten zwei Wochen möglichst detailliert ausfüllen soll

☐ Eine Vollständigkeitserklärung, dass der Geschäftsführer sämtliche Auskünfte umfassend erteilt hat; ein **Muster** ist im Anhang (**Anlage B 2**, Rn. 714) dargestellt

☐ Ein vorbereitetes Kassenbuch für die Barkasse

☐ Die oben aufgeführte (Rn. 113 bis 122) vorbereitete, Checkliste

2. Im ersten Gespräch zu klärende Punkte

Es ist wichtig, im ersten Gespräch folgende Punkte zu klären:

131 ☐ Wie steht es mit der Liquidität? Gibt es eine „Kriegskasse“? Ist kurzfristig mit Zahlungseingängen zu rechnen? Gibt es noch eine freie Linie bei der Bank?

☐ Welche Baustellen können fortgeführt werden?

- ☐ Bei welchen Baustellen kann mit kurzfristigen Zahlungen gerechnet werden? Welche Arbeiten müssen dafür noch ausgeführt werden?
- ☐ Bei welchen Auftraggebern kann gemahnt werden, welche Zahlungen sind überfällig und in welcher Höhe?
- ☐ Sich die Offene-Posten-Liste aushändigen lassen.
- ☐ Wie ist der derzeitige Kassenstand? Gibt es noch Barkassen auf den einzelnen Baustellen oder Niederlassungen? Die Kassenbestände müssen für den Tag der vorläufigen Verwaltung aufgenommen und dokumentiert werden, am besten unterschreibt der Geschäftsführer die entsprechenden Kassenblätter.
- ☐ Wie lange wurden keine Löhne gezahlt? Haben die Arbeitnehmer schon die Arbeit niedergelegt oder wird auf den Baustellen noch gearbeitet? Falls Letzteres der Fall ist, muss der Leiter der Baustelle für den Tag der vorläufigen Verwaltung eine Bautenstandsaufnahme dokumentieren.
- ☐ Die Geschäftsführung muss zu den einzelnen Baustellen eine überarbeitete Kalkulation vorlegen. Diese muss berücksichtigen, dass möglicherweise Insolvenzgeld gezahlt werden kann, daher kann die Liquiditätsplanung zunächst die Löhne vernachlässigen.
- ☐ Wurden von Gesellschaftern im letzten Jahr vor Insolvenzantragstellung noch Darlehen an das insolvente Unternehmen gezahlt oder wurden Darlehen vom Unternehmen an Gesellschafter im letzten Jahr vor Insolvenzantragstellung zurückgezahlt?
- ☐ Hat ein Gläubiger in den vergangenen drei Monaten vor Insolvenzantragstellung durch Pfändungsmaßnahmen oder massiven Druck noch Zahlungen erhalten?
- ☐ Wurden die laufenden Sozialversicherungsbeiträge noch beglichen oder bestehen hier Rückstände? Bestehen Rückstände, sollte man den Geschäftsführer darauf aufmerksam machen, dass er sich hier möglicherweise gem. § 266 StGB strafbar gemacht hat.
- ☐ Es sollte geklärt werden, welcher Tarifvertrag für das Unternehmen gilt. Dies ist wichtig für die Höhe der Lohnzahlungen und der möglichen Kündigungsfristen.

3. Erste Gespräche mit Mitarbeitern/Betriebsversammlung

132 Wenn die Möglichkeit besteht, sollte der vorläufige Insolvenzverwalter nach diesem Gespräch mit dem Betriebsrat sprechen und diesen über den Stand des Verfahrens und die Vorgehensweise innerhalb der nächsten Tage informieren. Es ist sinnvoll, dann gemeinsam mit dem Betriebsrat, der Geschäftsführung und den schnell erreichbaren Mitarbeitern eine erste Betriebsversammlung am ersten Tag abzuhalten, spätestens am Folgetag, um die Unsicherheit bei den Mitarbeitern aufzufangen. Empfehlenswert ist es auch, einen arbeitsrechtlich versierten Mitarbeiter aus dem Team des Insolvenzverwalters für eine **Fragestunde** zu den Themen Insolvenzgeld, Urlaubsansprüche, Überstunden, Handynutzung, Nutzung der Betriebsfahrzeuge abzustellen.

133 Falls es keinen Betriebsrat gibt, sollte nach dem Erstgespräch mit den kaufmännischen und technischen Mitarbeitern, die kurzfristig erreichbar sind, eine erste Betriebsversammlung abgehalten werden. Für den darauffolgenden Tag sollte eine Betriebsversammlung mit den gewerblichen Mitarbeitern von den Baustellen einberufen werden.

V. Erste Maßnahmen in der Kanzlei nach dem Erstgespräch

1. Anschreiben an Banken

134 Noch am selben Tag sollten die Banken durch Unterrichtung über die Insolvenzeröffnung bösgläubig gemacht und Zahlungen auf ein neu eingerichtetes Hinterlegungskonto verlangt werden.

2. Widerruf von Lastschriften

135 Außerdem sollten sofort alle Lastschriften so weit wie möglich widerrufen werden (**Muster** eines Widerrufs in **Anlage B 3** aufgeführt, Rn. 715). Es ist jedoch sinnvoll, sich zuvor die Bankauszüge von der Buchhaltung zu besorgen und abzuklären, welche Lastschriften widerrufen werden sollten. Bei einem pauschalen Rückruf könnten evtl. Versicherungsbeiträge und Mieten mit beinhaltet sein, die für die Fortführung des insolventen Unternehmens wichtig sind.

Hinweis:

Für den Rückruf von Lastschriften ist u.a. die neueste Entscheidung des BGH zu beachten (**BGH, 16.06.2008 – XI ZR 283/07, ZInsO 2008, 1076 = ZIP 2008, 1977**):

Ein vorläufiger Insolvenzverwalter widersprach gegenüber einer leasingfinanzierenden Bank dem Lastschrifteinzug für einen von der Schuldnerin genutzten PKW. Er widersprach dem Lastschrifteinzug jedoch nicht bei der Bank der Schuldnerin. Er tat dies nicht, weil das Konto einen negativen Saldo auswies und der Widerspruch nicht zu einem Auszahlungsanspruch zugunsten der Masse geführt hätte.

Nach Eröffnung des Insolvenzverfahrens verlangte der Insolvenzverwalter von der leasinggebenden Bank die gezahlte Leasingrate aus ungerechtfertigter Bereicherung zurück.

In den Entscheidungsgründen kommt der BGH zu dem Ergebnis, dass bereits ein **vorläufiger** Insolvenzverwalter, will er einer Genehmigung einer Belastungsbuchung durch die Schuldnerin nicht zustimmen, dies **gegenüber der Bank der Schuldnerin**, die die Einziehung gestattet hat, erklären muss, und zwar innerhalb der Frist von Nr. 7 Abs. 3 Satz 3 AGB-Bk. Andernfalls würde die Genehmigungsfiktion von Nr. 7 Abs. 3 Satz 3 AGB-Bk greifen, die besagt, dass es als Genehmigung gilt, wenn ein Bankkunde Einwendungen gegen eine Belastungsbuchung nicht spätestens vor Ablauf von 6 Wochen nach Zugang des Rechnungsabschlusses erhebt.

D.h. **ein vorläufiger Insolvenzverwalter darf nicht bis zur Eröffnung des Insolvenzverfahrens mit dem Widerspruch warten**. Der BGH begründet dies damit, dass sich die Dauer der Rückrufmöglichkeit zugunsten eines Insolvenzverwalters unzulässig verlängern würde.

3. Verwalterhaftpflichtversicherung

Hinweis: 136

Es ist ratsam, dass der vorläufige Insolvenzverwalter eine eigene Haftpflichtversicherung bereits im vorläufigen Insolvenzverfahren, und zwar unabhängig von der bestehenden Haftpflichtversicherung des insolventen

Unternehmens, abschließt. Der vorläufige Verwalter sollte das Insolvenzgericht darüber informieren, damit er vom Gericht die Genehmigung erhält, dass die **Kosten** hierfür aus der Masse gezahlt werden können.

4. Bauhaftpflichtversicherung

137 Daneben muss für das Unternehmen eine gesonderte Bauhaftpflichtversicherung bestehen, die für von Mitarbeitern des Unternehmens verursachte Schäden einsteht, Planungsfehler umfasst etc.

5. Inventarisierung der Baustellen/Baustellendokumentation

138 Weiter sollte sofort eine Fachfirma beauftragt werden mit der Sicherung der einzelnen Baustellen und der Inventarisierung der Materialien auf den einzelnen Baustellen und dem oder den Bauhöfen. Der Geschäftsführer sollte eine Liste haben mit den an die Mitarbeiter ausgegebenen Handwerkszeugen und Maschinen.

139 Für die Baustellendokumentation müssen Bilder von der Baustelle und den einzelnen Bauabschnitten angefertigt werden. Evtl. sind auch Videoaufnahmen sinnvoll.

140 Es sollte eine Cash-Flow-Rechnung für jede einzelne Baustelle erstellt werden. Wichtig ist hier die Feststellung, ob eine Fertigstellung der einzelnen Baustelle im Zeitraum der vorläufigen Insolvenzverwaltung möglich erscheint.

141 Muster einer derartigen **Cash-Flow-Rechnung bei Rn. 277 ff.**

6. Kontaktaufnahme mit Auftraggebern für potenziell fortzuführende Baustellen

142 **Hinweis:**

Wichtig ist es, mit den Auftraggebern der Baustellen, die Sie in der vorläufigen Insolvenzverwaltung mit der Gesellschaft fortführen wollen, Termine zu vereinbaren, zum einen um stichtagsgenau zur vorläufigen Verwaltung den Bautenstand aufzunehmen und zum anderen, um Gespräche zu führen über die Fortführung der Baustellen. Wenn es nicht gelingt, in den ersten zwei Wochen nach dem Beschluss über die vorläufige Verwaltung solche Gespräche zu führen, wird es in den wenigsten Fällen noch realistisch sein, die Baustelle aufrechtzuerhalten. Meist wird das Interesse an einer Fortführung auch durch den Bauherrn signalisiert.

VI. Erste Gespräche mit dem Auftraggeber

Signalisiert der Auftraggeber des Bauvorhabens die Bereitschaft, die nach Insolvenzantragstellung zunächst eingestellte Baustelle mit dem vorläufigen Insolvenzverwalter fortzuführen, ist es empfehlenswert, unverzüglich das Gespräch zu suchen. 143

Gesprächsteilnehmer sollten sein: 144

1. der Bauherr,
2. der die Bauaufsicht führende Architekt des Bauherrn,
3. der Geschäftsführer des insolventen Unternehmens,
4. dessen Oberbauleiter, der die Baustelle geleitet hat und
5. der vorläufige Insolvenzverwalter.
6. Falls nötig, ist es sinnvoll, Nachunternehmer zum Gespräch hinzuzuziehen.

1. Zeitplan

Zunächst ist zu klären, ob die Baustelle tatsächlich fortgeführt werden kann. 145
Ein Zeitplan ist aufzustellen und zwar zunächst für den Zeitraum der vorläufigen Verwaltung bis zur Insolvenzeröffnung. Um die Baustelle zu beenden, stehen einem vorläufigen Insolvenzverwalter wegen des dreimonatigen Insolvenzgeldanspruches max. noch zwei bis drei Monate für die Fortführung zur Verfügung. Demnach muss umgehend geprüft werden, ob es möglich ist, in diesem Zeitraum bis zur Eröffnung des Insolvenzverfahrens die Baustelle zu beenden oder zumindest einen abrechenbaren Teilabschnitt fertigzustellen. Nur in diesen Fällen macht es Sinn, über eine Fortsetzung der Baustelle zu verhandeln.

Es ist kurzfristig zu klären, ob der Bauherr sich im Zahlungsrückstand befin- 146
det. In diesem Fall sollte eine Zahlung zur Insolvenzmasse verlangt werden, bevor die Bautätigkeiten wieder aufgenommen werden.

Bei einer Bauinsolvenz müssen folgende wichtige Punkte geklärt werden: 147

- ☐ Wer bezahlt die Baustofflieferanten?
- ☐ Besteht die Gefahr, dass Lieferanten unter Eigentumsvorbehalt gelieferte Waren abholen?
- ☐ Ist die Baustelle dementsprechend gesichert, um das zu verhindern?
- ☐ Wer bezahlt den Baustrom?
- ☐ Wer bezahlt die Nachunternehmer?
- ☐ Wer unterhält die Baustelleneinrichtung?
- ☐ Bestehen Haftpflichtversicherungen für die Fortführung der Baustelle?

2. Baustoff- und Gerätebeistellung

148 Empfehlenswert ist zudem die Vereinbarung mit dem Bauherrn, dass er die Baumaterialien, wie Beton, Schalungsmaterial sowie die Kosten für die Aufrechterhaltung der Baustelleneinrichtung direkt bezahlt, sog. Baustoff- und Gerätebeistellung. Auch die Nachunternehmer sollte er selbst bezahlen.

149 **Hinweis:**

Hierzu ist es notwendig, dass umgehend ein Werkvertrag zwischen Bauherrn und Nachunternehmer abgeschlossen wird.

Ein **Muster** finden Sie in **Anlage B 4**, Rn. 716.

3. Bezahlung der Nachunternehmer

150 Der Abschluss des Werkvertrags hat für den vorläufigen Insolvenzverwalter den **Vorteil**, dass Ansprüche wegen Mängeln direkt zwischen Bauherrn und Nachunternehmern geklärt werden müssen. Ein **Nachteil** ist, dass der Werklohnanspruch des insolventen Unternehmens um den Aufgeldanspruch auf den Werklohn des Nachunternehmers reduziert wird.

151 Häufig wird der Nachunternehmer nur bereit sein, weiterzuarbeiten, wenn sein ausstehender Werklohn bezahlt wird. Es handelt sich hierbei um vor Insolvenzantragstellung entstandene Ansprüche, die der vorläufige Insolvenzverwalter nicht bezahlen darf. Es würde sich um eine Gläubigerbevorzugung handeln. Hier gibt es verschiedene Lösungsmöglichkeiten:

Falls möglich, sollte eine andere Nachunternehmerfirma gefunden werden, die die Leistung erbringen kann. Ein neues Vertragsverhältnis ist unbelastet von evtl. offenen Forderungen des ursprünglichen Nachunternehmers. Falls dies nicht möglich ist, weil durch eine Neubeauftragung zu viel Zeit verloren ginge und die neue Firma einen zu hohen Werklohn verlangt, wird oftmals eine Prämie vom Bauherren an den Nachunternehmer gezahlt, damit dieser die Arbeit wieder aufnimmt. Diese Zahlung wird in der Endabrechnung mit dem insolventen Unternehmen als Schadensersatzanspruch abgezogen. Der Umgang mit Nachunternehmern wird detailliert in Teil G – Sicherheiten der Nachunternehmer, Rn. 342 ff. behandelt. 152

Hinweis: 153

Wenn möglich sollten solche Absprachen bereits in dem ersten Gespräch zwischen Bauherrn, dem Geschäftsführer des insolventen Unternehmens und dem vorläufigen Insolvenzverwalter geklärt und schriftlich fixiert werden. (Näheres zum Umgang mit Nachunternehmern in Teil G, Rn. 342 ff.)

4. Kurze Zahlungsziele, Abschlagszahlungen

Wichtig ist, dass im vorläufigen Insolvenzverfahren beim laufenden Baustellenfortschritt weitere Zahlungsziele festgelegt werden. Die Erfahrung zeigt, dass die Bauherren nach Fertigstellung oder Teilfertigstellung des Bauvorhabens unwillig sind, Zahlungen zu leisten. Daher ist es ratsam – falls möglich – wochenweise Abschlagszahlungen zu vereinbaren. 154

Hinweis: 155

Nicht zu vergessen ist, dass im Bauvertrag vereinbarte Vertragsstrafen wegen Bauzeitverzögerung abbedungen werden. Denn die Erfahrung zeigt, dass – sobald ein Insolvenzantrag gestellt wird – die Baustelle zumindest einige Tage ruht.

5. Bauüberwachung

Unverzichtbar ist eine enge zeitliche Überwachung der Baustelle und der Baufortschritte. Dieses Baustellencontrolling obliegt i.d.R. dem vom Bauherrn eingesetzten Architekten. Gleichwohl ist es aber vonseiten der vorläufigen 156

Insolvenzverwaltung dringend notwendig, auch einen Fachmann mit der technischen Bauüberwachung zu beauftragen. Teilweise wird die Durchführung der technischen Bauüberwachung auch mit Mitarbeitern des insolventen Unternehmens möglich sein, aber es ist auch sinnvoll, eine neutrale Firma von außen mit diesen Aufgaben zu beauftragen, da die Mitarbeiter des insolventen Unternehmens oft nicht neutral sind. Diese wollen erfahrungsgemäß immer weiter bauen und wollen oft die Tatsache der eingetretenen Insolvenz ignorieren.

157 **Hinweis:**

Der **Vorteil** für die Insolvenzverwaltung liegt auf der Hand: Durch eine externe Bauüberwachung erhält sie eine saubere Dokumentation über den jeweiligen Bautenstand sowie eine für die Abrechnung notwendige Darstellung der einzelnen Bautätigkeiten. Diese zusätzlichen Kosten sollte sich der vorläufige Insolvenzverwalter ggf. vom Insolvenzgericht genehmigen lassen.

158 Um das Controlling zu überprüfen, sind wöchentliche Baustellenbesprechungen zwischen der technischen Leitung des Bauherrn und dem insolventen Unternehmen notwendig. Dies i.Ü. auch, um mit Nachdruck die wöchentlichen Abschlagzahlungen gegenüber dem Bauherrn durchzusetzen.

VII. Personaleinsatz in der vorläufigen Insolvenz

1. Personaleinsatz auf den Baustellen

159 Kommt der vorläufige Insolvenzverwalter zu dem Ergebnis, dass einige Baustellen während des vorläufigen Insolvenzverfahrens fortgeführt werden, gilt es, die gewerblichen Arbeitnehmer zu motivieren, damit diese auf den jeweiligen Baustellen die Arbeiten zügig fortsetzen. In einer solchen Situation ist es wichtig, dem die Baustelle führenden gewerblichen Polier einen **Anreiz** zu setzen, damit dieser seine gewerblichen Mitarbeiter „mitzieht“. Dies geschieht hauptsächlich durch die Zahlung von Prämien, die abhängig vom Baufortschritt geleistet werden. Sofern es bei dem insolventen Bauunternehmen einen Betriebsrat gibt, sollte eine enge Abstimmung mit diesem stattfinden, um die Entscheidungen der Insolvenzverwaltung positiv zu beeinflussen.

Brechen zu viele gewerbliche Mitarbeiter mit der Arbeitsmoral ein – was sich durch eine hohe Anzahl von **Krankmeldungen** zeigt – wird es notwendig sein, gewerbliche Arbeiter von fremden Firmen auszuleihen oder befristet einzustellen. Diese Kosten müssen i.d.R. aus der Insolvenzmasse bezahlt werden und sind nicht durch das Insolvenzgeld abgedeckt. 160

Mit der SOKA-Bau sind die monatlichen Meldungen weiter fortzusetzen. Falls eine regionale Urlaubskasse vorhanden ist, muss mit dieser die Abführung von Beiträgen geklärt werden. 161

Bereits in diesem Stadium des Insolvenzverfahrens müssen die tarifvertraglich festgelegten Kündigungsfristen geklärt werden. I.d.R. betragen die Kündigungsfristen zehn Arbeitstage bei den gewerblichen Mitarbeitern. Mitarbeiter, die sich nach Insolvenzantragstellung krankmelden, sollten daher in Abstimmung mit dem Betriebsrat und dem Geschäftsführer kurzfristig gekündigt und sofort freigestellt werden, um für die anderen Mitarbeiter ein Zeichen zu setzen. Der vorläufige Insolvenzverwalter stimmt diesen Kündigungserklärungen nur zu. 162

Um die Masse im eröffneten Verfahren zu entlasten, sollte bereits jetzt geprüft werden, ob Mitarbeiter bereits im vorläufigen Verfahren gekündigt werden können, wenn diese auf den Baustellen nicht mehr benötigt werden. 163

2. Mängelbeseitigung durch gewerbliche Mitarbeiter

Während des vorläufigen Insolvenzverfahrens können noch Mängel beseitigt werden, ohne dass für den Verwalter die Gefahr der Erfüllungswahl gem. § 103 InsO gegeben ist. Deswegen sollten in diesem Stadium des Insolvenzverfahrens in Abstimmung mit den jeweiligen Bauherren so viele Mängel wie möglich beseitigt werden. Vor Aufnahme der Arbeiten sollte mit dem Bauherrn geklärt werden, dass nach Beseitigung der Mängel tatsächlich der Werklohn gezahlt wird. 164

Hinweis: 165

Aufrechnungen mit Gegenansprüchen sollten explizit schriftlich ausgeschlossen werden, sonst erbringt die Insolvenzmasse Leistungen, ohne dass Zahlungen zur Masse fließen.

3. Einsatz der kaufmännischen Mitarbeiter

a) Erstellung von Schlussrechnungen

166 Vorrangig ist die Erstellung von Schlussrechnungen, um Werklohnansprüche gegenüber den Bauherren geltend machen zu können und Geld zur Masse zu ziehen. Dazu müssen die technischen Mitarbeiter eine genaue Abrechnung der Baustelle mit den erbrachten Bauleistungen erstellen. Es ist darauf zu achten, dass Stundenabrechnungen für Baustellen von einem Bevollmächtigten des Bauherrn tatsächlich gegengezeichnet sind. Dabei muss geprüft werden, dass die abgerechneten Massen vollständig sind und sich die Belege und Dokumente hierfür in der jeweiligen Bauakte befinden.

b) Widerspruch zu Mängelmeldungen des Bauherrn

167 Den Mängelmeldungen von Bauherren ist innerhalb der Fristen der VOB/B rechtzeitig zu widersprechen. Wenn möglich, sollten im vorläufigen Insolvenzverfahren noch gemeinsame Begehungen mit den Bauherren stattfinden, um die gerügten Mängel zu besichtigen und deren Berechtigung zu klären. Wenn eine Begehung aufgrund der Vielzahl der Fälle nicht möglich ist, sollten kaufmännische Mitarbeiter damit beauftragt werden, pauschal Mängelmeldungen zu widersprechen.

c) Rüge der Mängel, verursacht durch Nachunternehmer

168 **Hinweis:**

Umgekehrt sind weiter Mängel von Nachunternehmern an Baustellen zu rügen und diese zur Mängelbeseitigung aufzufordern. Dies wird häufig in Bauinsolvenzen vergessen. Nähere Ausführungen vgl. Teil G – Sicherheiten der Nachunternehmer, Rn. 342 ff.

d) Sichern der Bürgschaftsurkunden der Nachunternehmer

169 Die Bürgschaftsurkunden der Nachunternehmer sind zu sichern und an einer zentralen Stelle im Unternehmen aufzubewahren. Es müssen Übersichten erstellt werden, welche zulasten des insolventen Bauunternehmen bestehenden Bürgschaften es bei den bürgschaftsgebenden Banken und Kreditversicherern

gibt. Die Bürgschaftsverträge sollten in Kopie vorliegen und die zeitliche Befristung der Bürgschaftsverpflichtung sollte dokumentiert sein.

Um die Archivierung zu erleichtern, empfiehlt es sich, bereits jetzt die not- 170
wendigen Bauakten nach Bauvorhaben zu sortieren. Klären Sie im Vorfeld, welche Akten im eröffneten Verfahren vernichtet werden können. Für Details wird auf Teil F – Archivierung (Rn. 334 ff.) verwiesen.

VIII. Kasse und Buchhaltung

Wie in jedem anderen vorläufigen Insolvenzverfahren auch ist der Kassenbe- 171
stand zum Stichtag des Beschlusses über die vorläufige Insolvenzverwaltung zu sichern.

Hinweis:

Beachten Sie, dass Barkassen auf den einzelnen Baustellen vorhanden sein können. Auch diese Kassenbestände sind aufzunehmen.

Die dem Unternehmen überlassenen Barkassenbestände sind streng zu kontrollieren und sollten wöchentlich abgerechnet werden. Die Belege müssen zeitnah auf Vollständigkeit überprüft werden.

1. Separater Buchungskreis für einzelne Baustellen

Klären Sie, ob für die einzelnen Baustellen ein separater Buchungskreis ge- 172
führt wurde. Separate Buchungskreise erleichtern den Überblick, ob sich eine Baustelle wirtschaftlich rechnet. Dadurch wird die Entscheidung erleichtert, ob und wenn ja, welche Baustelle fortgeführt werden kann. Falls keine separaten Buchungskreise geführt werden, besteht jetzt im vorläufigen Insolvenzverfahren noch die Möglichkeit, für die wichtigsten Baustellen separate Buchungskreise anzulegen, solange die Wissensträger noch zur Verfügung stehen. Separate Buchungskreise sollten insbesondere für diese wichtigsten Baustellen angelegt werden, um im eröffneten Verfahren betriebswirtschaftlich den Überblick zu behalten, ob die Baustelle sich rechnet. Falls die Kosten unerwartet wesentlich höher werden, können so Fortführungsentscheidungen überprüft und revidiert werden. Gegebenenfalls muss eine Baustelle dann doch beendet werden.

2. Rechnungsstellung

173 Rechnungen sind mit USt und dem Hinweis auf § 13b UStG auszuweisen. Im vorläufigen Insolvenzverfahren muss vereinnahmte USt jedoch nicht ans Finanzamt abgeführt werden. Die Vorsteuer hingegen darf gezogen werden. Das Finanzamt wird die nicht abgeführte USt dann zur Tabelle anmelden oder mit Rückerstattungsansprüchen aufrechnen.

174 **Hinweis:**

Vorsicht ist geboten bei umsatzsteuerlicher Organschaft. In einem solchen Fall wird das Finanzamt die vom vorläufigen Insolvenzverwalter nicht abgeführte USt von der nicht insolventen Tochter- oder Muttergesellschaft einfordern. Dies kann zu Folge-Insolvenzen im Umkreis des insolventen Bauunternehmens führen. (Vgl. Teil K – Steuerrechtliche Besonderheiten in der Bauinsolvenz – Umsatzsteuerliche Organschaft, Rn. 667 ff.)

IX. Bezahlung der Mitarbeiter im vorläufigen Insolvenzverfahren

1. Insolvenzgeldvorfinanzierung

175 Grds. versucht jeder vorläufige Insolvenzverwalter, eine Insolvenzgeldvorfinanzierung zu ermöglichen. Es wird unterschieden zwischen einer kleinen Insolvenzgeldvorfinanzierung und der großen Insolvenzgeldvorfinanzierung.

176 Bei der **kleinen** Insolvenzgeldvorfinanzierung erhalten die Mitarbeiter den bis zum Tag der Eröffnung des vorläufigen Insolvenzverfahrens noch nicht ausgezahlten Lohn.

Beispiel:

Wurde das vorläufige Insolvenzverfahren am 17.03. eröffnet und der Februarlohn nicht ausgezahlt, erhalten die Arbeitnehmer Insolvenzgeld vom 01.02. bis 17.03. Dann verbleibt nur noch ein möglicher Insolvenzgeldanspruch vom 18.03. bis 30.04., bis der dreimonatige Insolvenzgeldzeitraum ausgeschöpft ist.

177 Bei der **großen** Insolvenzgeldvorfinanzierung wird sichergestellt, dass die Arbeitnehmer ihren Lohn bis zum Zeitpunkt der Eröffnung des Insolvenzverfahrens erhalten. Eine große Insolvenzgeldvorfinanzierung ist an die Voraussetzung einer positiven Fortführungsprognose für das insolvente Unternehmen geknüpft. Eine Besonderheit in der Bauinsolvenz ist, dass es notwendig ist,

eine positive Fortführungsprognose dergestalt zu begründen, dass entweder einzelne Bauvorhaben fortgeführt werden können oder an Teilen des Unternehmens ein Erwerbsinteresse besteht. Viele Arbeitsämter geben ihre Zustimmung, wenn der vorläufige Insolvenzverwalter darstellen kann, dass Teile des Unternehmens gerettet werden können.

Bei der Auszahlung der Löhne ist darauf zu achten, dass die gewerblichen Mitarbeiter ihren Lohn i.d.R. zur Monatsmitte für den vergangenen Monat ausgezahlt bekommen. Die Angestellten erhalten ihren Lohn zum Monatsende. 178

2. Interessenausgleich mit dem Betriebsrat/Sozialauswahl

Bereits während des vorläufigen Insolvenzverfahrens ist es sinnvoll, mit dem Betriebsrat über einen Interessenausgleich und einen Sozialplan zu verhandeln. In den meisten Bauunternehmen gibt es einen Betriebsrat. Meist verfügt dieser über enge Kontakte zu einer Gewerkschaft. Um abzuklären, in welcher Höhe Zahlungen durch die Insolvenzmasse an die Arbeitnehmer im eröffneten Verfahren geleistet werden müssen und um festzustellen, ob die Masse ausreicht, diese Ansprüche zu bedienen, sollten sehr frühzeitig im vorläufigen Insolvenzverfahren Verhandlungen mit dem Betriebsrat aufgenommen werden. 179

Es muss kurzfristig geklärt werden, wie viele Schwerbehinderte, Mütter und Auszubildende es im Betrieb gibt. Weiter sind Listen zu erstellen, die Angaben über das Alter der Mitarbeiter, Betriebszugehörigkeit, Anzahl ihrer Kinder etc. enthalten. 180

Hinweis: 181

Oft stimmen die Listen, die der Unternehmer dem vorläufigen Insolvenzverwalter gegeben hat, nicht mit den Informationen des Betriebsrates überein. Bevor mit der Sozialauswahl begonnen wird, müssen diese Listen abgeklärt werden.

Um Massekosten zu sparen, ist es möglich, bereits jetzt im vorläufigen Insolvenzverfahren Mitarbeiter, die nicht mehr benötigt werden, in Abstimmung mit Betriebsrat und Geschäftsführer zu kündigen. 182

183 **Hinweis:**

Der mit dem Betriebsrat verhandelte Sozialplan darf erst nach Eröffnung des Insolvenzverfahrens unterzeichnet werden (§ 123 InsO). Wichtig ist, auf die finanzielle Deckelung zu achten: Es können max. 2,5 Monatsgehälter pro Arbeitnehmer als Ausgleichszahlung vereinbart werden. Dieser Betrag darf weiter nicht mehr als ein Drittel der gesamten Insolvenzmasse ausmachen (§ 123 Abs. 2 InsO).

184 **Muster** für einen Interessenausgleich liegen in **Anlage B 5** vor, Rn. 717.

X. Abwicklungsmannschaft

1. Kaufmännische Mitarbeiter

185 Wie in anderen Insolvenzen ist auch der Insolvenzverwalter einer Bauinsolvenz darauf angewiesen, sich eine verlässliche Abwicklungsmannschaft zu bilden. Wichtig ist, sich mindestens einen Bauleiter zu behalten, der sowohl technisch in der Lage ist, Abnahmen durchzuführen, als auch kaufmännisch in der Lage ist, Schlussabrechnungen zu erstellen. Ggf. ist die Bezahlung von Sonderleistungen notwendig und eine Beschäftigungsperspektive über die Eröffnung des Insolvenzverfahrens hinaus in Aussicht zu stellen. Auch ein kaufmännischer Angestellter bzw. Buchhalter sollte unbedingt im Abwicklungsteam verbleiben, um das Mahnwesen und den Debitoreneinzug zu installieren.

2. Technische Mitarbeiter

186 Es ist darauf zu achten, dass auf den fortgeführten Baustellen jeweils ein verantwortlicher Polier installiert wird, der Ansprechpartner für die gewerblichen Mitarbeiter ist. Um Bauvorhaben im vorläufigen Insolvenzverfahren noch abschließen zu können, ist es sinnvoll, Überstunden anzuordnen und samstags arbeiten zu lassen und hierfür ggf. Sonderzahlungen zu leisten.

187 Es sollte darauf geachtet werden, dass die Arbeitnehmer ausreichend versichert sind. Lassen Sie sich vom Unternehmen die Versicherungspolicen zeigen, um abzuklären, ob Personenschäden umfasst sind. Die Gefahr, dass gewerbliche Arbeitnehmer im Baubetrieb verunfallen, ist nicht zu unterschätzen.

3. Wöchentliche Personalplanung

Der Insolvenzverwalter sollte jeweils am Freitag für die kommende Woche mit dem Geschäftsführer des insolventen Unternehmens bzw. dem Bauleiter die Zusammensetzung der Mannschaften, die auf den jeweiligen Baustellen arbeiten, absprechen und diese namentlich festlegen. Es sollten immer einige **Springer** zur Verfügung stehen, die auf den jeweiligen Baustellen im Krankheitsfalle für Mitarbeiter eingesetzt werden können. Gerade im Baugewerbe ist die Anzahl der Krankmeldungen nicht zu unterschätzen. 188

4. SOKA-Bau

Mit dem Geschäftsführer ist zu klären, ob für die gewerblichen ausländischen Mitarbeiter Arbeitserlaubnisse vorliegen und die Mitarbeiter ordentlich bei der SOKA-Bau und den jeweiligen Krankenkassen gemeldet sind. 189

Hinweis: 190

Es ist empfehlenswert, sich die Bescheinigungen vorlegen zu lassen, andererseits haftet zumindest im eröffneten Verfahren der Insolvenzverwalter gegenüber den Sozialversicherungsträgern wegen Beschäftigung von Schwarzarbeitern.

XI. Zusammenarbeit mit dem Geschäftsführer

1. Freier Mitarbeitervertrag

Ein Geschäftsführer, der Mehrheitsgesellschafter des insolventen Unternehmens ist, hat i.d.R. keinen Insolvenzgeldanspruch. Da zumindest im vorläufigen Insolvenzverfahren er als Wissensträger für die Insolvenzverwaltung notwendig ist, besteht die Möglichkeit, mit dem Geschäftsführer entweder einen befristeten Anstellungsvertrag abzuschließen oder, falls es keinen Arbeitsvertrag gibt, einen freien Mitarbeitervertrag abzuschließen. Dann ist der Geschäftsführer für die Abführung von Steuern und Sozialversicherungsbeiträgen selbst verantwortlich. 191

2. Kündigung des Geschäftsführers

192 **Hinweis:**

Es ist darauf zu achten, dass mit der Eröffnung des Insolvenzverfahrens auch die Geschäftsführerverträge gekündigt werden – dies wird häufig vergessen.

XII. Gegenseitige Verträge

1. Baustellenfahrzeuge

193 Wie bei anderen Insolvenzverfahren ist es auch in der Bauinsolvenz häufig so, dass nach Insolvenzantragstellung die Abholung von Leasingfahrzeugen wegen rückständiger Leasingraten und die Abschaltung von Handyverträgen kurz bevorstehen. Es ist zu prüfen, welche Baustellenfahrzeuge für die einzelnen Baustellen noch benötigt werden; ggf. sind die Leasingraten für diese Fahrzeuge im vorläufigen Insolvenzverfahren zu zahlen und Kostenzusagen gegenüber den Leasinggebern durch den vorläufigen Insolvenzverwalter zu erteilen.

Hinweis:

Es ist darauf zu achten, dass die Unterbringung sämtlicher Baufahrzeuge abends auf dem abgeschlossenen Bauhof des insolventen Unternehmens gesichert ist, um einen nächtlichen Abtransport durch Leasinggeber zu verhindern.

2. Handy-Verträge

194 Um den Kontakt mit den Arbeitnehmern auf den Baustellen halten zu können, wird es in den meisten Fällen notwendig sein, die Handyverträge zumindest befristet aufrecht zu erhalten und hier Zahlungen zu leisten. Häufig kommt es vor, dass für mehrere Tage die Telefonanlage und die Handys der Mitarbeiter tot sind. Dies sollte verhindert werden, weil anderenfalls die Kommunikation mit den Baustellen äußerst schwierig und zeitaufwendig ist.

3. Mietverträge/Kündigungsmöglichkeiten

Es ist zu überprüfen, welche Mieten rückständig sind. Es ist sicherzustellen, 195
dass Mieter kein Vermieterpfandrecht ausüben an Bauhöfen, auf denen Materialien liegen, wenn diese noch zur Fortführung von Baustellen benötigt werden. Grds. bestehen Miet- und Pachtverhältnisse des Schuldners über unbewegliche Gegenstände oder Räume für die Insolvenzmasse fort (§ 108 InsO). Nach Eröffnung des Insolvenzverfahrens kann mit der verkürzten Dreimonatsfrist gem. § 109 Abs. 1 Satz 1 ein Mietverhältnis gekündigt werden. Im vorläufigen Insolvenzverfahren sollten die Kündigungserklärungen oder die Aufhebungsvereinbarungen bereits vorbereitet werden.

4. Geleaste Kleinwerkzeuge

Die zur Fortführung der Baustellen notwendigen Werkzeuge sollten sofort 196
nach Erhalt des Beschlusses über das vorläufige Insolvenzverfahren und dem Erstgespräch mit dem Geschäftsführer aufgenommen, d.h. inventarisiert, gekennzeichnet und bewertet werden. Insbes. Kleinwerkzeuge wie die beliebten Hiltis, Werkzeugkästen und für eine heimische Werkbank verwendbare Kleinwerkzeuge verschwinden oft innerhalb der ersten Tage eines vorläufigen Insolvenzverfahrens. Besonders wertvolle Geräte sollten nur mit Ausgabeschein an die Mitarbeiter übergeben werden und am Abend vom Leiter der Baustelle wieder eingesammelt und verschlossen werden.

5. Kaution

Zu überprüfen ist, ob Kautionen oder Bürgschaften für gemietete Betriebsräu- 197
me, Betriebshöfe vom Unternehmen gezahlt bzw. herausgelegt worden sind. Im vorläufigen Insolvenzverfahren sollte auch geklärt werden, ob Sicherheiten für diese Kautionen gestellt wurden bzw. die Bürgschaften mit Bargeld als Sicherheit hinterlegt wurden.

6. Aufhebungsvereinbarung

Bereits in diesem Stadium besteht die Möglichkeit, mit dem Vermieter über 198
eine Aufhebungsvereinbarung des Mietverhältnisses zu sprechen, um Massekosten im eröffneten Verfahren zu sparen. Auf den Hinweis, dass im eröffneten Verfahren andernfalls Masseunzulänglichkeit gem. § 208 InsO erklärt werden

müsse, sind viele Vermieter bereit, eine solche Aufhebungsvereinbarung zu akzeptieren, wenn noch eine oder zwei Mietzahlungen tatsächlich fließen.

199 **Muster** einer derartigen Aufhebungsvereinbarung finden Sie in **Anlage B 6**, Rn. 718.

XIII. Gespräche mit den Banken, Kreditversicherern

1. Darlehensverträge, Massekredit

200 Es ist zu klären, ob noch ungekündigte Kreditlinien bestehen, die u.U. vom Insolvenzantrag stellenden Unternehmen noch in Anspruch genommen werden können. In den meisten Fällen werden die Darlehensverträge jedoch bereits gekündigt worden sein. Es ist sinnvoll, sich nach dem Beschluss über die vorläufige Insolvenzverwaltung mit den Banken des insolventen Unternehmens in Verbindung zu setzen, um die Möglichkeit der Ausreichung eines Massedarlehens auszuloten.

201 Bei den Verhandlungen mit Banken wegen der Ausreichung eines Massedarlehens sollte beachtet werden, dass keine zusätzliche Hingabe von Sicherheiten für die Kreditgeber notwendig wird, da sonst das Abhängigkeitsverhältnis zu den Banken zu groß würde.

202 Es ist der Bank zu vermitteln, dass durch das nicht ordnungsgemäße Beenden von Baustellen und den damit einhergehenden Ausfall von Bürgschaftsforderungen ein riesiger Schaden für alle Gläubiger des insolventen Bauunternehmens entsteht. Daher ist es auch im Interesse der Banken, ein Massedarlehen auszureichen.

203 Für die Höhe des Kreditbedarfs ist es notwendig, eine rasche Analyse der fortzuführenden Baustellen, für die hierzu benötigte Liquidität zu erstellen. Sollte eine Bank einen Massekredit zur Verfügung stellen, ist aus Gründen der Transparenz zu empfehlen, dass der Bank wöchentlich Umsatzzahlen, Bautenstandmitteilungen und Kontrollrechnungen der Baustellen vorgelegt werden.

2. Kosten für ein Avalmanagement

204 Als zusätzliche Einnahmequelle für den Insolvenzverwalter besteht u.U. die Möglichkeit, mit den kreditgebenden Banken bzw. den Kreditversicherern ei-

nen Avalmanagementvertrag abzuschließen. Hier kann geregelt werden, dass der Insolvenzverwalter für die Abwehr von Inanspruchnahmen von bauvertraglich herausgelegten Bürgschaften eine Vergütung erhält, sofern die Bürgschaft ohne Inanspruchnahme bzw. bei nur teilweiser Inanspruchnahme an die bürgschaftsgebende Bank bzw. die Kreditversicherungsgesellschaft zurückgegeben wird. (Vgl. hierzu ausführlich Teil E – Avalmanagement, Rn. 287 ff.)

3. Widerruf von Lastschriften

Der Widerruf von Lastschriften sollte nicht ohne Sichtung der Kontoauszü- 205
ge ausgesprochen werden. In Absprache mit den Geschäftsführern sind die Kontoauszüge der „geschäftsführenden" Bank für die letzten drei Monate vor dem Datum des Beschlusses über die vorläufige Insolvenzverwaltung durchzusehen. Die Rückgabe von Lastschriften zugunsten von **Telefonbetreibern** führt oft dazu, dass sofort die Telefonleitungen stillliegen. Unproblematisch dürfte dagegen die Rückgabe von Lastschriften zugunsten der **Stromversorger** sein, hier können befristete Verträge bzw. Kostenzusagen mit dem vorläufigen Insolvenzverwalter abgeschlossen werden. Rückgabe von Lastschriften für nicht mehr benötigte **Mietverhältnisse** ist möglich. Rückgabe von Lastschriften für **Geräte** auf Baustellen ist sinnvoll, wenn diese bereits stillgelegt wurden. Hier ist im Einzelnen mit dem Geschäftsführer oder einem von ihm beauftragten Mitarbeiter wirklich jede Lastschriftrückgabe zu klären. Insbes. **Versicherungsbeiträge** sollten nicht zurückgegeben werden.

XIV. Forderungsbeitreibung

Bereits im vorläufigen Insolvenzverfahren sollte mit der Forderungsbeitrei- 206
bung begonnen werden, um Liquidität zu beschaffen. Hierzu sollte die Buchhaltung im Unternehmen sämtliche Debitoren auflisten, Mahnschreiben sind vom Geschäftsführer mit Zustimmung des vorläufigen Insolvenzverwalters zu unterzeichnen. Die Erlöse fließen auf ein vom vorläufigen Insolvenzverwalter eröffnetes Hinterlegungskonto. Kurzfristige Zahlungsziele sind sinnvoll. Bereits jetzt sollten die einzelnen Debitoren, die Sachverhalte und die den Debitoren zugrunde liegenden Verträge und Rechnungen zusammengestellt werden, solange noch Personal vorhanden ist.

207 **Hinweis:**

Im eröffneten Insolvenzverfahren muss in dem Mahnschreiben darauf hingewiesen werden, dass der Insolvenzverwalter die Erfüllung des Vertrages gem. § 103 InsO ablehnt.

Muster für ein derartiges Mahnschreiben im vorläufigen Insolvenzverfahren finden Sie in **Anlage B 7**, Rn. 719.

208 Teilweise wird sich bereits im vorläufigen Verfahren herausstellen, welche Gegenansprüche die Bauherren geltend machen. Meist wird es sich um die Geltendmachung von Mängeln handeln, die u.U. im vorläufigen Verfahren noch beseitigt werden können.

XV. Aus- und Absonderungsrechte in der Bauinsolvenz

209 Materialien werden i.d.R. unter Eigentumsvorbehalt geliefert. Nach der Insolvenzordnung darf der Insolvenzverwalter nach Eröffnung des Verfahrens eine bewegliche Sache, an der ein Absonderungsrecht besteht, freihändig verwerten (und nutzen), wenn er die Sache in seinem Besitz hat. Der Insolvenzverwalter im eröffneten Verfahren muss einem Absonderungsberechtigten nur gestatten, die Gegenstände zu besichtigen (§ 167 Abs. 1 Satz 1 InsO). Eine gesetzliche Regelung für Aus- und Absonderungsrechte im vorläufigen Verfahren fehlt.

1. Inventarisierung

210 Die Inbesitznahme im vorläufigen Verfahren sollte durchgeführt werden, indem die Gegenstände mit einem Zeichen des Insolvenzverwalters oder eines von ihm beauftragten Inventarisierers kenntlich gemacht werden. Um Nacht-und-Nebel-Aktionen von absonderungsberechtigten Gläubigern zu verhindern, ist es sinnvoll, lose Materialien unverzüglich nach dem ersten Gespräch mit dem Geschäftsführer auf dem Bauhof unterbringen zu lassen und dort einzuschließen und abzusichern. Teilweise kann es auch notwendig werden, schwere Gerätschaften vor dem Ausgang des Bauhofes zu platzieren, um Abtransporte von beweglichen Sachen, an denen Eigentumsvorbehalte bestehen, zu verhindern. Hier verschwinden in den ersten Tagen eines vorläufigen Insolvenzverfahrens häufig Materialien. Insbes. kleine mittelständische Lieferanten sind hier sehr erfinderisch, um wieder an ihr Eigentum zu gelangen. Es wurden schon Fenster bzw. bereits eingebaute Türen wieder ausgebaut.

2. Einbau von Materialien

Solange keine Regelungen mit dem absonderungsberechtigten Gläubiger bestehen, ist eine Veränderung und ein Einbau der Materialien durch den Insolvenzverwalter unzulässig. Daher sollten in den ersten Tagen die Materialien nur gesichert werden und nach Klärung, welche Baustellen fortgeführt werden und welche nicht, für benötigte Materialien mit den absonderungsberechtigten Gläubigern Zahlungsmodalitäten vereinbart werden. Mancher Lieferant ist froh, wenn er die gelieferte Ware nicht mehr zurücknehmen muss und hierfür noch einen verringerten Preis erhält. 211

Hinweis:

Es ist darauf zu achten, dass mit einer Verarbeitung der Materialien nicht begonnen wird, bevor nicht eine derartige Vereinbarung steht, sonst können Schadensersatzansprüche gegenüber der Masse auch im vorläufigen Insolvenzverfahren entstehen.

XVI. Die heiße Phase zwischen dem Ende des vorläufigen Insolvenzverfahrens und der Eröffnung des Verfahrens

1. Legen der Schlussrechnungen für Bauvorhaben oder Bauteilabschnitte

Ca. 14 Tage vor dem Auslaufen der dreimonatigen Insolvenzgeldphase muss feststehen, welche Baustellen im eröffneten Verfahren fortgeführt werden oder ob sämtliche Baustellen mit Eröffnung des Insolvenzverfahrens geräumt werden. Es ist genauestens zu planen, welche Arbeiten noch erledigt werden können, um noch Schlussrechnungen legen zu können bzw. zumindest Teilabschnitte abrechnen zu können. Mit den Bauherren sollten Gespräche geführt werden, ob die Baustellen beendet werden oder evtl. durch Dritte übernommen werden. Im Fall der Beendigung von Baustellen ist es vorzugswürdig, mit den Bauherren eine gesonderte Vereinbarung abzuschließen, welche Teilabschnitte noch abgenommen, abgerechnet und bezahlt werden, um mögliche Schadensersatzansprüche abzubedingen. Der Bauherr wird einen Sicherungseinbehalt für die mehrjährige Gewährleistungsphase verlangen i.H.e. Betrages von max. 5 % der geleisteten Bausumme. 212

2. Einzahlung von Sicherungseinbehalten auf Sperrkonten

213 Es sollte vereinbart werden, dass diese Sicherungseinbehalte auf ein gemeinsames Sperrkonto eingezahlt werden, über das Bauherr und Insolvenzverwalter nur gemeinsam verfügen können.

3. Abschluss neuer Bauverträge für Bauabschnitte

214 Für den Fall der Fortführung von Bauvorhaben in dem eröffneten Verfahren ist sicherzustellen, dass ein gesonderter Bauvertrag für die restlichen Bauabschnitte mit dem Bauherrn abgeschlossen wird. Dies ist i.d.R. günstiger als den ursprünglichen Bauvertrag fortzusetzen. Im ursprünglichen Bauvertrag sind Regelungen enthalten bzgl. Vertragsstrafe bei Verzugseintritt und Schadensersatzansprüchen wegen Schlechtleistung. Es kann vereinbart werden, dass der Bauherr diese Ansprüche zur Tabelle anmeldet, jedoch nicht als Masseansprüche gegen den vorläufigen Insolvenzverwalter geltend macht. Der vorinsolvenzlich abgeschlossene Bauvertrag sollte zum Stichtag – letzter Tag vor der Eröffnung des Insolvenzverfahrens – genau abgerechnet werden. Hierzu sollte eine gemeinsame Begehung mit dem Bauherrn auf der Baustelle stattfinden und ein Abnahmeprotokoll unterzeichnet werden. Auf der Grundlage dieses Abnahmeprotokolls wird dann eine Teilschlussrechnung gelegt.

215 Der neue Bauvertrag ist ein Vertrag zwischen dem Insolvenzverwalter und dem Bauherrn. Falls der Insolvenzverwalter auf das Wagnis eingeht, im eröffneten Insolvenzverfahren eine Baustelle zu Ende zu bauen, sollten eindeutige Zahlungsschritte vereinbart werden. Sollten diese nicht eingehalten werden, ist ein unverzüglicher Baustopp oft hilfreich. In seltenen Fällen wird es möglich sein, mit dem Auftraggeber eine betragsmäßige Haftungsbegrenzung zu verhandeln. Im eröffneten Verfahren ist auf die Rechnungen USt an das Finanzamt abzuführen.

216 **Mustervertrag für Fortführung einer Baustelle im eröffneten Verfahren: Anlage B 8.1**, Rn. 720 **und B 8.2**, Rn. 721.

4. Abschluss zweckbefristeter Arbeitsverträge

217 Für den Fall der befristeten Fortführung von Baustellen sollten Mitarbeiter beschäftigt werden, deren Kündigungsfristen lang sind. Nach derzeitiger Regelung betragen die längsten Kündigungsfristen drei Monate, gleichgültig wie

lange ein Mitarbeiter zum Betrieb zugehörig war. Sind Beschäftigungen über diesen dreimonatigen Zeitraum hinaus notwendig, können zweckbefristete Arbeitsverträge für die Fertigstellung einer Baustelle oder eines Bauabschnitts abgeschlossen werden.

5. Kündigung der Mitarbeiter

Um einen Monat Lohnkosten im eröffneten Verfahren der Masse zu ersparen, 218
ist es sinnvoll, bereits im vorläufigen Insolvenzverfahren die Mitarbeiter zu kündigen. Unterschreiben müssen der Geschäftsführer und der vorläufige Insolvenzverwalter. Die Kündigungen sollten zweifach ausgestellt werden. Eine Kündigung sollte vom Arbeitnehmer quittiert werden als Nachweis für den Empfang. Es kann sinnvoll sein, diese im Rahmen einer Betriebsversammlung zwei bis drei Tage vor Eröffnung des Insolvenzverfahrens selbst zu übergeben und den Mitarbeitern die weitere Vorgehensweise im eröffneten Verfahren zu erläutern.

Falls der Geschäftsführer nicht mitwirkt, sollte die Eröffnung des Verfahrens 219
so terminiert werden, dass Kündigungen noch zum Monatsende möglich sind.

Beispiel:

Eröffnung am 27.10., Übergabe der Kündigungen am 28. und 29.10. gegen Quittung.

6. Schließung der Baustelle kurz vor Eröffnung des Insolvenzverfahrens

Wird eine Baustelle im eröffneten Insolvenzverfahren nicht fortgeführt, muss 220
genau darauf geachtet werden, dass sie vor der Eröffnung des Insolvenzverfahrens stillgelegt wird, damit nicht ohne Kenntnis des Insolvenzverwalters noch Arbeiten ausgeführt werden. Bei größeren Bauinsolvenzen ist dieses Risiko nicht zu unterschätzen. Dieser scharfe Einschnitt wird am ehesten sichergestellt, indem eine gemeinsame Begehung der Baustelle mit dem Bauherrn ein oder zwei Tage vor Eröffnung des Insolvenzverfahrens stattfindet, die Bautenstände aufgenommen und per Bild dokumentiert werden. Die Baustelle muss abgesichert werden, um Unfälle, insbes. Personenschäden, zu vermeiden. Um für nicht mehr fortgeführte Baustellen nicht mehr zu haften, sollte sofort nach Verfahrenseröffnung seitens des Insolvenzverwalters der Bauvertrag gekün-

digt werden gem. § 103 InsO bzw. eine Aufhebungsvereinbarung mit Klärung der Zahlungsmodalitäten zwischen dem Insolvenzverwalter und dem Auftraggeber abgeschlossen werden.

221 Einen **Mustervertrag für eine nur im vorläufigen Insolvenzverfahren fortgeführte Baustelle mit Schlussrechnungslegung** finden Sie als **Anlage B 9**, Rn. 722. Nach Eröffnung des Verfahrens wird die Baustelle nicht fortgeführt.

C. Fortführung von Baustellen

Mit dem Insolvenzantrag kommen die Baustellen der Insolvenzschuldnerin im Regelfall zum Stillstand. Die Mitarbeiter der Insolvenzschuldnerin benötigen daher zur Vermeidung unnötiger weiterer Schäden schnelle und klare Handlungsanweisungen. Erste Aufgaben sind die Sicherung der erbrachten Bauleistung sowie der Dialog mit den Auftraggebern, Nachunternehmern und Lieferanten. 222

I. Sonderkündigungsrecht nach VOB/B § 8.2 des Auftraggebers

Dem Auftraggeber steht nach § 8.2 VOB/B ein Sonderkündigungsrecht zu, wenn der Auftragnehmer selbst oder ein Dritter den Insolvenzantrag über das Vermögen des Auftragnehmers gestellt hat, ein Insolvenzverfahren eröffnet wird, oder dessen Eröffnung mangels Masse abgelehnt wird. Dieses Sonderkündigungsrecht wird überwiegend für wirksam gehalten, jedenfalls soweit es an den **Insolvenzantrag** anknüpft.[1] 223

Zweifel an der Wirksamkeit des Sonderkündigungsrechts werden geäußert, soweit es tatbestandlich an die **Insolvenzeröffnung** anknüpft. Hier liegt ein Widerspruch zwischen den insolvenzrechtlichen Vorschriften der §§ 103, 119 InsO und den VOB/B-Vorschriften vor. Die Erfüllungswahl des Insolvenzverwalters würde unmöglich gemacht, wenn der Auftraggeber nach Eröffnung des Insolvenzverfahrens von seinem Sonderkündigungsrecht Gebrauch machen könnte.[2] 224

In den häufigsten Fällen wird der Auftraggeber allerdings kurz nach Insolvenzantragstellung kündigen, weil er das Vertrauen in die vertragsgemäße Fortführung des Bauvorhabens verloren hat. Er wird dann Forderungen wegen Mehrkosten aufgrund von Ersatzvornahmen und Schadensersatz wegen Nichterfüllung des Vertrages verlangen. Mit diesen Forderungen wird er gegen die Werklohnforderung der Insolvenzschuldnerin aufrechnen[3] und/oder Vorauszahlungsbürgschaften bzw. Vertragserfüllungsbürgschaften in An- 225

1 BGH, 26.09.1985 – VII ZR 19/85, BGHZ 96, 34; Ingenstau/Korbion/Schmitz, VOB/B, § 8 Nr. 2 Rn. 8 ff.

2 Zusammenfassung des Meinungsstands bei Koenen, BauR 2005, 202, 204 ff.; Ingenstau/Korbion/Schmitz, VOB/B, § 8 Nr. 2 Rn. 10; Fritsche/Kilian, DZWIR 2008, 45, 49 ff.

3 BGH, 23.06.2005 – VII ZR 197/03, BauR 2005, 1477

spruch nehmen. Den darüber hinaus verbleibenden Teil wird er als Forderung zur Tabelle anmelden.

226 **Hinweis:**

Um hier also nicht unnötig potenzielle Forderungen und Massebeiträge zu gefährden, ist es dringend geraten, unmittelbar nach Antragstellung die Fortführungsmöglichkeiten der laufenden Baustellen zu prüfen. Um eine unmittelbare Kündigung zu vermeiden, ist es ebenso wichtig, dem Auftraggeber mitzuteilen, dass man ggf. die Baumaßnahme fortführen wolle, hierzu aber eine angemessene Prüffrist benötige.

II. Fortführungsprognose

227 Die Fortführung und Fertigstellung der Bauvorhaben ist nur dann sinnvoll, wenn ein positiver Massebeitrag entsteht, die Baustelle also „cash-positiv“ ist. Diese Fortführungsprognose ist für den Insolvenzverwalter auch im Fall einer Übertragung von Baustellen oder beim Verkauf von Unternehmensteilen zur Bestimmung des Kaufpreises von besonderer Bedeutung.

1. Restbauzeit

228 Wesentlich für die Bestimmung des Risikos für den Verwalter ist auch die Frage der Restbauzeit, d.h. ob die Fertigstellung noch im vorläufigen Verfahren oder erst im eröffneten Verfahren liegt. Die daraus resultierende Erfüllungsproblematik, insbes. hinsichtlich der damit verbundenen Übernahme von Risiken für die Gewährleistungsverpflichtungen, muss in der Fortführungsprognose berücksichtigt und abgewogen werden.

2. Kriterien zur Bewertung von Baustellen – Fortführungsprognose

229

Prozesskette Fortführungsentscheidung

a) Leistungsfeststellung

Zur Bewertung einer Baustelle steht am Anfang die Erfassung des Ist-Zustan- 230
des. Hierzu muss zunächst die erbrachte Leistung festgestellt werden. Im optimalen Fall wird dies einvernehmlich gemeinsam mit dem Bauherrn – ggf. unter Hinzuziehung eines Sachverständigen – durchgeführt. Auch wenn der Bauherr zu einer gemeinsamen Feststellung nicht bereit ist, muss der Leistungsstand in jedem Fall festgestellt und dokumentiert werden. In besonderen Fällen – insbes. wenn streitige Auseinandersetzungen zu erwarten sind – sollte ein externer Sachverständiger hinzugezogen werden.

Die erhaltenen Zahlungen sind der Buchhaltung der Insolvenzschuldnerin zu 231
entnehmen und sollten per Saldenabgleich mit dem Auftraggeber abgestimmt werden.

b) Kosten der Restfertigstellung

232 Die Kosten für die Restfertigstellung werden zweckmäßigerweise in den Kostengruppen

- Personalkosten,
- Gerätekosten (für eigene Geräte nur laufende Reparaturkosten),
- Miet- und Leasingkosten,
- Material- und Baustofflieferanten und
- Nachunternehmer

getrennt erfasst und dem Erlös für die noch zu erbringende Restleistung gegenübergestellt.

233 Die Personalkosten werden im vorläufigen Insolvenzverfahren i.d.R. für zwei bis drei Monate durch Insolvenzausfallgeld ersetzt, der Masse entstehen keine Kosten. Insofern kann der Insolvenzverwalter darüber entscheiden, ob er diese Personalkosten bei der Kalkulation der Restfertigstellungskosten unberücksichtigt lässt.

234 Hinsichtlich der Restfertigstellungskosten der Nachunternehmer ist dringend zu beachten, dass einzelne Nachunternehmer durch die Insolvenz Geld verloren haben und evtl. die Vertragspreise nachbessern wollen oder Ausgleichszahlungen für die Fortführung fordern.

235 Mit den Nachunternehmern ist daher eine genaue Leistungsfeststellung und -abgrenzung zum Stichtag der Insolvenzantragsstellung erforderlich.

236 Darüber hinaus sind mögliche Risiken aus Bauzeitüberschreitungen oder Gewährleistungsverpflichtungen zu berücksichtigen.

237 Unter Saldierung der einzelnen Posten kann nun ermittelt werden, ob die Weiterführung einer Baustelle „cash-positiv" ist und zu einem Massezufluss führt.

238 Die schnellstmögliche Überprüfung der Fortsetzungsprognose für eine Baustelle ist also aus folgenden Gründen im Einzelfall wichtig:

- Positiver Massebeitrag aus der Erbringung von Bauleistungen,

- Möglichkeiten zur Realisierung bestehender offener Forderungen, die bei Kündigung mit Schadensersatzforderungen des Auftraggebers aufgerechnet würden.

III. Gestaltungsmöglichkeiten der Baustellenfortführung

Für die Fortführung der Baustellen gibt es mehrere mögliche Fortführungs- 239
varianten:

1. Verkauf von Baustellen oder Niederlassungen

Durch frühzeitige Bewertung der Baustellen und Forderungen kennt der In- 240
solvenzverwalter den Wert möglicher Assets und kann Interessenten für den Erwerb von Baustellen und/oder Niederlassungen der Insolvenzschuldnerin gewinnen. Der Erwerber tritt in die bestehenden Bauverträge mit allen Rechten und Pflichten ein. Im Idealfall übernimmt er auch das Baustellenpersonal der Insolvenzschuldnerin. Der Insolvenzverwalter erhält im Gegenzug einen Kaufpreis und ist aller bestehenden und künftigen Verpflichtungen bspw. auch für Mängelansprüche in der Gewährleistungszeit entbunden.

2. Personal- und Geräteüberlassung an den Bauherrn

Der Bauherr tritt in die Nachunternehmer- und Lieferantenverträge zu einem 241
definierten Stichtag ein. Zu diesem Stichtag haben Nachunternehmer und Lieferanten ihre Leistungen gegenüber der Insolvenzschuldnerin abzurechnen. Sofern offene Forderungen nicht durch Handwerkersicherungsbürgschaften nach § 648a BGB besichert sind, sind diese zur Tabelle anzumelden. Die nach dem Stichtag erbrachten Leistungen werden dann vom Nachunternehmer direkt gegenüber dem Bauherrn abgerechnet. Sinnvollerweise werden die Gewährleistungsansprüche der Insolvenzschuldnerin gegenüber den Nachunternehmern an den Bauherrn abgetreten bzw. in das Vertragsverhältnis zwischen dem Bauherrn und den Nachunternehmer eingebunden.

Zur Organisation der Baustelle stellt der Insolvenzverwalter weiterhin die 242
Bauleitung, Poliere etc. sowie die Geräte an den Bauherrn ab. Für die Vergütung der Personal- und Sachkosten schließt der Insolvenzverwalter mit dem Bauherrn eine entsprechende Vereinbarung. Die Überlassung der Mitarbeiter ist genehmigungspflichtig. Zuständig für die Genehmigung, die problemlos zu erlangen ist, ist die Agentur für Arbeit.

243 Auch bei dieser Variante hat der Insolvenzverwalter nur ein geringes Risiko. Mit Fertigstellung des Bauvorhabens sind alle Verpflichtungen einschließlich Gewährleistung für Baumängel erledigt.

3. Eigene Restfertigstellung

244 Mit den größten Risiken, aber auch Chancen ist die eigene Fertigstellung der Baumaßnahme verbunden. Die Risiken bestehen hinsichtlich einer Kosten- und/oder Terminüberschreitung sowie für die Qualität des Bauvorhabens, insbes. verbunden mit Mängeln in der Gewährleistungsphase. Weiterhin muss sichergestellt werden, dass das Personal bis zum Ende der Bauzeit zur Verfügung steht. Im Vergleich zu den anderen beiden Fortführungsvarianten hat der Insolvenzverwalter bei guten Preisen aber auch die Chance, den größtmöglichen Nutzen für die Masse zu erzielen. Voraussetzung für die Fertigstellung von Bauvorhaben ist die Fortsetzung des Geschäftsbetriebes, soweit dieser für die Abwicklung der Baustellen benötigt wird.

245 Für die eigene Fortführung der Baustelle bestehen grds. zwei Varianten:

a) Insolvenzverwalter tritt in den ursprünglichen Bauvertrag ein

246 Variante 1: Der Insolvenzverwalter tritt in den Vertrag ein und baut einfach weiter. Dies bedeutet, dass alle Rechte und Pflichten des Bauvertrages weiterbestehen. Der Insolvenzverwalter übernimmt damit hohe **Haftungsrisiken** – insbes. auch unbegrenzt die Gewährleistungsverpflichtung für das Gesamtobjekt.

b) Insolvenzverwalter schließt Vertrag über Teilleistungen ab

247 Variante 2: Die Bauleistung, die bis zur Eröffnung erbracht wird, wird als Teilleistung abgenommen und schlussgerechnet. Der Insolvenzverwalter schließt mit dem Auftraggeber einen neuen Vertrag für die zu erbringenden Restleistungen. Diese Variante wird häufig von den Auftraggebern abgelehnt, da die Gewährleistungsansprüche des Altvertrages, soweit diese nicht durch einen Sicherheitseinbehalt abgedeckt sind, Tabellenforderungen sind.

In beiden Fällen muss der Insolvenzverwalter zur Fortführung die entsprechenden Verträge mit den Nachunternehmern und Lieferanten abschließen bzw. Zahlungszusagen abgeben. 248

Das Baustellenpersonal muss mit einer Beschäftigungszusage bis zur Fertigstellung der Baustelle gebunden werden. Hilfreich sind hierzu erfolgsabhängige Prämien für die erfolgreiche Abnahme der Bauleistung und Schlusszahlung durch den Auftraggeber sowie eine Beteiligung an dem positiven Baustellenergebnis. 249

c) Baustellencontrolling

Hinweis: 250

Wichtig ist die Überwachung des Baufortschritts mit einem effizienten Baustellencontrolling. Der Insolvenzverwalter sollte sich **regelmäßig** über den planmäßigen Fortgang der Baustelle hinsichtlich der Kosten, Termine und Qualität informieren und Fehlentwicklungen gegensteuern. Bei größeren Bauvorhaben ist es ratsam, einen unabhängigen **externen Controller** hinzuzuziehen.

IV. Abnahme

Die Abnahme der Bauleistung richtet sich im Regelfall nach der VOB/B § 12. 251

VOB/B § 12.1: *Verlangt der Auftragnehmer* (hier das insolvente Bauunternehmen) *nach der Fertigstellung – ggf. auch vor Ablauf der vereinbarten Ausführungsfrist – die Abnahme der Leistung, so hat sie der Auftraggeber binnen zwölf Werktagen durchzuführen, eine andere Frist kann vereinbart werden.* 252

Die Abnahme kann auch für abgeschlossene Teilleistungen verlangt werden (VOB/B § 12.2). 253

Über die Abnahme sollte ein Protokoll gefertigt werden. Bekannte Mängel oder Vertragsstrafen, die nicht als Vorbehalt niedergeschrieben sind, können dann später nicht mehr geltend gemacht werden. Üblicherweise wird im Bauvertrag daher bereits eine förmliche Abnahme vereinbart. Sie kann aber auch später von jeder Partei verlangt werden (VOB/B § 12.4). 254

255 *Wird keine Abnahme verlangt oder trotz Verlangens nicht in der vereinbarten oder vorgeschriebenen Frist durchgeführt, gilt die Leistung nach Ablauf von 12 Werktagen nach schriftlicher Mitteilung der Fertigstellung der Leistung oder nach 6 Werktagen nach Beginn der Benutzung als abgenommen* (VOB/B § 12.5).

256 **Hinweis:**

Wichtig ist also in jedem Fall die **schriftliche Anzeige der Fertigstellung**.

257 Sofern vertraglich die förmliche Abnahme – wie bei größeren Bauvorhaben i.d.R. üblich – vereinbart worden ist, sollte der Auftraggeber schnellstmöglich nach Fertigstellung schriftlich zur Abnahme aufgefordert werden.

258 Mit der Abnahme geht die Gefahr auf den Auftraggeber über. Die Beweislast für Ansprüche, bspw. aus Mängeln, liegt dann beim Auftraggeber (VOB/B § 12.6).

V. Abrechnung und Schlussrechnung

259 Der Auftragnehmer hat seine Leistung prüfbar abzurechnen. Hierzu sind die Rechnungen, insbes. die Schlussrechnung aufzustellen. Dabei ist die Reihenfolge der Positionen des Auftrages einzuhalten. Bei Abrechnungsaufträgen ist die Leistung durch Aufmaße und Mengenberechnungen nachzuweisen. Aufmaße, insbes. wenn die Leistung nicht aus Plänen nachvollzogen werden kann, sollten vom Auftraggeber gegengezeichnet sein.

260 Die Abrechnung bei gekündigten Pauschalverträgen muss nach den **Abrechnungsregeln** erfolgen, die der BGH für den vorzeitig beendeten Pauschalpreisvertrag aufgestellt hat:[4]

- Die erbrachten Leistungen müssen von den nicht mehr erbrachten Leistungen abgegrenzt werden.
- Der für die erbrachten Leistungen anzusetzende Anteil des Pauschalpreises muss prüfbar nachgewiesen werden.

4 BGH, 29.06.1995 – VII ZR 184/94, BauR 1995, 691; Schmitz, Die Bauinsolvenz, Rn. 316 ff.

- Wenn der Pauschalabrede kein Leistungsverzeichnis zugrunde liegt, muss der Nachweis auf Grundlage der Urkalkulation geführt werden, notfalls mit Hilfe eines Sachverständigen.

Auch ein **Insolvenzverwalter** hat diese Regeln einzuhalten.[5]

Der Anspruch auf Zahlung wird nach Prüfung und Feststellung durch den Auftraggeber zur Zahlung fällig. Üblicherweise wird nach VOB/B § 16 für die Zahlung von Abschlagsrechnungen eine Frist von 18 Werktagen und für die Zahlung von Schlussrechnungen eine Frist von zwei Monaten nach Zugang der Rechnung vereinbart. 261

Ist der Insolvenzverwalter mit dem Prüfergebnis und der Zahlung des Auftraggebers auf die Schlussrechnung nicht einverstanden, so hat er Gelegenheit, hierzu innerhalb von 24 Werktagen einen Vorbehalt zu erklären. Sofern dieser Vorbehalt jedoch innerhalb von weiteren 24 Werktagen nicht begründet wird, ist dieser hinfällig. Die Ausschlussfristen gelten nicht für Verlangen auf Richtigstellung von Aufmaß-, Rechen- und Übertragungsfehlern. 262

Hinweis: 263

Wichtig ist es, die fertiggestellten Bauleistungen zeitnah abzurechnen, wenn möglich **bereits im vorläufigen Verfahren**. Die Abschlags- und/oder Schlussrechnungen können dann mit den Bauleitern und Mitarbeitern der Insolvenzschuldnerin, einschließlich der erforderlichen Abrechnungsunterlagen, erstellt und bei den Auftraggebern eingereicht werden.

VI. Gewährleistung

1. Gewährleistungsfrist gem. § 13.4 VOB/B

Die Gewährleistungsfrist beträgt nach VOB/B § 13.4 für Bauwerke vier Jahre. I.d.R. wird hiervon in den Bauverträgen abgewichen und eine Gewährleistungsdauer von fünf Jahren festgeschrieben. Bei Abdichtungen, bspw. eines wasserdruckdichten Betonkellers („weiße Wanne“), einer Dachabdichtung oder auch Fassade beträgt die Gewährleistungsdauer auch häufig zehn Jahre. 264

5 BGH, 26.10.2000 – VII ZR 3/99, NZBau 2001, 138; OLG Köln, 23.10.1998 – 19 U 26/98, ZIP 1999, 495.

Für Teile, die der Wartung oder Veränderung unterliegen, bspw. „drehende Teile", beträgt die Gewährleistungsdauer nur zwei Jahre.

265 Grds. gelten im Einzelfall die individuellen Fristen und Regelungen der jeweiligen Bauverträge.

266 Werden innerhalb dieser Frist keine Mängel gerügt, so ist der Anspruch auf Beseitigung verjährt. Für Mängel, die innerhalb der Frist gerügt werden, sind für den Insolvenzverwalter folgende Fälle zu unterscheiden:

2. Keine Mängelbeseitigung durch die Insolvenzverwaltung; Nichterfüllungswahl gem. § 103 InsO

267 Bei Mängelrügen für Bauvorhaben, die vorinsolvenzlich abgenommen worden sind, bzw. für Bauvorhaben, für die der Insolvenzverwalter die Erfüllung bereits abgelehnt hat und für die der Bauherr nicht über einen Barsicherheitseinbehalt verfügt, wird der Insolvenzverwalter keine Mängelbeseitigung vornehmen und gem. InsO § 103 die Nichterfüllung wählen. Die Mängelbeseitigung wird der Bauherr im Wege der Ersatzvornahme durchführen. Sofern der Bauherr über eine Gewährleistungsbürgschaft verfügt, wird er diese in Anspruch nehmen. Sofern keine Bürgschaft vorliegt, kann der Bauherr die Kosten nur zur Tabelle anmelden.

3. Barsicherheitseinbehalt des Bauherrn/Auftraggebers

268 Verfügt der Bauherr über einen Barsicherheitseinbehalt, kann durch die Mängelbeseitigung evtl. ein Beitrag zur Masse eingezogen werden. Der Insolvenzverwalter muss hier abwägen, inwieweit eine Mängelbeseitigung „cash-positiv" für die Masse ist. Hierzu müssen die Kosten der Mängelbeseitigung ermittelt werden. In der Kalkulation sind die entsprechenden Personalkosten, Gerätekosten, Stoffkosten und Nachunternehmerleistungen einschließlich eines Organisationszuschlages zu berücksichtigen. Mit dem Bauherrn ist eine Vereinbarung dahin gehend zu treffen, dass der Barsicherheitseinbehalt nach erfolgreicher Mängelbeseitigung ausgezahlt wird. Diese Vorgehensweise macht also nur in den Fällen Sinn, bei denen der Barsicherheitseinbehalt höher ist als die Kosten der Mängelbeseitigung.

4. Insolvenzverwalter wählt Erfüllung gem. § 103 InsO

Bei Bauvorhaben, für die der Insolvenzverwalter gem. § 103 InsO Erfüllung gewählt hat, ist er verpflichtet, auf Kosten der Masse die Mängelbeseitigungsarbeiten durchzuführen. Aus diesem Grund stellt die Erfüllung ein nicht unerhebliches **Risiko** dar. 269

5. Ansprüche gegenüber Nachunternehmern

In allen Fällen ist sorgfältig zu berücksichtigen, dass der Insolvenzverwalter ggf. Ansprüche gegenüber seinen Nachunternehmern hat. Auch gegenüber den Lieferanten könnten Ansprüche, bspw. aus Produkthaftung, gegeben sein. 270

Sofern die Ansprüche gegenüber den Nachunternehmern im Bauvertrag insolvenzfest an den Bauherrn abgetreten sind, kann der Insolvenzverwalter hieraus keine Ansprüche für die Masse herleiten. Zum Umgang mit Nachunternehmern wird auf Teil G – Insolvenz des Generalunternehmers, Vorliegen von Mängeln, Sicherheiten der Nachunternehmer verwiesen, insbes. Rn. 350 ff. 271

VII. Sicherheitseinbehalte – Sperrkonten

1. Höhe der Sicherheitseinbehalte

Üblicherweise werden in Bauverträgen Sicherheitsleistungen vereinbart. Diese betragen für die Vertragserfüllung üblicherweise 10 % der Bruttoauftragssumme und für die Gewährleistungsansprüche i.d.R. 5 % der Bruttoschlussrechnungssumme. Zur Sicherstellung ihrer Liquidität lösen Bauunternehmen diese Sicherheitseinbehalte normalerweise durch eine Bürgschaft ab. Dies ist für den Insolvenzverwalter i.d.R. nicht möglich, da er über keinen Avalkreditrahmen mehr verfügt. 272

2. Abschlagszahlung gem. § 17.6 VOB/B

Abschlagszahlungen werden dann üblicherweise nur i.H.v. 90 % der Abrechnungssumme geleistet (VOB/B § 17.6). Dies ist für die Liquiditätsplanung für Bauleistungen, die im vorläufigen oder eröffneten Verfahren erbracht werden, unbedingt zu beachten. 273

3. 5 % Gewährleistungseinbehalt

274 Von Forderungen aus schlussgerechneten Bauvorhaben bzw. schlussgerechneten Teilleistungen wird der Insolvenzverwalter üblicherweise zunächst nur 95 % der Bruttoschlussrechnungssumme abzüglich der bereits geleisteten Abschlagszahlungen als Zahlung erhalten. Dies gilt auch für die Bauvorhaben, die der Insolvenzverwalter bei Erfüllungswahl im Laufe des vorläufigen oder eröffneten Verfahrens fortgeführt hat. Die restlichen 5 % verbleiben zunächst beim Auftraggeber. Der Auftraggeber wird diesen Einbehalt erst nach Ablauf der Gewährleistungsfrist und Beseitigung aller Mängel an der Bauleistung an die Masse auskehren. Dieses Geld steht der Masse dann nicht kurzfristig zur Verfügung und muss in der Liquiditätsplanung entsprechend berücksichtigt werden.

4. Einzahlung auf Sperrkonto

275 Auf Verlangen muss der Auftraggeber diese 5 % auf ein Sperrkonto einzahlen. Auf dieses Sperrkonto kann der Auftraggeber nur mit Zustimmung des Insolvenzverwalters oder einem Titel zugreifen. Die Sperrkonten sind auch für den Fall der Insolvenz des Auftraggebers gesichert, da diese Beträge nicht dessen Insolvenzmasse zufließen. Insofern sollte der Insolvenzverwalter des Bauunternehmens die Einzahlungen der Einbehalte auf Sperrkonten in jedem Fall verlangen.

276 **Hinweis:**

Wichtig ist ein entsprechendes **Wiedervorlagesystem**, damit nach Ablauf der Gewährleistung die einzelnen Forderungen fristgerecht zur Masse gezogen werden können.

D. Liquiditätsplanung im eröffneten Insolvenzverfahren

Für den Fall der Fertigstellung eines Bauvorhabens im eröffneten Verfahren ist es unbedingt notwendig, die Baustelle fortlaufend **technisch** und insbesondere **betriebswirtschaftlich** zu überwachen. 277

Nach der ersten Kalkulation, die mit dem Ergebnis endet, dass eine Fertigstellung der Baustelle empfohlen wird (vgl. das Beispiel zur Kalkulation der fortgeführten Baustellen, Rn. 282 bis 284) sind die einzelnen Bautenstände für die jeweiligen Bauvorhaben baustellenbezogen nachzuhalten (vgl. das dazugehörige Beispiel zur Liquiditätsplanung im eröffneten Insolvenzverfahren nach Monatsscheiben, Rn. 285). 278

In Rn. 286 wird das Beispiel einer Kosten- und Zeitkalkulation für ein Bauvorhaben (Schwimmbadanbau – Fortführung einer Baustelle im eröffneten Insolvenzverfahren) dargestellt, unterteilt nach den einzelnen Gewerken. Das Bauvorhaben wurde am 10. Mai 2008 begonnen und endet nach dieser Darstellung am 18. November 2008. 279

Ohne derartige Hilfsmittel für die technische und kaufmännische Überwachung einer Baustelle ist es nicht angeraten, im eröffneten Verfahren Baustellen fortzuführen, da die Gefahr sehr groß ist, dass die Leistungen teurer werden und sich der errechnete Cash-Überschuss verringert oder die Baustelle im eröffneten Verfahren sogar defizitär wird. In diesem Fall müsste die Beendigung der Baustelle aus der sonstigen Masse des Insolvenzverfahrens finanziert werden. 280

Um größeren Schaden von der Gesamtmasse abzuwenden, sollte sich der Insolvenzverwalter auch nicht scheuen, eine Baustelle vor Fertigstellung zu beenden, wenn die Cash-Flow-Betrachtung stark negativ wird. Es sind Fälle bekannt, in denen es möglich war, für die Beendigung eines Bauvorhabens ein Drittunternehmen in das laufende Bauvorhaben eintreten zu lassen. 281

76

Baustellenbewertung per 25.09.2008 (Stichtag: vorläufige Insolvenz)

Niederlassung:	HN Musterstadt
Baustellenbezeichnung:	PSP 22 Bürogebäude 3

alle Werte in T€ inkl. Mwst.

Bauende: 15.11.2008 (Fertigstellung in der vorläufigen Insolvenz)

Leistung zu Preisen bis Bauende (einschl. erwarteter Nachträge)	(+)		5.304,0
bislang erhaltene Zahlungen vom Auftraggeber	(+)		4.565,0

Noch zu leistende Zahlungen für	**Nachunternehmer** (für Leistungen ab 25.09.2008)	(-)	-150,0		
	Lieferanten (für Lieferungen ab 25.09.2008)	(-)	-20,0		
	Personal eigen (bis 30.11.2008)	(-)	-80,0		Ausgleich durch Insolvenzausfallgeld
	Personal eigen (ab 01.12.2008/Insolvenzeröffnung)	(-)	0,0		
Erwartete Zahlungen vom Auftraggeber		(+)		739,0	
Risiken aus Vertragsstrafen/Einbehalten		(-)	-50,0		
Summen			-220,0	739,0	
Saldo			519,0		

Avale:

Noch herauszulegende Bürgschaften bis Bauende:	(-)	-50,0

25.09.2008

Votum: Der Bauherr hat auf den Auftragswert von T€ 5.304,0 bisher Zahlungen über T€ 4.565,0 geleistet. Es wären bis Bauende noch Zahlungen über T€ 739,0 durch den Auftraggeber zu tätigen. Hiervon abzuziehen sind die Fertigstellungszahlungen von T€ 150,0 an Nachunternehmer und von T€ 20,0 an Lieferanten sowie Risiken aus Vertragsstrafen/Einbehalten von T€ 50,0. Die Personalkosten bis Insolvenzeröffnung sind nicht zu berücksichtigen, da diese von der Bundesagentur für Arbeit übernommen werden. Es ermittelt sich demnach ein Cash-Überschuss von T€ 519,0 für diese Baustelle. **Eine Fertigstellung wird daher empfohlen.**

....

Unterschrift Projektleitung

Baustellenbewertung per 25.09.2008 (Stichtag: vorläufige Insolvenz)

Niederlassung:	HN Musterstadt
Baustellenbezeichnung:	PSP 32 Hochhaus 7

alle Werte in T€ inkl. Mwst.

Bauende: 08.10.2008 (Fertigstellung in der vorläufigen Insolvenz)

Leistung zu Preisen bis Bauende (einschl. erwarteter Nachträge)	(+)		83.500,0
bislang erhaltene Zahlungen vom Auftraggeber	(+)		74.777,0

Noch zu leistende Zahlungen für	**Nachunternehmer** (für Leistungen ab 25.09.2008)	(-)	-350,0		
	Lieferanten (für Lieferungen ab 25.09.2008)	(-)	-50,0		
	Personal eigen (bis 30.11.2008)	(-)	-200,0		Ausgleich durch Insolvenzausfallgeld!
	Personal eigen (ab 01.12.2008/Insolvenzeröffnung)	(-)	0,0		
Erwartete Zahlungen vom Auftraggeber		(+)		8.723,0	
Risiken aus Vertragsstrafen/Einbehalten		(-)	-8.350,0		
Summen			-8.750,0	8.723,0	
Saldo			-27,0		

Avale:

Noch herauszulegende Bürgschaften bis Bauende: (-) 0,0

25.09.2008

Votum: Der Bauherr hat auf den Auftragswert von T€ 83.500,0 bisher Zahlungen über T€ 74.777,0 an uns geleistet. Es wären bis Bauende noch Zahlungen über T€ 8.723,0 durch den Auftraggeber zu tätigen. Hiervon abzuziehen sind die Fertigstellungszahlungen von T€ 350,0 an Nachunternehmer und von T€ 50,0 an Lieferanten sowie Risiken aus Vertragsstrafen/Einbehalten von T€ 8.350,0. Die Personalkosten bis Insolvenzeröffnung sind nicht zu berücksichtigen, da diese von der Bundesagentur für Arbeit übernommen werden. Es ermittelt sich demnach eine Cash-Unterdeckung von T€ 27,0 für diese Baustelle. **Eine Fertigstellung wird daher nicht empfohlen.**

....

Unterschrift Projektleitung

Baustellenbewertung per 25.09.2008 (Stichtag: vorläufige Insolvenz)

Niederlassung:	HN Musterstadt
Baustellenbezeichnung:	PSP 42 Flughafen 2

alle Werte in T€ inkl. Mwst.

Bauende: 31.12.2008 (Fertigstellung im eröffneten Verfahren)

Leistung zu Preisen bis Bauende (einschl. erwarteter Nachträge)	(+)		868,0
bislang erhaltene Zahlungen vom Auftraggeber	(+)		261,0

Noch zu leistende Zahlungen für	**Nachunternehmer** (für Leistungen ab 25.09.2008)	(-)	-50,0		
	Lieferanten (für Lieferungen ab 25.09.2008)	(-)	-50,0		
	Personal eigen (bis 30.11.2008)	(-)	-120,0		Ausgleich durch Insolvenzausfallgeld!
	Personal eigen (ab 01.12.2008/Insolvenzeröffnung)	(-)	-40,0		
Erwartete Zahlungen vom Auftraggeber		(+)		607,0	
Risiken aus Vertragsstrafen/Einbehalten		(-)	-50,0		
Summen			-190,0	607,0	
Saldo			417,0		

Avale:

Noch herauszulegende Bürgschaften bis Bauende: (-) -50,0

25.09.2008

Votum: Der Bauherr hat auf den Auftragswert von T€ 868,0 bisher Zahlungen über T€ 261,0 an uns geleistet. Es wären bis Bauende noch Zahlungen über T€ 607,0 durch den Auftraggeber zu tätigen. Hiervon abzuziehen sind die Fertigstellungszahlungen von T€ 50,0 an Nachunternehmer, von T€ 50,0 an Lieferanten und von T€ 40,0 an Personal ab Insolvenzeröffnung sowie Risiken aus Vertragsstrafen/ Einbehalten von T€ 50,0. Die Personalkosten bis Insolvenzeröffnung sind nicht zu berücksichtigen, da diese von der Bundesagentur für Arbeit übernommen werden. Es ermittelt sich demnach ein Cash-Überschuss von T€ 417,0 für diese Baustelle. **Eine Fertigstellung wird daher empfohlen.**

....

Unterschrift Projektleitung

285

Cash-Flow-Betrachtung der Baustellen monatlich per 25.09.2008 (Stichtag: vorläufige Insolvenz)

alle Werte in T€ inkl. Mwst.

Niederlassung	Baustellenbezeichnung	Cash out Nachunternehmer bis 25.09.2008	Cash out Nachunternehmer ab 25.09.2008	September 08	Oktober 08	November 08	Dezember 08	Januar 09	Februar 09	März 09	Cash out Lieferanten bis 25.09.2008	Cash out Lieferanten ab 25.09.2008	September 08	Oktober 08	November 08	Dezember 08	Januar 09	Februar 09
Musterstadt	PSP 22 Bürogeb. 3	-50	-150	-40	-40	-40	-30	0	0	0	-2	-20	-8	-5	-5	-2	0	0
Musterstadt	PSP 32 Hochhaus 7	-2.865	-350	-200	-100	-50	0	0	0	0	-61	-50	-20	-20	-10	0	0	0
Musterstadt	PSP 42 Flughafen 2	-58	-50	-12	-12	-10	-10	-6	0	0	-18	-50	-15	-15	-10	-5	-5	0
Summen:		-2.973	-550	-252	-152	-100	-40	-6	0	0	-81	-120	-43	-40	-25	-7	-5	0

Niederlassung	Baustellenbezeichnung	März 09	Personal bis 30.11.2008 (Insolvenzausfall	Personal ab 01.12.2008	Dezember 08	Januar 09	Februar 09	März 09	Cash in Auftraggeber bis Bauende	September 08	Oktober 08	November 08	Dezember 08	Januar 09	Februar 09	März 09	Datum Bauende	Risiken	Avalbedarf	Saldo Cash	Saldo Cash+Risiko	Fortführungsempfehlung?
Musterstadt	PSP 22 Bürogeb. 3	0	-80	0	0	0	0	0	739	0	300	200	150	89	0	0	15.11.2008	-50	-50	569	519	ja
Musterstadt	PSP 32 Hochhaus 7	0	-200	0	0	0	0	0	8.723	0	0	0	8.723	0	0	0	08.10.2008	-8.350	0	8.323	-27	nein
Musterstadt	PSP 42 Flughafen 2	0	-120	-40	-40	0	0	0	607	0	250	100	100	100	57	0	31.12.2008	-50	-50	467	417	ja
Summen:		0	-400	-40	-40	0	0	0	10.069	0	550	300	8.973	189	57	0		-8.450	-100	9.359	909	

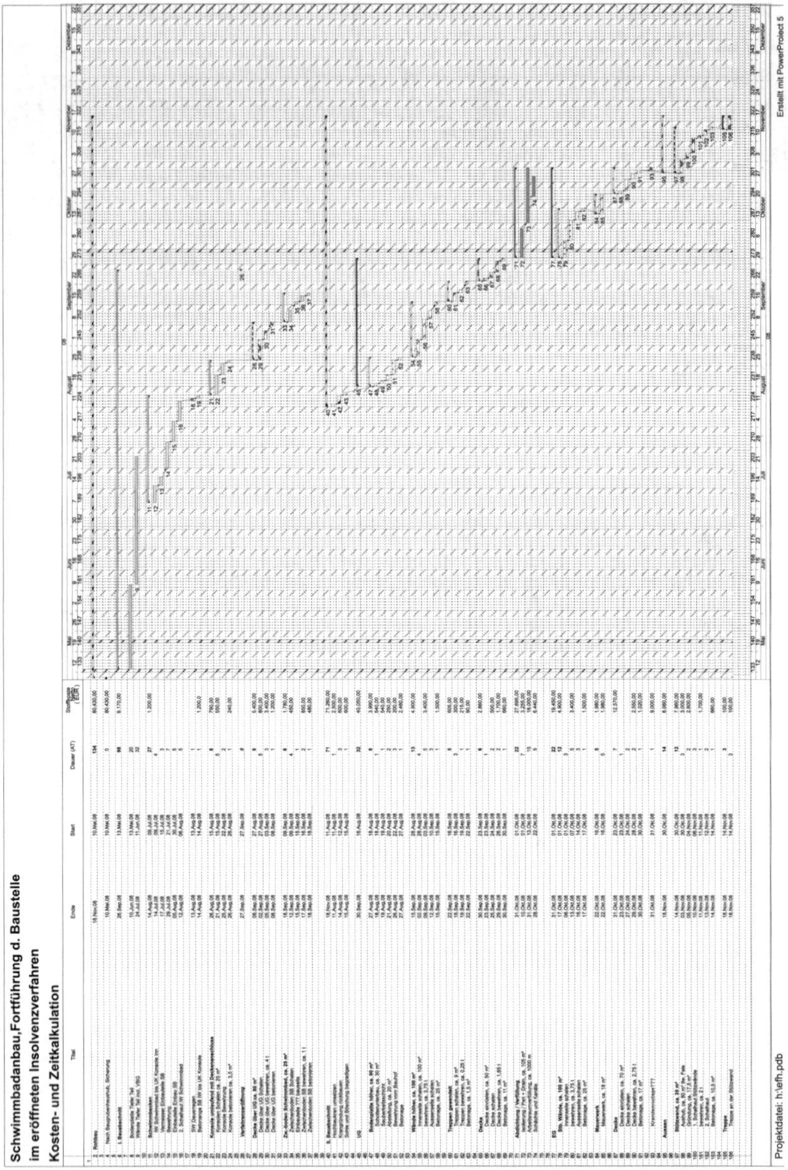
Schwimmbadanbau,Fortführung d. Baustelle
im eröffneten Insolvenzverfahren
Kosten- und Zeitkalkulation
Projektdatei: h:\efh.pdb
Erstellt mit PowerProject 5

E. Avalmanagement

I. Bürgschaftssituation in der Insolvenz

Der Begriff Avalmanagement bezeichnet im Fall der Insolvenz die geordnete Abwicklung des Avalbestandes (Bürgschaften und Garantien) der Insolvenzschuldnerin. Dies bedeutet im Wesentlichen die **Abwehr** ungerechtfertigter Inanspruchnahmen sowie die **Rückholung** von Bürgschaften bei Fristablauf. 287

Bei Bauunternehmen hat das Avalmanagement aufgrund des hohen Bürgschaftsvolumens, das i.d.R. ca. 40 bis 60 % der Jahresbauleistung beträgt, besondere Bedeutung. Die Jahresbauleistung kann bei kleinen bis mittleren Bauunternehmen bereits ca. 100 Mio. € oder mehr betragen. Bei den größeren Bauunternehmen beträgt die Jahresbauleistung bereits mehrere Milliarden Euro. Bauunternehmen stellen Avale (Bürgschaften und Garantien) zur Sicherstellung ihrer Liquidität, bspw. bei der Sicherung von diversen vertraglichen Verpflichtungen wie erhaltenen Anzahlungen, eigenen Zahlungsverpflichtungen sowie zur Ablösung von Sicherheitseinbehalten. 288

Wesentliche **Bürgschaftsarten** sind: 289

VZ	Vorauszahlungsbürgschaften/Anzahlungsbürgschaften
VE	Vertragserfüllungsbürgschaften
GW	Gewährleistungsbürgschaften
PA	Partnerausschüttungsbürgschaften bei Arbeitsgemeinschaften
648a	Handwerkersicherungsbürgschaften nach § 648a BGB
ZB	Zahlungsbürgschaften

Weiterhin werden Bürgschaftsarten wie Prozessbürgschaften, Mietbürgschaften, Mietgarantien, Kreditbesicherungen, Kaufpreisabsicherungen, Ausfallbürgschaften für Arbeitnehmeransprüche etc. verwendet. 290

Im Fall von Bauinsolvenzen werden sehr schnell nach Antragstellung die von der Insolvenzschuldnerin herausgelegten Avale (Bürgschaften und Garantien) in Anspruch genommen, weil das Unternehmen seine vertraglichen Verpflichtungen nicht mehr erfüllen will – bei Wahl der Nichterfüllung nach § 103 InsO durch den Insolvenzverwalter – oder kann – bei Kündigung durch 291 den Auftraggeber, VOB/B § 8.2. Nach dieser speziellen baurechtlichen Regelung kann der Auftraggeber den Bauvertrag kündigen, wenn der Auftragnehmer seine Zahlungen einstellt, das Insolvenzverfahren vom Bauunternehmen selbst oder einem Dritten beantragt wird, eröffnet oder mangels Masse abgewiesen wird. Sofern Auftraggeber Mängel an den Bauwerken rügen, wird der Insolvenzverwalter die Mängelbeseitigung ablehnen und hier die Nichterfüllung nach § 103 InsO wählen. Der Auftraggeber kann dann nach VOB/B § 13.5 die Mängelbeseitigung im Wege der Ersatzvornahme durchführen und die Gewährleistungsbürgschaft in Anspruch nehmen.

292 Der Insolenzverwalter wird dabei häufig von den avalgebenden Banken und Kreditversicherern mit Rückfragen überschüttet. Während zu Beginn eines Verfahrens zunächst aus Bürgschaften Vorauszahlungen oder Zahlungsabsicherungen für Werklohn (Handwerkersicherungsbürgschaften nach § 648a BGB) verlangt werden, folgen auch sehr bald Forderungen aus Absicherungen für Vertragserfüllung bzw. Gewährleistungsansprüche.

293 Im Regelfall besteht für den Insolvenzverwalter gerade zu Beginn eines Verfahrens jedoch das Problem, dass er zum einen mit einer Vielzahl von dringlichen Aufgaben konfrontiert wird, die die eigenen Kapazitäten voll erfordern. Zum anderen verfügt der Verwalter in seiner Kanzlei i.d.R. nicht über das nötige ingenieurtechnische Fachwissen.

294

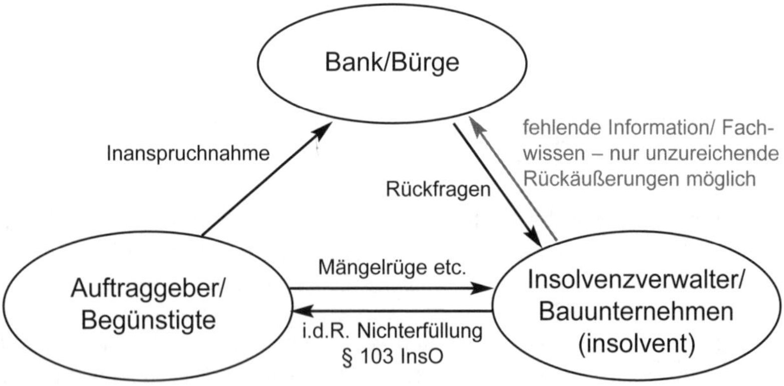

Bürgschaftssituation in der Insolvenz

1. Bürgschaftsarten/Sicherungszweck

Bürgschaften sind im Insolvenzfall mit einem unterschiedlich hohen Zahlungsrisiko verknüpft. Das Risiko ist in erster Linie stark von der Bürgschaftsart abhängig. Darüber hinaus gibt es aber eine Reihe weiterer objekt- und vertragsabhängiger Einflussfaktoren, die das Risiko, aus einer Bürgschaft Zahlungen leisten zu müssen, wesentlich mit beeinflussen. 295

Erfahrungswerte Auszahlungsquoten * 296
(Durchschnittswerte)

Vertragserfüllung	25 – 70 %
Gewährleistung	20 – 40 %
§ 648a BGB	40 – 70 %
Partnerausschüttung	60 – 90 %
Vorauszahlung	50 – 100 %

* **Erfahrungswerte aus diversen Insolvenzverfahren mit einem Avalvolumen von insgesamt über 3 Milliarden Euro**

2. Bürgschaftstexte

Die Bürgschaftstexte werden im Regelfall vom Begünstigten vorgegeben (VOB/B § 17.4). Häufig werden hierbei Muster verwendet. Verwendet der Begünstigte Bürgschaftsmuster und Sicherungsabreden (die Vereinbarung über die Stellung der Sicherheit und die Ausgestaltung der Sicherheit im Bauvertrag) mehrfach und hat der Vertragspartner keine Chance, diese Vorgaben zu beeinflussen, so liegen Allgemeine Geschäftsbedingungen vor. Zu diesen vertraglichen Ausgestaltungen gibt es eine feste BGH-Rechtsprechung, wonach bspw. das Verlangen von Gewährleistungsbürgschaften auf erstes Anfordern unwirksam ist (Näheres wird in Teil I – Bürgschaftsarten bei Bauverträgen, Rn. 479 ff., ausgeführt). Hat der Insolvenzschuldner gleichwohl eine solche Gewährleistungsbürgschaft auf erstes Anfordern übergeben, muss der Begünstigte sie zurückgeben und kann sie nicht wegen vorliegender Mängel in Anspruch nehmen. Dadurch scheidet möglicherweise eine Reihe von Bürgschaften aus der Bearbeitung aus. 297

298 Der Sicherungszweck umfasst den Haftungsumfang der Bürgschaft. Dieser kann geringer oder weiter gefasst sein und bestimmt so natürlich das Risiko ganz erheblich.

299 **Beispielformulierungen für den unterschiedlichen Umfang des Sicherungszwecks verschiedener Bürgschaftsarten:**

Bürgschaftsart	***Formulierung mit geringem Haftungsumfang***	***Formulierung mit weitreichendem Haftungsumfang***
Vertragserfüllungsbürgschaft	*„ ... übernimmt die selbstschuldnerische Bürgschaft für die Erfüllung der Vertraglichen Verpflichtungen bis zu einer Gesamthöhe von ... “*	*„ ... übernimmt die selbstschuldnerische Bürgschaft für die Erfüllung sämtlicher Verpflichtungen aus dem Vertrag, insbesondere die vertragsgemäße Ausführung der Leistung einschließlich Abrechnung und Schadensersatz sowie die Erstattung von Überzahlungen einschließlich Zinsen bis zu einer Gesamthöhe von ... “*
Gewährleistungsbürgschaft	*„ ... übernimmt die selbstschuldnerische Bürgschaft für die Erfüllung der Ansprüche auf Gewährleistung bis zu einer Gesamthöhe von ... “*	*„ ... übernimmt die selbstschuldnerische Bürgschaft für die Erfüllung der Ansprüche auf Gewährleistung einschließlich Schadensersatz und für die Erstattung von Überzahlungen einschließlich Zinsen bis zu einer Gesamthöhe von ... “*

Partnerausschüttungs-bürgschaft	*„... zur Sicherung der Ansprüche der ARGE auf Rückzahlung der Ausschüttung vom ... bis zu einer Höhe von ... “*	*„... zur Sicherung der Ansprüche der ARGE auf Rückzahlung von Ausschüttungen ... bis zu einer Höhe von ... . Der Sicherungszweck dieser Bürgschaft erstreckt sich auch auf die Zahlungspflicht des Gesellschafters für seinen Verlustanteil aus der festgestellten Auseinandersetzungsbilanz (§ 24 ARGE-Vertrag) bzw. der Schlussbilanz.“*
Bürgschaften nach § 648a BGB	*„... übernimmt die selbstschuldnerische Bürgschaft unter der Voraussetzung des § 648a Abs. 2 BGB den Vergütungsanspruch des Auftragnehmers aus dem oben genannten Vertrag bis zu einer Gesamthöhe von ... “*	*„... übernimmt die selbstschuldnerische Bürgschaft unter der Voraussetzung des § 648a Abs. 2 BGB den Vergütungsanspruch des Auftragnehmers aus dem oben genannten Vertrag einschließlich Nachträgen und Nebenkosten bis zu einer Gesamthöhe von ... “*

Weiter gehend verschärft sich das Risiko, wenn die Bürgschaften Einrede- 300
verzichte des Bürgen enthalten, beispielsweise nach § 768 BGB. Bei Bürgschaften mit der Klausel „Zahlung auf erstes Anfordern“ muss bereits auf einfache schriftliche Anforderung Zahlung geleistet werden. Dem Bürgen bleibt dann nur die Rückforderung, falls sich herausstellt, dass die Inanspruchnahme unberechtigt war.

II. Art der Bauleistung

Wesentlichen Einfluss auf das Risiko hat auch die Art der Bauleistung des Bau- 301
vertrages, den die Bürgschaft besichert. Je größer der Grad der Fertigungstiefe bzw. Anzahl der Gewerke und je höher die spezifischen Anforderungen an das Bauwerk sind, desto größer wird das Risiko für die Bürgschaft:

302

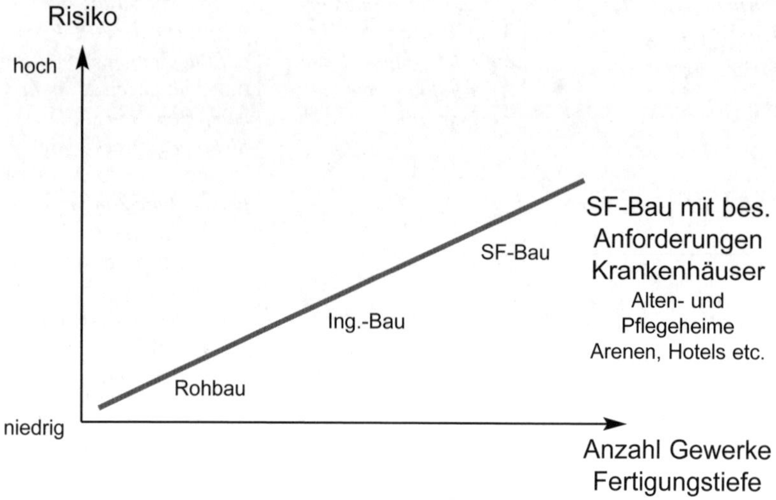

Abhängigkeit des Risikos von der Art der Bauleistung

303 Darüber hinaus wird das Risiko auch beeinflusst

- vom Leistungsstand auf der Baustelle,
- dem Zahlungsstand,
- der Anzahl und dem Wert von unerledigten Mängeln
- sowie der Qualität der Bauakten.

III. Ziel des Avalmanagements

304 Durch das Avalmanagement soll Sorge getragen werden, dass eine Inanspruchnahme aus Avalen (Bürgschaften und Garantien) vermieden bzw. dass im Fall von Inanspruchnahmen die zu leistende Zahlung berechtigt ist und auf dieses Minimum beschränkt wird.

305 Den vordergründigen Nutzen aus dem Avalmanagement haben die avalgebenden Banken und Kreditversicherer. Insofern sind diese auch besonders an einem Avalmanagement interessiert und ggf. bereit, die Abwehr von Aval-Inanspruchnahmen dem Insolvenzverwalter als Dienstleistung zu vergüten.

Für den Insolvenzverwalter können sich hieraus aber auch entscheidende Vorteile für die Abwicklung des Bauunternehmens ergeben: 306

- Beitrag zur Masse durch Abschluss eines Avalmanagementvertrages,
- kooperative Zusammenarbeit mit den Banken,
- qualifizierte Prüfung von Forderungen gegen die Insolvenzschuldnerin.

IV. Ablaufschema Avalmanagement

Die Abwehr von Aval-Inanspruchnahmen setzt einen fachübergreifenden Prozess aus juristischer, technischer und kaufmännischer Prüfung voraus. Die Vorgehensweise in diesem interdisziplinären Team sollte daher durch verbindliche Abläufe geregelt werden. Nur so kann dass Zusammenwirken der verschiedenen Fachdisziplinen sichergestellt werden. Wesentlicher Bestandteil eines qualifizierten Avalmanagements ist es, auf Grundlage der Prüfung den Insolvenzverwalter und die avalgebende Bank bzw. Kreditversicherer mit transparenten Entscheidungsvorlagen zu informieren. 307

308

Ablaufschema Avalmanagement

V. Bürgschaftsbeziehungen auf Projektebene

309 Bei der Durchführung des Avalmanagements ist wichtig, dass nicht nur Avale für Verpflichtungen der Insolvenzschuldnerin herausgelegt worden sind, sondern diese auch von ihren Vertragspartnern (Auftraggeber, ARGE-Partnern, Nachunternehmern) Sicherheiten erhalten hat, die im Insolvenzverfahren verwertet werden können. Aus Sicht des Insolvenzverwalters ist daher grds. zwischen Aktiv-Avalen und Passiv-Avalen zu unterscheiden:

Aktiv-Avale:	herausgelegte Avale für Verpflichtungen der Insolvenzschuldnerin
Passiv-Avale:	von Vertragspartnern erhaltene Avale zugunsten der Insolvenzschuldnerin

310 Auf Projektebene lassen sich die Bürgschaftsbeziehungen zwischen den Vertragsparteien wie folgt darstellen:

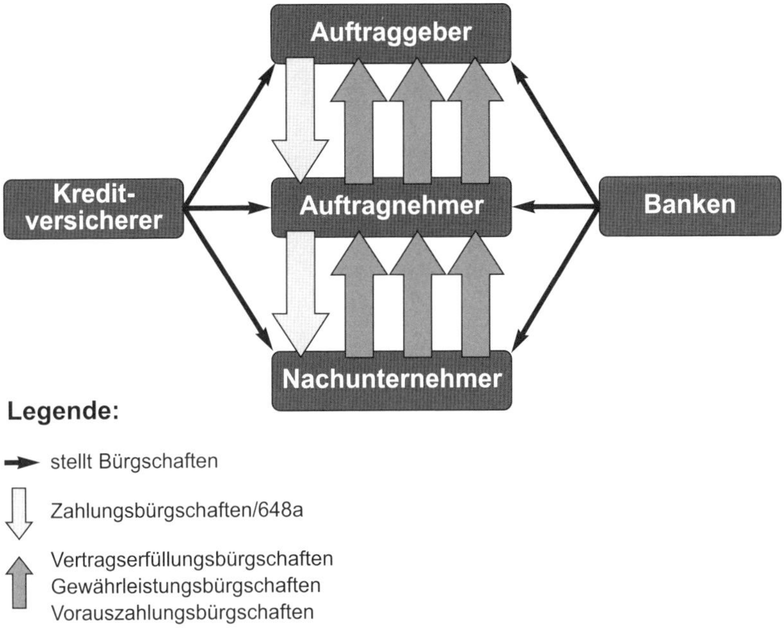

Bürgschaftsbeziehungen auf Projektebene

VI. Avalmanagementvertrag

Sofern der Verwalter im Interesse der Banken und Kreditversicherer ein Avalmanagement einrichtet und betreibt, sollte mit Eröffnung des Insolvenzverfahrens ein Avalmanagementvertrag geschlossen werden. Im Vertrag sind die Leistungen, Vergütung, Laufzeit, Haftung etc. festzuschreiben. 311

1. Leistungen im Avalmanagement

Bei einem qualifizierten Avalmanagement werden üblicherweise folgende Leistungen erforderlich: 312

- Fristenmanagement und Rückforderung von Bürgschaften,
- Prüfung von Sicherungsabrede im Vertrag und Sicherungszweck der Bürgschaft,

- Prüfung von Fristen und Verjährung,
- Bewertung von Bauleistungen und Leistungsverpflichtungen,
- Bewertung von Mängeln,
- Prüfung von Kosten für Ersatzvornahmen,
- Einholung von Vergleichsangeboten für Ersatzvornahmen,
- Begleitung und/oder Einleitung von gerichtlichen Beweisverfahren,
- Ausarbeitung von Entscheidungsvorlagen,
- Vergleichsverhandlungen,
- Ausarbeitung von Vergleichen,
- Verwaltung und Dokumentation des Avalbestandes.

313 Da die Prüfungstiefe im Einzelfall sehr unterschiedlich sein kann und auch von der Bürgschaftsart und Höhe abhängt, ist es sinnvoll, die Leistungsverpflichtungen in Grundleistungen und zusätzliche Leistungen zu unterscheiden. Auch in der Vergütungsregelung für den Insolvenzverwalter muss sich dies entsprechend wiederfinden.

2. Vergütungsmodelle

314 Für die Vergütung des Avalmanagements werden in der Praxis unterschiedliche Vergütungsmodelle angewendet, die auch miteinander kombinierbar sind:

a) Pauschale Fixkostenerstattung für das Avalmanagementteam

315 Im Vorfeld wird ein Team für die Bearbeitung der Abwehr von Aval-Inanspruchnahmen gemeinsam mit den Avalgebern definiert und werden die Personal- und Sachkosten ermittelt.

b) Kostenerstattung auf Nachweis

316 Die Bürgen leisten eine Vorschusszahlung für einen definierten Zeitraum. Der Insolvenzverwalter rechnet die tatsächlich angefallen Personal- und Sachkosten darauf mit den Bürgen ab.

c) Erfolgsabhängige Vergütung

Bei der erfolgsabhängigen Vergütung (Provision) wird ein entsprechender prozentualer Anteil auf den Enthaftungsbetrag als Vergütung gezahlt. Der provisionsberechtigte Enthaftungsbetrag kann sich zum einen aus dem Nominalbetrag der Bürgschaft abzüglich einer Zahlung, zum anderen aus dem Inanspruchnahmebetrag abzüglich der geleisteten Zahlung errechnen. 317

3. Wichtige Hinweise für den Avalmanagementvertrag

Bauunternehmen haben i.d.R. Avalrahmen bei **verschiedenen** Banken und Kreditversicherern. Dabei haftet jeder Bürge für die von ihm herausgelegten Avale. In einzelnen Fällen haben die Bürgen ihr Risiko im Rahmen einer vorinsolvenzlichen Sanierungsphase bereits **gepoolt** und ihr Risiko **gequotelt**. D.h., dass jede Bank für den Gesamtbestand im Rahmen ihrer Quote haftet. 318

Während bei einem **Bankenpool** nur **ein** Vertrag, i.d.R. mit dem Poolführer, geschlossen wird, sind bei der **Einzelhaftung** mit **jedem** Bürgen **einzelne Verträge** zu schließen. 319

> Hinweis: 320
>
> Bei Abschluss eines Avalmanagementvertrages sollte unbedingt auf **folgende Festlegungen** geachtet werden:

a) Aufrechnungsverbote

Die Aufrechnung der Vergütung oder Provision mit Forderungen des Avalgebers jeder Art muss ausgeschlossen werden. 321

Die Aufrechnung mit Forderungen der Insolvenzschuldnerin aus Passiv-Avalen gegen den Bürgen mit Forderungen des Avalgebers jeder Art muss ausgeschlossen werden. 322

b) Wahlfreiheit des Verwalters

In einzelnen Fällen kann es zu Interessenkonflikten zwischen Forderungen des Verwalters und der Abwehr von Aval-Inanspruchnahmen kommen, bspw. wenn aus einem Bauvorhaben noch Werklohn gefordert wird und gleichzeitig die Vertragserfüllungsbürgschaft in Anspruch genommen wird. Hier muss 323 dem Verwalter die vertraglich gesicherte Wahlfreiheit zustehen, eine Forderung zugunsten der Masse auch gegen das Interesse der avalgebenden Bürgen durchzusetzen.

c) Archivierung

324 Die eigene Aktenlage und die Beweiskraft von Unterlagen hat bei der Abwehr von Aval-Inanspruchnahmen eine hohe Bedeutung. Insofern kommt der Archivierung von Akten für das Avalmanagement eine besondere Bedeutung zu. I.R.d. Avalmanagementverträge sind die Bürgen daher in Einzelfällen auch bereit, einen Zuschuss für die Aktenerfassung, Akteneinlagerung sowie die Vorhaltung und den Betrieb eines Archivs zu zahlen.

VII. Durchführung des Avalmanagements

325 Das Avalmanagement erfordert ein interdisziplinäres Team aus Juristen, Bauingenieuren und Kaufleuten. Dieses Team kann der Insolvenzverwalter aus Mitarbeitern der Insolvenzschuldnerin zusammensetzen oder auf das Avalmanagement spezialisierte, externe Dienstleister mit der Durchführung beauftragen.

326 Bei der Einschaltung **externer Dienstleister** kann der Insolvenzverwalter unmittelbar auf umfangreiche Erfahrungen bei der Gestaltung der Avalmanagementverträge sowie bei der Durchführung der Bearbeitung zurückgreifen. Die Verfahrensabläufe sind von vornherein definiert und festgelegt. Häufig sind die Dienstleister mit den Abwicklungsabteilungen der Banken bereits aus anderen Verfahren in Kontakt oder bekannt, sodass hier schnellstmöglich die Arbeit begonnen werden kann. Dies schafft dem Insolvenzverwalter von Beginn an größtmögliche Entlastung. Durch die Festlegung von Konditionen, die sich i.d.R. aus seinem Vertrag mit den Banken abzüglich eines Massebeitrages ergeben, hat der Verwalter bei der Beauftragung des externen Dienstleisters eine größtmögliche Kostensicherheit.

327 Bei der **internen** Besetzung des Avalmanagementteams hat der Verwalter den Vorteil, Mitarbeiter der Insolvenzschuldnerin durch Finanzierung über den Avalmanagementvertrag weiter zu beschäftigen. Diese Mitarbeiter müssen sich in ihre neue Aufgabe jedoch erst einarbeiten, sodass es eine Anlaufphase von einigen Monaten geben wird. Die für diese interne Lösung erforderlichen

Beschäftigungszusagen für die Mitarbeiter können für den Verwalter jedoch ein erhebliches wirtschaftliches **Risiko** darstellen.

VIII. Dokumentation/EDV-Systeme

Bereits zu Beginn des Verfahrens muss der Bürgschaftsbestand zum Stichtag des Insolvenzantrages erfasst werden. Dies gilt sowohl für die Aktiv-Avale als auch für Passiv-Avale. 328

Der Bestand der Aktiv-Avale wird bereits bei der Vorbereitung und dem Abschluss der Avalmanagementverträge benötigt. 329

Bei kleineren Avalbeständen ist es möglich, die Verwaltung über einfache, EDV-gestützte Tabellen, bspw. mit Excel, durchzuführen. Häufig sind aber mehrere hundert oder tausend Aktiv-Avale und davon ein Vielfaches an Passiv-Avalen zu verwalten. Hierzu kann man auf speziell entwickelte Avaldatenbankprogramme zugreifen. Mit diesen Programmen kann dann die vernetzte Verwaltung aller Bürgschaftsdaten auf Projektebene sowohl für die Aktiv-Avale als auch für Passiv-Avale durchgeführt werden. Darüber hinaus lässt sich die Mängelbearbeitung mit solchen Programmen verwalten, die vor allem auch die Durchsetzung von Ansprüchen gegen Nachunternehmer transparent macht und vereinfacht. Hinterlegte Checklistensysteme und Dokumente (bspw. die Bürgschaft oder das Abnahmeprotokoll) vereinfachen die Bearbeitung stark und machen die Prozesse nachvollziehbar. Der Datenbestand wird während der Bearbeitung hinsichtlich Veränderungen wie Inanspruchnahmen, Auszahlungen oder Enthaftungen, Risiken, Fristen etc. gepflegt. Durch umfangreiche Analysetools werden ein effizientes Fristenmanagement und schnelle stichtagsbezogene Auswertungen zum Datenbestand möglich, die insbes. auch das Berichtswesen gegenüber den Banken vereinfachen. 330

IX. Handling von Passiv-Avalen

Der Umgang und die Herausgabe von Passiv-Avalen erfordert eine besondere Sorgfalt, da hier Ansprüche verbürgt sind, die der Insolvenzverwalter im Schadensfall zur Masse ziehen kann. 331

Bei den Bauunternehmen liegen hier insbesondere Bürgschaften von Nachunternehmern vor, nicht selten mehrere tausend Stück. Die Verwaltung wird von den Bauunternehmen sehr unterschiedlich gehandhabt. Häufig werden 332 die Originale der Bürgschaften bei den zuständigen Mitarbeitern dezentral in den Bauakten aufbewahrt. Sehr wichtig für den Verwalter ist es daher, die Originale der Bürgschaften gleich zu Beginn des Verfahrens zu sichern und zentral zu verwalten – insbes. auch, um eine unsachgemäße Herausgabe zu verhindern. Hierzu muss die Prüfung und Herausgabe von Bürgschaften mit klaren Arbeitsanweisungen und Zuständigkeiten geregelt werden. Die nachfolgende Abbildung zeigt ein Beispiel für eine Checkliste mit den erforderlichen Prüfkriterien. Das mehrstufige Freigabesystem und das Mehraugenprinzip helfen Arbeitsfehler oder vorsätzliche Schädigung der Insolvenzmasse zu verhindern.

X. Checkliste zur Prüfung des Anspruchs auf Herausgabe einer Nachunternehmerbürgschaft

Checkliste Rückgabe NU- 333
Bürgschaften

Zuständigkeit

1	Direktion				
2	Buchungskreis		Geschäftsbereich		
3	Bearbeiter Name		Bearbeitungsdatum		

Bürgschaftsinformationen

4	Bürge				
5	Bürgscheinnummer		Ausstellungsdatum		
6	Burgschaftsbetrag €				
7	Bürgschaftsart	Gewährleistung	Vertragserfüllung	Zahlung	sonstiges

Projektinformationen

8	Schuldner (Nachunternehmer)			
9	Bauvorhaben			
10	Projektnummer		Begünstigter (WB Direktion)	
			WB Niederlassung	
11	Liegen noch Bürgschaften der gleichen Bürgschaftsart von WB zu diesem Projekt aus?	JA	NEIN	
12	Aufforderung zur Rückgabe vom		Fristsetzung bis	
13	Nachunternehmer		Anwalt	

Prüfung

14	Vertragliche Frist des Nachunternehmer abgelaufen		Datum	
15	Mangel in der Laufzeit vorhanden und von WB gegenüber dem Nachunternehmer gerügt	JA		NEIN
16	Mangel in der Laufzeit vorhanden und vom Bauherrn gegenüber WB gerügt	JA		NEIN
17	Fristverlängerung/ Hemmung	JA	bis	NEIN
18	Sonstige Zurückhaltungsgründe			NEIN
19	Hat der NU eine offene Werklohnforderung	JA	Höhe	NEIN
20	Sicherungseinbehalt vorhanden? €			Ja Treuhandkonto
21	Nachunternehmer hat von WB eine 648 a Bürgschaft	JA		NEIN

Prüfergebnis / Freigabe

22	Rückgabe der Bürgschaft an NU	JA	abgelehnt
23	**Wenn die Fragen 11 und 21 mit Ja beantwortet wurden** Erklärung warum NU Bürgsch. trotz ausliegende WB Bürgsch. zurückgegeben werden muss		
24	Datum		Unterschrift
25	Freigabe p.e.o.s. Datum		Unterschrift

Umsetzung Ablehnung / Rückgabe

26	Rückgabe abgelehnt mit Schreiben vom		Bearbeiter
27	Rückgabe mit Schreiben vom		Bearbeiter

F. Archivierung

Der Insolvenzverwalter ist verpflichtet, die Akten der Insolvenzschuldnerin über den Zeitraum einer gesetzlichen Mindestdauer aufzubewahren und einen zeitnahen Aktenzugriff sicherzustellen. Bei der Insolvenz eines Bauunternehmens ist dies nicht ganz unproblematisch, da hier eine Vielzahl von Bauakten vorhanden sind. Bei größeren Bauvorhaben sind dies bereits an die tausend Akten – nur für ein Projekt. Soll nun der Aktenbestand so aufbewahrt werden, dass im Laufe des Verfahrens auch auf einzelne Akten und Informationen zurückgegriffen werden kann, so müssen die Akten systematisch und planvoll erfasst, registriert, verwaltet und eingelagert werden. Nur so kann der Insolvenzverwalter auf die notwendigen Informationen für die Durchsetzung von Forderungen, für die Prüfung der Tabellenforderungen oder für die Abwehr von Aval-Inanspruchnahmen zurückgreifen und in Streitfällen die erforderlichen Beweisunterlagen beibringen. 334

Die professionelle Archivierung erfordert folgenden Ablauf:

335

Prozesskette Archivierung

I. Erfassung von Akten

336 Der erste und wichtigste Schritt zu einem effizienten Aktenlager ist die systematische Erfassung der Akten mit den wesentlichen Informationen/Stichworten:

- zur Herkunft der Akte:
  bspw. Abteilung, Niederlassung, Baustelle, Projektnummer etc.,
- zum Inhalt der Akte:
  bspw. Vertrag, Rechnung, Abnahmeprotokoll etc.,
- zur Erfassung der Akte:
  bspw. Ordnerindex/Barcode,
- zum Aufbewahrungsort der Akte:
  bspw. Halle Nr., Regal Nr., Karton Nr.,
- zum Status der Akte:
  bspw. eingelagert, ausgeliehen an.

II. Verwendung von Nummerncodes

337 Jede Akte ist zur eindeutigen Identifikation mit einem Nummerncode zu versehen. Zur automatisierten Erfassung bietet es sich an, darüber hinaus einen scannbaren Barcode zuzuordnen. Zur Erfassung und Verwaltung der Akten existieren professionelle EDV-Programme. Diese enthalten neben der Erfassung selbst Module für die Aktenrecherche über Stichwortsuchen sowie automatisierte Möglichkeiten zum Erstellen von Versandscheinen und zur Erfassung der Ordnerrücknahme.

III. Aufbewahrungsfristen

338 Für die verschiedenen kaufmännischen und technischen Unterlagen bestehen unterschiedliche gesetzliche Aufbewahrungsfristen. Die gesetzlichen Regelungen richten sich auch im Insolvenzfall nach dem Handelsgesetzbuch (HGB) §§ 238, 239, 257 bis 261 sowie nach der Abgabenordnung (AO) §§ 140 ff. Weitere Regelungen zu den Aufbewahrungsfristen richten sich im Einzelfall auch nach weiteren Gesetzen wie bspw. Aktiengesetz (AktG), Steuergesetz (EStG, KStG, GewStG), bei Abbruch und Erdbauunterunternehmen möglicherweise auch nach der Verordnung für Entsorgungsfachbetriebe (EfbV).

Beispiele für gesetzliche Aufbewahrungsfristen von Akten: 339

	Mindestaufbewahrungsfrist
kaufmännische Unterlagen	
Gründungsakten der Gesellschaft	10 Jahre
Gesellschaftsverträge/Satzung etc.	10 Jahre
Gesellschafterbeschlüsse	10 Jahre
Bilanzen, G+V, Geschäftsberichte	10 Jahre
Steuerunterlagen, Prüfberichte	10 Jahre
Buchhaltung, Buchungsbelege	10 Jahre
Bankauszüge, Darlehensverträge	10 Jahre
Inventarnachweise	10 Jahre
Vermögensverzeichnisse	10 Jahre
Mietverträge	10 Jahre
Personalakten	
Personalunterlagen	10 Jahre
Sozialversicherungsunterlagen	10 Jahre
Lohn- und Gehaltslisten	10 Jahre
Bauakten	
Kalkulation (ohne Auftrag)	0 Jahre
Verträge	10 Jahre
Abrechnungen	10 Jahre
Pläne	10 Jahre
Gutachten	10 Jahre

IV. Aktenlager

Sofern bei dem insolventen Unternehmen eigene Räume oder Hallen zur Verfügung stehen, können diese zunächst meist kostenneutral als Aktenlager genutzt werden. Im Hinblick auf den langfristigen Betrieb eines solchen Aktenlagers und die Kostensicherheit bietet es sich häufig an, auf externe Lösungen zurückzugreifen. Am Markt stehen eine Reihe von Komplettanbietern für die Aktenerfassung, Akteneinlagerung, Aktenverwaltung einschließlich der spä- 340 teren Entsorgung zur Verfügung. Die Leistung kann dabei häufig auch nur für einzelne Leistungspakete abgerufen und genutzt werden.

341 Für die zum Stichtag des Insolvenzantrags laufenden Projekte sollte die Erfassung der Akten möglichst noch im vorläufigen Verfahren von den **Mitarbeitern** der Insolvenzschuldnerin durchgeführt werden. Die Mitarbeiter kennen den Inhalt ihrer eigenen Akten gut. Zum anderen sind diese Akten bei der Forderungsbeitreibung und der Prüfung der Tabellenforderung besonders wichtig. Die Mitarbeiter sind in diesem Zeitraum in den meisten Fällen auch durch das Insolvenzausfallgeld finanziert, wodurch diese Art der Erfassung **kostengünstig** wird.

G. Insolvenz des Generalunternehmers, Vorliegen von Mängeln, Sicherheiten der Nachunternehmer

I. Vertragliche Situation

Im Insolvenzverfahren über das Vermögen eines großen Bauunternehmens wird der Insolvenzverwalter feststellen, dass die Bauvorhaben nur zu einem geringen Teil durch den eigenen Baubetrieb ausgeführt wurden. Das Bauunternehmen tritt als Generalunternehmer oder auch Generalübernehmer gegenüber seinem Auftraggeber auf und verpflichtet sich zur Herstellung eines schlüsselfertigen, funktionsbereiten Gebäudes mit allen dazu notwendigen Einrichtungen, Bauteilen und Ausrüstungen. Die Beschreibung des Bauvorhabens ist mehr oder weniger detailliert. Häufig muss die funktional beschriebene Bauleistung vom Generalunternehmer selbstständig fertig geplant werden. Hierfür werden eigene Fachplaner benötigt. Diese erarbeiten dann gewerkespezifische Ausschreibungen für die einzelnen Nachunternehmer. Bei einem großen schlüsselfertigen Hochbau kann es zum Einsatz von 80 oder mehr Nachunternehmern kommen. 342

1. Höhe der Gewährleistungsbürgschaft

Der Generalunternehmer verlangt von seinen Nachunternehmern ebenfalls Vertragserfüllungs- und Gewährleistungsbürgschaften, üblicherweise i.H.v. 10 % der Auftragssumme bei Vertragserfüllungsbürgschaften sowie 5 % der Abrechnungssumme bei Gewährleistungsbürgschaften. Wurde das Bauvorhaben vor Insolvenzantragstellung fertiggestellt, ergibt sich folgende 343

Beispielsituation: 344

• *Auftragssumme:*	*70 Mio. €*
• *Gewährleistungsbürgschaft des Generalunternehmers gegenüber dem Bauherrn:*	*3,5 Mio. €*
• *Anzahl der Nachunternehmer:*	*80*
• *Bürgschaftsvolumen Gewährleistungsbürgschaften des Nachunternehmers gegenüber dem Generalunternehmer:*	*3 Mio. €*

345 *Wurde das Bauvorhaben vor Insolvenzantragstellung nicht mehr abgenommen, werden sich die Vertragserfüllungsbürgschaften beim Auftraggeber bzw. noch beim Generalunternehmer befinden. Da diese üblicherweise 10 % der Auftragssumme betragen, läge beim Bauherrn noch eine Vertragserfüllungsbürgschaft von 7 Mio. € des Generalunternehmers und dieser hätte einen Bestand von Nachunternehmer-Vertragserfüllungsbürgschaften von 6 Mio. €.*

346 *Die dem Bauherrn übergebene Bürgschaft des Generalunternehmers wird immer noch höher sein als die Summe der Nachunternehmerbürgschaften, weil eigene Leistungen wie Bauleitung, eigene Planung, Generalunternehmerzuschlag etc. zu der Nachunternehmerleistung hinzukommen. Vom Generalunternehmer eingeschaltete Planer übergeben in aller Regel keine Bürgschaften.*

347 Der Beispielsfall zeigt, dass schon bei einem einzigen Bauvorhaben Bürgschaften in erheblicher Höhe herausgelegt wurden und im Insolvenzfall risikobehaftet sind.

2. Regelung für Insolvenzverwalter bei nicht fortgeführten Baustellen

348 Der Insolvenzverwalter wird sich die Frage stellen, wie er einerseits die Verpflichtung der Nachunternehmer zur Mängelbeseitigung nutzen kann, ohne selbst ein Risiko gegenüber dem früheren Auftraggeber des insolventen Unternehmens einzugehen. Gleichzeitig muss er überlegen, wie mit den zahlreichen Bürgschaften umzugehen ist. Das Bestreben des Insolvenzverwalters ist, aus dieser vertraglichen Situation einen Vorteil für die Insolvenzmasse zu ziehen.

349 **Hinweis:**

Die nachfolgenden Überlegungen gelten natürlich nicht für fortgeführte Baustellen. Bei diesen bleibt der Insolvenzverwalter zur Vertragserfüllung und Mängelbeseitigung verpflichtet und wird seine Verpflichtung durch Mängelrügen an die Nachunternehmer weitergeben. Es ergeben sich keine Besonderheiten zu einer normal laufenden Baustelle.

II. Mängelrügen des Auftraggebers, Verhalten gegenüber den Nachunternehmern

350 Im Laufe des Insolvenzverfahrens werden zahlreiche Mängelrügen der früheren Auftraggeber (Bauherrn) beim Insolvenzverwalter eingehen, häufig

verbunden mit der Aufforderung, die Erfüllungswahl nach § 103 InsO auszuüben.

Im Regelfall wird der Insolvenzverwalter keine Erfüllung wählen und dem 351
Auftraggeber dies auch mitteilen. Das Risiko, lang andauernde Verpflichtungen einzugehen, auch wenn die Mängelbeseitigung durch Nachunternehmer erfolgt, ist viel zu hoch. Der Nachunternehmer kann bei der Mängelbeseitigung Fehler machen, er kann selbst später das Insolvenzverfahren beantragen und zu weiteren Nachbesserungen nicht mehr in der Lage sein. Er kann sich auch weigern, seine Verpflichtung anzuerkennen, sodass der Insolvenzverwalter den Rechtsweg mit allen unkalkulierbaren Risiken beschreiten müsste. Würde der Nachunternehmer ausfallen, müsste der Insolvenzverwalter die Verpflichtung für die Mängelbeseitigung und die Gewährleistung für beseitigte Mängel tragen. Notfalls müsste er einen anderen Unternehmer mit der Mängelbeseitigung beauftragen, ihn aus der Masse bezahlen und gleichzeitig den früheren Nachunternehmer in die Pflicht nehmen. Das **Risiko** ist viel zu hoch, der finanzielle Aufwand über Jahre ist kaum einzuschätzen. Aus diesem Grund wird eine Erfüllungswahl auf Mängelrügen nicht infrage kommen.

Es ist jedoch durchaus möglich, auch bei Ablehnung der Mängelbeseitigung 352
und Wahl der Nichterfüllung nach § 103 InsO durch den Insolvenzverwalter Vorteile für die Masse zu erreichen. Der Insolvenzverwalter kann dem früheren Auftraggeber Angebote unterbreiten, die ihm bei der Mängelbeseitigung helfen und gleichzeitig den früheren Nachunternehmer nicht aus der Pflicht entlassen.

Hierfür ist aber zunächst festzustellen, ob im Generalunternehmer- oder Ge- 353
neralübernehmervertrag bereits eine Abtretung von Mängelansprüchen vereinbart wurde.

1. Abtretung der Erfüllungs-/Mängelansprüche gegenüber den Nachunternehmern bereits im Generalunternehmervertrag

a) Muster einer Abtretungsvereinbarung für Mängelansprüche gegenüber Nachunternehmern im Generalunternehmervertrag

354 ***Beispiel aus der Vertragspraxis für eine Abtretung mit Wirkung bei Unterzeichnung des Generalunternehmervertrags:***

„Der Auftragnehmer (AN) tritt hiermit sämtliche diesen Vertrag betreffenden Ansprüche, die ihm gegenüber Nachunternehmern und Lieferanten zustehen, an den Auftraggeber (AG) ab. Dieser nimmt die Abtretung hiermit an. Der AN ist jedoch, solange er seinen vertraglichen Verpflichtungen nachkommt, ermächtigt, alle Ansprüche im eigenen Namen geltend zu machen. Aus dieser Abtretung kann der AN im Fall einer Inanspruchnahme durch den AG gegenüber dem AG keinerlei Rechte ableiten.

Der AN hat die Nachunternehmer zu verpflichten, für den Fall des Wegfalls des AN oder der Kündigung dieses Vertrages für den AG weiterzuarbeiten mit der Maßgabe, dass dieser für die künftigen Verpflichtungen aus dem Nachunternehmervertrag einsteht, die Nachunternehmer jedoch Einwendungen aus ihrem Verhältnis zum AN dem AG nicht entgegenhalten können.

Der AN ist verpflichtet, dem AG auf dessen Verlangen nach Abschluss jedes Nachunternehmervertrags eine vollständige Vertragskopie mit Ausnahme der vereinbarten Preise zu übergeben. Der AN verpflichtet sich ferner, dem AG auf Verlangen eine Übersicht über den Stand seiner Verpflichtungen gegenüber seinen Nachunternehmern einschließlich der an sie geleisteten Zahlungen vorzulegen.“

355 Da diese Vereinbarung mit Abschluss des Generalunternehmervertrags – oft längst vor Insolvenzantragstellung – wirksam geworden ist, wird der Insolvenzverwalter sie i.d.R. akzeptieren müssen. Ob er noch Verpflichtungen hat, auf Verlangen des früheren Auftraggebers Unterlagen herauszusuchen und diesem zu übergeben, ist **zweifelhaft**.

356 Nach § 402 BGB ist der Zedent zwar verpflichtet, dem Zessionar die zur Geltendmachung der abgetretenen Forderungen nötigen Auskünfte zu erteilen und die ihm zum Beweise der Forderung dienenden Urkunden (soweit sich diese in seinem Besitz befinden) herauszugeben. Grds. ist bei der Abtretung von Mängelansprüchen der Zedent verpflichtet, Leistungsverzeichnis, Aus-

schreibungsunterlagen, Zeichnungen, Schlussrechnung und Korrespondenz herauszugeben.[6] Das gilt aber nur für vorhandene Unterlagen, eigens beschaffen muss der Zedent sie nicht.[7]

Die Verpflichtung aus § 402 BGB stellt aber letztlich eine schuldrechtliche Verpflichtung dar, welche keinen Aussonderungsanspruch nach § 47 InsO begründet und lediglich als Insolvenzforderung nach §§ 38, 45 InsO geltend gemacht werden kann. Der Insolvenzverwalter ist daher **nicht** zur Herausgabe der Unterlagen verpflichtet, er kann frei entscheiden, welchen Aufwand er betreiben und welche Unterlagen er herausgeben will. 357

I.d.R. sind die Auftraggeber bereit, einen **Beitrag zur Masse** zu zahlen, wenn sie Einsicht in Unterlagen des Insolvenzverwalters benötigen oder Kopien von Nachunternehmerverträgen oder Leistungsbeschreibungen wünschen. Sollte der Insolvenzverwalter noch die Bürgschaften der Nachunternehmer in der Hand haben, stehen diese in dem Beispielsfall allerdings dem Auftraggeber zu, was sich aus der Akzessorietät der Bürgschaft ergibt. 358

Nach § 401 Abs. 1 BGB geht mit der abgetretenen Forderung das Recht aus der für sie bestellten Bürgschaft auf den neuen Gläubiger über. Der Bürgschein ist ein Schuldschein i.S.v. § 952 Abs. 1 BGB, das **Eigentum** an dem Bürgschein steht somit dem Zessionar zu. 359

Wenn der Generalunternehmer in seine Nachunternehmerverträge keine entsprechende Klausel aufgenommen hat (was die Regel ist), wissen die Nachunternehmer nichts von der vereinbarten Abtretung im Generalunternehmervertrag. Sie werden sich daher im Zuge des Insolvenzverfahrens an den Insolvenzverwalter wenden und ihre Bürgschaften zurückverlangen. Der Insolvenzverwalter kann nicht überprüfen, ob der ursprüngliche Auftraggeber Mängel gerügt hat und Nachunternehmer in die Pflicht zur Beseitigung genommen hat. Er muss die Nachunternehmer dann an den früheren Auftraggeber verweisen und ggf. die Abtretung **offenlegen**. Schon zur Entlastung des Insolvenzverwalters ist es sinnvoll, die Bürgschaften der Nachunternehmer frühzeitig an den Auftraggeber zu übergeben, damit dieser die spätere Korrespondenz über die Rückgabe der Bürgschaften führen kann. 360

---

6 BGH, 22.12.1988 – VII ZR 266/87, NJW-RR 89, 467; Jagenburg, NJW 1972, 1222, 1223.

7 MünchKomm-BGB/Roth, § 402 BGB Rn. 8; Staudinger/Busche, § 402 BGB Rn. 13.

b) Abtretungsvereinbarung aufschiebend bedingt für den Fall der Insolvenzeröffnung

361 In zahlreichen Generalunternehmerverträgen ist zwar eine Abtretungsvereinbarung enthalten, aber mit dem Zusatz „sicherheitshalber" oder aufschiebend bedingt auf den Fall der Kündigung des Generalunternehmervertrags oder auf den Fall der Insolvenzbeantragung oder -eröffnung. In diesen Fällen ist **fraglich**, ob die Abtretungsvereinbarung wirksam ist.

362 Eine Abtretungsvereinbarung, aufschiebend bedingt auf den Insolvenzfall, dürfte unwirksam sein. § 140 Abs. 3 InsO enthält zwar eine Ausnahmeregelung für bedingte oder befristete Rechtshandlungen. Diese Sonderregelung bezweckt aber die Verknüpfung der Rechtshandlung mit andersartigen Umständen; die Verknüpfung mit dem Insolvenzfall selbst würde die Verhinderung jeglicher Anfechtbarkeit bedeuten. Eine solche Klausel wird deshalb für **unwirksam** gehalten.[8]

363 Soweit die Abtretung an andere Bedingungen wie Vermögensverfall des Auftragnehmers, Sicherungsbedürfnis des Auftraggebers, Ausspruch einer Kündigung etc. geknüpft ist, muss im **Einzelfall** geprüft werden, ob die Klausel nach dem heutigen Insolvenzrecht wirksam ist oder nicht.

2. Vereinbarung zwischen Insolvenzverwalter und Auftraggeber über eine Abtretung der Erfüllungs-/Mängelansprüche gegenüber früheren Nachunternehmern

a) Der Auftraggeber hat eine Gewährleistungsbürgschaft

364 Ist im Generalunternehmervertrag selbst keine Abtretungsvereinbarung enthalten, könnte der Insolvenzverwalter eine Vereinbarung mit dem früheren Auftraggeber treffen. In der Praxis hat sich aber herausgestellt, dass das Interesse der Auftraggeber an einer solchen Vereinbarung gering ist. In aller Regel halten die Auftraggeber eine Gewährleistungsbürgschaft des insolventen Generalunternehmers in Händen, die für die Beseitigung der aufgetretenen Mängel ausreichend ist. Die Mängel werden dann dem Insolvenzverwalter gegenüber angezeigt. Wenn er die Erfüllung nach § 103 InsO ablehnt, kann

---

8 MünchKomm-InsO/Kirchhof, § 140 InsO Rn. 52; MünchKomm-InsO/Breuer, § 91 InsO Rn. 21; Häsemeyer, Insolvenzrecht, § 140 Rn. 10.23; Tintelnot, Vereinbarungen für den Konkursfall, S. 66, 67.

der Auftraggeber die Ersatzvornahme mit einem vertrauenswürdigen Bauunternehmen durchführen. Er hat hier auch die freie Auswahl, muss nicht den billigsten Bauunternehmer wählen oder die billigste Methode, die Mängel zu beseitigen. Sein eigener Aufwand ist relativ gering, wenn er alle Mängel von einem Bauunternehmen beseitigen lässt. Nimmt er dagegen die zahlreichen Nachunternehmer des früheren Auftragnehmers in Anspruch, steht er vor dem Problem, die einzelnen Bauleistungen abgrenzen und sich mit zahlreichen einzelnen Unternehmen auseinandersetzen zu müssen. Falls die Unternehmen überdies nicht mehr existieren sollten, muss er deren unterschiedliche Bürgen in Anspruch nehmen. Diesen Aufwand scheut der Auftraggeber im Normalfall.

b) Der Auftraggeber hat keine Gewährleistungsbürgschaft

Anders sieht es aus, wenn er keine Bürgschaft vom Generalunternehmer 365 (mehr) erhalten hat oder nur eine wertlose Konzernbürgschaft der ebenfalls insolventen Konzernmutter in Händen hält. In diesem Fall muss er tatsächlich in Vorkasse gehen und erhält durch die Abtretung der Nachunternehmeransprüche zumindest eine gewisse finanzielle Entlastung.

c) Abtretung der Nachunternehmeransprüche an Auftraggeber gegen Massekostenbeitrag zugunsten des Insolvenzverwalters

Der Insolvenzverwalter wird die Abtretung aber nur in Erwägung ziehen, 366 wenn er auch eine Gegenleistung erhält. In manchen Fällen wird der Auftraggeber bereit sein, einen Massebeitrag für die Abtretung zu leisten. In Fällen, in denen der Auftraggeber eine Gewährleistungsbürgschaft des insolventen Generalunternehmers in Händen hält, kann eine Vereinbarung mit der bürgenden Bank getroffen werden, wonach diese einen gewissen Beitrag zur Masse zahlt, der sich daran orientiert, in welcher Höhe die Bürgschaft „gerettet" wird. Hat der Insolvenzverwalter mit der bürgenden Bank oder auch einem Bürgenpool einen Avalmanagementvertrag abgeschlossen, erhält er Gegenleistungen, die dort festgelegt sind.

d) Haftungsbegrenzungsklausel zugunsten des Insolvenzverwalters

Um ein unnötiges Risiko zu vermeiden, wird der Insolvenzverwalter in die 367 Abtretungsvereinbarung eine Haftungsbegrenzungsklausel aufnehmen. Er kann nicht sicher sein, ob die Nachunternehmer tatsächlich bereit sind, Mängel zu beseitigen. Sie werden dies insbes. nicht tun, wenn sie mit Forderungen aus demselben oder anderen Bauvorhaben aufrechnen können und eine Forderung zur Tabelle angemeldet haben.

> **Hinweis:**
>
> Die Prüfung der angemeldeten Forderungen empfiehlt sich vor Vereinbarung einer Abtretung, um dem Abtretungsempfänger keine falschen Hoffnungen zu machen.

368 Eine Abtretung ohne jede Gegenleistung dürfte für einen Insolvenzverwalter nicht infrage kommen.[9]

369 ***Beispiel für eine Vereinbarung mit Enthaftung der Gewährleistungsbürgschaft des Generalunternehmers:***

„Vergleichsvereinbarung

zwischen

Bauherrn

und

Insolvenzverwalter

Der GU hat im Auftrag des Bauherrn das Bauvorhaben X durchgeführt. Das Bauvorhaben ist am ..... abgenommen worden. Die Gewährleistungsfrist ist mit fünf Jahren vereinbart und läuft bis zum ..... .

Dem Bauherrn liegt eine Gewährleistungsbürgschaft der Bürgin ..... vor.

Am ..... ist über das Vermögen des Generalunternehmers das Insolvenzverfahren eröffnet und der Insolvenzverwalter bestellt worden. Inzwischen sind am Bauvorhaben Mängel aufgetreten und dem Insolvenzverwalter angezeigt worden. Der Insolvenzverwalter wird keine Mängel beseitigen, er wählt gem. § 103 InsO insoweit die Nichterfüllung. Der Generalunternehmer hatte für das Bauvorhaben Nachunternehmer eingesetzt, die in der Anlage aufgelistet sind. Aus der Anlage ergeben sich auch die dem Insolvenzverwalter vorliegenden Bürgschaften der Nachunternehmer.

Um die aufgetretenen Mängel mittels der früheren Nachunternehmer des Generalunternehmers beseitigen zu können, treffen die Parteien die nachfolgende

Vereinbarung:

9 Schmitz, Die Bauinsolvenz, Rn. 672.

1. *Der Insolvenzverwalter tritt seine Gewährleistungsansprüche gegen sämtliche Nachunternehmer bei dem Bauvorhaben X, die sich aus der Anlage ergeben, an den Bauherrn ab. Der Bauherr nimmt die Abtretung an.*
2. *Nach Abschluss dieser Vereinbarung wird der Insolvenzverwalter dem Bauherrn die Vertragsunterlagen der einzelnen Nachunternehmer in Kopie übergeben, insbes. Verhandlungsprotokolle, Leistungsbeschreibung, Abnahmeprotokoll, ggf. Korrespondenz über Mängel, soweit vorhanden.*
3. *Nach Abschluss dieser Vereinbarung wird der Insolvenzverwalter sämtliche Gewährleistungsbürgschaften, die in der Anlage zusammengestellt sind, an den Bauherrn übergeben.*
4. *Der Insolvenzverwalter übernimmt keine Haftung für Bestand und Durchsetzbarkeit der Gewährleistungsansprüche gegenüber den Nachunternehmern. Dem Bauherrn ist auch bekannt, dass einzelne Nachunternehmer noch Forderungen aus dem o.g. oder anderen Bauvorhaben erheben und möglicherweise nicht zur Nachbesserung bereit sind.*
5. *Mit Abschluss dieser Vereinbarung erklärt der Bauherr eine Teilenthaftung der Bürgschaft Nr. ..... der Bürgin auf noch ..... €.*
6. *Für die weitere Abwicklung bei auftretenden Mängeln vereinbaren die Parteien Folgendes:*
   Die Mängelrügen erfolgen direkt an die einzelnen Nachunternehmer. Der Bauherr hat nachhaltig auf die Nachunternehmer einzuwirken, damit diese die Mängel an ihrer Bauleistung beseitigen. Sind einzelne Nachunternehmer insolvent oder lehnen sie eine Mängelbeseitigung ab, wird der Bauherr zunächst die Gewährleistungsbürgschaft des Nachunternehmers in Anspruch nehmen. Der Bauherr ist aber nicht verpflichtet, in jedem Fall einen Rechtsstreit zu führen. Weigert sich der Nachunternehmer nachhaltig, ist die Mangelursache oder die Verantwortung des jeweiligen Nachunternehmers nicht aufzuklären, reicht die Gewährleistungsbürgschaft der Höhe nach nicht mehr aus, kann der Bauherr auf die Gewährleistungsbürgschaft des Generalunternehmers zugreifen.
7. *Mit Erfüllung dieser Vereinbarung sind sämtliche Ansprüche der Parteien – ausgenommen Gewährleistungsansprüche des Bauherrn – aus dem Bauvorhaben X abgegolten und erledigt. Der Bauherr nimmt die zur Insolvenztabelle angemeldete Forderung Nr. ..... mit Abschluss dieser Vereinbarung zurück, der Insolvenzverwalter hat keinen Werklohnanspruch mehr aus dem o.g. Bauvorhaben.*
8. *Jede Partei trägt die ihr entstandenen Kosten dieser Vereinbarung selbst.*
9. *Sollten einzelne Bestimmungen dieser Vereinbarung ganz oder teilweise unwirksam sein oder werden oder sollte die Vergleichsregelung Lücken enthalten, wird die Wirksamkeit der übrigen Bestimmungen nicht berührt. In diesem Fall sind die Parteien verpflichtet, unwirksame oder lückenhafte Bestimmungen durch solche Bestimmungen zu ersetzen, wie sie nach Sinn und Zweck bei Abschluss dieses Vergleichs vernünftigerweise vereinbart worden wären.*

10. Gerichtsstand für alle Streitigkeiten aus dieser Vereinbarung ist ..... .“

370 Diese Vereinbarung wurde vom Insolvenzverwalter abgeschlossen, weil er im Beispielsfall (Rn. 344) einen Avalmanagement-Vertrag mit dem Pool der sicherungsgebenden Banken geschlossen hatte. Vom Bankenpool wurde eine Zahlung zur Masse geleistet, die sich am Enthaftungsbetrag der Gewährleistungsbürgschaft des Generalunternehmers orientierte.

3. Verweigerung der Mangelbeseitigung durch den Insolvenzverwalter, Geltendmachung eines Minderungsanspruchs gegenüber dem Nachunternehmer

a) Bevorzugte Befriedigung des Auftraggebers auf Kosten der übrigen Gläubiger

371 In der Vergangenheit stellte sich für die Insolvenzverwalter ein Problem mit dem Umgang von Mängelrügen der Auftraggeber:

Es bestand natürlich das Interesse, dass die Mängel am Bauvorhaben beseitigt werden, damit der Auftraggeber als Gläubiger eine geringere oder keine Forderung für die Ersatzvornahme zur Insolvenztabelle anmeldete. Es gab auch keinen Grund, die Nachunternehmer durchgängig aus ihrer Verpflichtung zur Mängelbeseitigung zu entlassen. Das Problem bestand aber in der Verkettung der Verträge: Wenn im Vertragsverhältnis zwischen Generalunternehmer und Nachunternehmer Mängel beseitigt wurden, stellte dies gleichzeitig eine Mängelbeseitigung im Vertragsverhältnis zwischen Generalunternehmer und Auftraggeber dar. Auf diesem Wege wurde die Erklärung des Insolvenzverwalters über die Nichterfüllung nach § 103 InsO faktisch durch die ausgeführte Mängelbeseitigung ausgehebelt. Er lief somit Gefahr, trotz Erfüllungsverweigerung nach § 103 InsO das Risiko aus der Mängelbeseitigung für die Zukunft tragen zu müssen, wenn der Nachunternehmer in der Folgezeit nicht mehr in der Lage oder willens war, weitere Nachbesserungen durchzuführen.

372 **Hinweis:**

Zu berücksichtigen ist auch, dass in der Insolvenz des Generalunternehmers der Auftraggeber wegen aufgetretener Mängel nur noch einen Schadensersatzanspruch i.H.d. Nacherfüllungskosten hat, den er zur Insolvenztabelle anmelden kann. Wird der Auftraggeber in natura durch

Nacherfüllung schadlos gehalten, erhält er mehr als die anteilsmäßige Befriedigung im Rang einer Insolvenzforderung. Dies stellt eine unzulässige bevorzugte Befriedigung eines einzelnen Insolvenzgläubigers auf Kosten der übrigen Gläubiger dar.[10]

b) Minderungsanspruch des Insolvenzverwalters gegenüber dem Nachunternehmer?

Das Interesse der Insolvenzverwalter, sofortige Minderung gegenüber den Nachunternehmern geltend machen zu können, konnte sich kaum auf Rechtsprechung stützen. Lediglich eine Entscheidung des AG München aus dem Jahr 1998 besagte, dass der (damalige) Konkursverwalter sofort Zahlung des Minderungsbetrags beim Auftreten von Mängeln verlangen konnte, ohne ihm die Möglichkeit der Nachbesserung einräumen zu müssen.[11] 373

c) Rechtsprechung zur Nachbesserung durch Nachunternehmer im eröffneten Verfahren

Das **AG München** entschied, dass nach § 13 Nr. 6 VOB/B grds. ein Nachbesserungsrecht des Bauunternehmers (Nachunternehmers) vorgesehen sei. Im Konkursfall trete aber eine rechtliche Unmöglichkeit ein, die den Konkursverwalter berechtige, sofort den Minderungsanspruch geltend zu machen. Der Konkursverwalter sei daran gehindert, eine Nachbesserung zuzulassen, da dadurch der Auftraggeber zum Nachteil der übrigen Gläubiger voll befriedigt würde, worin eine ungerechtfertigte Bevorzugung des Gläubigers liege. 374

Eine **gegensätzliche Entscheidung** fällte das **OLG Düsseldorf** am 28.01.2005.[12] 375

Das OLG Düsseldorf lehnte eine rechtliche Unmöglichkeit der Mängelbeseitigung ab. Es stellte auf die unterschiedlichen Vertragsverhältnisse zwischen Auftraggeber und Generalunternehmer sowie zwischen diesem und dem Nachunternehmer ab. Im Verhältnis zwischen Generalunternehmer und Nachunternehmer bleibe die Nachbesserung auch nach Insolvenzverfahrenseröff-

10 Schmitz, Die Bauinsolvenz, Rn. 669 mit eindrucksvollem Beispielsfall; Feuerborn, ZIP 1994, 14, 17 für das alte Konkursrecht.

11 AG München, 10.06.1998 – 221 C 11940/98, ZInsO 1998, 342 = BauR 1999, 175 = ZIP 1998, 1884.

12 OLG Düsseldorf, 28.01.2005 – 23 U 150/04, ZIP 2005, 668 = BauR 2005, 1342.

nung möglich. Welche Folgen eine Nachbesserung für das Vertragsverhältnis zwischen Generalunternehmer und Auftraggeber habe, spiele keine Rolle. Eine ähnliche Entscheidung fällte schon zuvor der 21. Zivilsenat.[13]

d) Genereller Minderungsanspruch des Insolvenzverwalters gegenüber dem Nachunternehmer

376 Die Diskussion ist inzwischen hinfällig, weil der **BGH** am 10.08.2006 entschieden hat, dass der Insolvenzverwalter vom Nachunternehmer sofort Minderung statt Nachbesserung verlangen kann.[14]

377 Der IX. Senat sieht die beiden Vertragsverhältnisse im Zusammenhang und argumentiert wie folgt:

Mit Eröffnung des Insolvenzverfahrens über das Vermögen des Generalunternehmers gehe das Recht des Schuldners, das zur Insolvenzmasse gehörende Vermögen zu verwalten und über es zu verfügen, auf den Insolvenzverwalter über (§ 80 Abs. 1 InsO). Aus dem Verwaltungsauftrag folge die grundsätzliche Pflicht, massezugehörige Forderungen des Schuldners gegen Dritte im Interesse der gleichmäßigen Befriedigung aller Insolvenzgläubiger einzuziehen. Die Pflicht des Insolvenzverwalters zur Gleichbehandlung der Insolvenzgläubiger sowie zur Massemehrung könne einen besonderen anerkennenswerten Umstand darstellen, der es dem Insolvenzverwalter unzumutbar mache, die Nacherfüllung für den Auftraggeber anzunehmen. Entsprechende Voraussetzungen seien stets gegeben, wenn der Bauherr die ihm aus dem Generalunternehmervertrag zustehenden Ansprüche auf Beseitigung der Mängel gegen den Insolvenzverwalter nicht mehr durchsetzen könne. Habe der Auftraggeber des Schuldners wegen der Mängel des Bauwerks nur eine Insolvenzforderung, sei dem Insolvenzverwalter die Beseitigung der Mängel durch den Nachunternehmer aus rechtlichen und wirtschaftlichen Gründen nicht mehr zuzumuten. Der BGH sieht auch die Gefahr, dass der Insolvenzverwalter Haftungsrisiken gegenüber dem Auftraggeber ausgesetzt ist, wenn er die Mängelbeseitigung durch den Nachunternehmer zulässt. Er führt detailliert aus, welche Risiken sich für den Insolvenzverwalter aus der Mängelbeseitigung durch den Nachunternehmer ergeben, bis hin zu der Vermutung, dass der Insolvenzverwalter

13 OLG Düsseldorf, 06.11.2001 – 21 U 36/01, NZBau 2002, 671; ebenso Muffler, BauR 2004, 1356, 1363.

14 BGH, 10.08.2006 - IX ZR 28/05, ZInsO 2006, 933 = ZIP 2006, 1734.

mit der Duldung der Nachbesserung einen neuen Vertrag mit dem Bauherrn auf Durchführung von Bauleistungen schließe. Diese Ergebnisse und Unklarheiten stünden im Widerspruch zu den Grundprinzipien des Insolvenzrechts. Sie könnten nur dadurch vermieden werden, dass der Insolvenzverwalter generell vom Nachunternehmer statt Nachbesserung die Minderung des Werklohnanspruchs verlangen könne.

Dabei ist die Höhe des Minderungsanspruchs in der Rechtsprechung noch 378
nicht geklärt. Es könnte der Geldbetrag sein, der notwendig ist, um die Mängel zu beseitigen; infrage kommt aber auch der Geldbetrag, den der Nachunternehmer aufwenden müsste, um die Mängel selbst zu beseitigen (also ein geringerer Betrag für den eigenen Aufwand).[15]

Diese neue Rechtsprechung gibt dem Insolvenzverwalter die Möglichkeit, 379
Mängelanzeigen zu überprüfen und ggf. an den Nachunternehmer zur Kenntnis zu geben mit der Aufforderung, einen bestimmten Betrag als Minderung zur Masse zu zahlen. Dies wird nicht in jedem Fall gelingen, weil der Insolvenzverwalter selbst keinen Zugang mehr zu dem Bauvorhaben hat und die überreichten Unterlagen häufig nicht ausreichend sind, um den Mängelanspruch zu dokumentieren. Bessere Chancen hat er, wenn im Beweisverfahren Gutachten eines Sachverständigen vorliegen und die dortigen Feststellungen den einzelnen Gewerken der Nachunternehmer zugeordnet werden können. Mit zunehmender Dauer des Insolvenzverfahrens werden die Informationen weniger und auch die Kenntnisse noch vorhandener Mitarbeiter geringer, sodass eine Durchsetzung nicht immer einfach ist. Der Nachunternehmer ist aber doch öfter bereit, einen gewissen Betrag zu zahlen, wenn er gleichzeitig durch Vereinbarung aus der Gewährleistung entlassen wird und ggf. seine Bürgschaft zurückerhält.

III. Umgang mit Bürgschaften der Nachunternehmer

1. Archivierung der Nachunternehmerbürgschaften

In einer großen Bauinsolvenz wie bspw. der Insolvenz der Philipp Holzmann 380
AG findet der Insolvenzverwalter eine Unmenge von Nachunternehmerbürgschaften vor, die großteils verstreut in den einzelnen Niederlassungen des Unternehmens aufbewahrt werden. Im Philipp-Holzmann-Verfahren lagen rund

15 Schmitz, Die Bauinsolvenz, Rn. 671 und 672.

23.600 Nachunternehmerbürgschaften vor, im Walter-Bau-Verfahren gab es 35.000 Stück.

381 Zunächst ist empfehlenswert, schnell alle Bürgschaften an eine zentrale Stelle zu holen, damit sie nicht in anderen Akten aufbewahrt werden und später nicht mehr auffindbar sind oder Bürgschaften unkontrolliert an Nachunternehmer herausgegeben werden. Sind die Bürgschaften einmal an **zentraler** Stelle erfasst und aufbewahrt, kann man Überlegungen anstellen, wie über die Rückgabe der Bürgschaften **Massezuflüsse** erreicht werden können.

2. Wirksame Abtretung der Vertragserfüllungs- oder Mängelansprüche des Generalunternehmers an den Auftraggeber

382 Keine Verfügungsbefugnis hat der Insolvenzverwalter über die Bürgschaften bei Bauvorhaben, bei denen bereits eine wirksame Abtretung der Vertragserfüllungs- oder Mängelansprüche des Generalunternehmers mit dem Auftraggeber vereinbart wurde. Diese sind auszusortieren und dem Auftraggeber – zumindest auf Verlangen – zu übergeben.

3. Zahlung des Nachunternehmers wegen Mängeln an die Masse

383 In Fällen, in denen Mängelansprüche vom Auftraggeber angezeigt wurden, kann der Insolvenzverwalter wie oben gezeigt Minderung vom Nachunternehmer verlangen. In aller Regel wird dieses Verlangen zu einem Vergleich führen, in dem der Nachunternehmer sich verpflichtet, einen bestimmten Betrag zur Masse zu bezahlen. Er wird gleichzeitig das Interesse haben, endgültig aus der Gewährleistung entlassen zu werden und seine Gewährleistungsbürgschaft zurückzuerhalten.

4. Verwertung von Nachunternehmerbürgschaften

384 Die Nachunternehmerbürgschaften können zeitnah verwertet werden, wenn keine Mängel am Gewerk des Nachunternehmers bekannt sind und zugleich feststeht, dass der Auftraggeber keine Mängel mehr rügen wird – etwa weil ein Vergleich abgeschlossen worden ist und der Auftraggeber gegen eine Forderung des Insolvenzverwalters aufgerechnet oder eine Zahlung aus einer Bürgschaft des Generalunternehmers erhalten hat. Den Nachunternehmern kann der Verwalter anbieten, ihnen ihre Bürgschaften zurückzugeben gegen einen bestimmten Betrag, der sich allerdings nicht an Mängelbeseitigungskos-

ten orientiert, sondern an der Laufzeit der Bürgschaft und den Avalkosten des Nachunternehmers. Hierfür werden die Nachunternehmer keine allzu hohen Beträge bezahlen und es bedarf eines zeitlichen Aufwands der Mitarbeiter des Insolvenzverwalters, die einzelnen Gespräche zu führen und Vereinbarungen zu treffen. Andererseits bedeutet die Rückgabe von Teilen der Nachunternehmerbürgschaften auch eine Entlastung der Verwaltung des Insolvenzverwalters.

5. Rückgabe der Bürgschaftsurkunden an Bürgen oder Nachunternehmer?

In der Rechtsprechung umstritten ist die Frage, ob Bürgschaften grds. an den 385
Bürgen zurückzugeben sind oder an denjenigen, der zur Bürgschaftsstellung verpflichtet war. In Zweifelsfällen empfiehlt sich die Rückgabe direkt an den Bürgen unter Information des Nachunternehmers, um der engsten Auffassung in der Rechtsprechung zu genügen.[16]

16 An den Bürgen: OLG Naumburg, 6 U 105/05, IBR 2006 Werkstattbeitrag; OLG Düsseldorf, 19.06.2002 – 19 U 37/01, NJW-RR 2003, 668 = NZBau 2003, 329; an den Auftragnehmer: KG Berlin, 21.09.2005 – 26 U 12/05, NJW-Spezial 2006, 263 = IBR 2006, 26; OLG München, 26.06.2007 – 13 U 5389/06, NJW-Spezial 2007, 446 = IBR 2007, 557; Lauer, NZBau 2003, 318; BGH, 09.10.2008 – VII ZR 227/07 für Bauverträge nach der VOB/B unter Hinweis auf § 17 Nr. 8 Satz 1 VOB/B 1998.

H. ARGEN

I. Situation des Bauunternehmens in der ARGE nach Insolvenzantragstellung

Kommt der vorläufige Insolvenzverwalter in ein großes Bauunternehmen, stellt er fest, dass nicht nur einzelne Bauverträge zwischen Bauunternehmen und dem jeweiligen Auftraggeber bestehen, sondern dass das Unternehmen auch an vielen Arbeitsgemeinschaften beteiligt ist. Im Fall der Philipp Holzmann AG war diese zum Zeitpunkt der Insolvenzantragstellung an rund 730 aktiven Arbeitsgemeinschaften (ARGEN) beteiligt. Diese ARGEN haben kein anderes Interesse, als den unzuverlässigen Gesellschafter auszuschließen, die Anteile in den ARGEN neu zu verteilen und die Bauvorhaben ohne Verzögerung fortzuführen. Treten Störungen im Bauablauf ein, kommen die ARGEN vor ihrem Auftraggeber unter Rechtfertigungsdruck, weil er kein Verständnis für eine derartige Behinderung der von ihm beauftragten ARGE hat. Gleichzeitig sind die ARGEN auf Geräte, Baustelleneinrichtung, Material und Personal des vorläufig insolventen Gesellschafters angewiesen und versuchen, auch hier den Zugriff zu behalten und den Bauablauf ungestört weiterzuführen. 386

Der vorläufige Insolvenzverwalter erhält von den meisten dieser ARGEN umgehend Post: 387

- Die ARGEN schließen den vorläufig insolventen Gesellschafter aus der ARGE aus.
- Die ARGEN verlangen die Herausgabe von Unterlagen, v.a. kaufmännischen Unterlagen der kaufmännischen Geschäftsführung.
- Die ARGEN verlangen die Überlassung von Gerät, Material, Personal.
- Die ARGEN verlangen die Herausgabe von Bürgschaften oder Nachunternehmerverträgen, die bei der kaufmännischen Abteilung des Bauunternehmens aufbewahrt werden.
- Der vorläufige Insolvenzverwalter erhält keine Informationen der ARGE, die er zur Aufbereitung einer Forderung benötigt.

Der vorläufige Insolvenzverwalter hat aber auch die Chance, bei ARGEN, die auf seine Mitwirkung angewiesen sind, Massezuflüsse durchzusetzen. 388

389 Um die Rechte der ARGE und die Handlungsmöglichkeiten des vorläufigen Insolvenzverwalters und später des Insolvenzverwalters zu verstehen, sollen im Folgenden die wesentlichen Regelungen des Muster-ARGE-Vertrages des Hauptverbands der Deutschen Bauindustrie aufgezeigt werden.

II. Muster-ARGE-Vertrag des Hauptverbands der Deutschen Bauindustrie und Rechtsform der ARGE

1. Muster-ARGE-Vertrag

390 Traditionell erstellen Bauunternehmen die Bauvorhaben nicht nur als Einzelunternehmen, sondern auch zusammengeschlossen als Arbeitsgemeinschaft. Grund für den Zusammenschluss ist der Umfang des Bauvorhabens, die Haftungsteilung, die Bündelung verschiedener Spezialkenntnisse, die es gelegentlich auch mittelständischen Unternehmen erlaubt, sehr große Bauvorhaben gemeinsam zu erstellen. Schon seit vielen Jahren besteht ein Muster-Arbeitsgemeinschaftsvertrag, den der Hauptverband der Deutschen Bauindustrie herausgibt, und zwar zum einen für Arbeitsgemeinschaften und daneben für Dach-Arbeitsgemeinschaften. Die neuesten Fassungen sind der ARGE-Vertrag 2005 und der Dach-ARGE-Vertrag 2005. Die Musterverträge lassen den Bauunternehmen die Möglichkeit, einzelne Regelungen abzuändern oder einzufügen. Im allgemeinen Bau, Tiefbau und Ingenieurbau werden überwiegend diese Musterverträge verwendet, im Anlagenbau oder für ausländische Bauvorhaben haben die Unternehmen auch eigene Muster entwickelt.

391 Im Folgenden sollen die Regelungen des Muster-ARGE-Vertrages 2005 dargestellt werden. Die Regelungen des Dach-ARGE-Vertrages 2005 lehnen sich an diesen Mustervertrag an.

392 Die Dach-ARGE unterscheidet sich von der normalen ARGE dadurch, dass die Gesellschafter ihre Leistungen nicht i.R.d. Gesellschaftsverhältnisses erbringen, sondern im Rahmen selbstständiger Nachunternehmerverträge. Das Bauunternehmen ist somit Partner der Dach-ARGE, gleichzeitig auch Subunternehmer der Dach-ARGE für das eigene Baulos.

2. Regelungen des ARGE-Vertrages

393 Die wesentlichen Regelungen des Vertrages sind:

- § 1 Die Gesellschafter.
- § 2 Name, Sitz und Zweck.
- § 3 Beteiligung und Haftung
  Beteiligung und Haftung regeln allerdings nur das Innenverhältnis der beteiligten Bauunternehmen; nach außen, zum Auftraggeber, haften die Gesellschafter gesamtschuldnerisch.
- § 4 regelt die Gesellschafterleistungen:
  Die Gesellschafter erbringen einerseits Beiträge (z.B. Aufgaben der Geschäftsführung) als direkte Gesellschafterleistung, andererseits aber auch Drittleistungen auf der Basis von zweiseitigen Verträgen (Kaufverträge für Material, Mietverträge für Baustelleneinrichtung und Baugeräte, nichtgewerbliche Personalüberlassung).
- § 5 Die Organe der ARGE sind:
  - die Aufsichtsstelle (Gesellschafterversammlung),
  - die technische Geschäftsführung,
  - die kaufmännische Geschäftsführung,
  - die Bauleitung.

Die Aufsichtsstelle als Gesellschafterversammlung ist das oberste Organ der ARGE; die Durchführung der Bauvorhaben wird im technischen Bereich von der technischen Geschäftsführung geleitet, im kaufmännischen Bereich von der kaufmännischen Geschäftsführung. 394

3. Rechtsform der ARGE

Bis 1998 wurden die Arbeitsgemeinschaften im Bauwesen durchgängig als GbR behandelt. Der Grund war die im ARGE-Vertrag niedergelegte Absicht der Gesellschafter und der vorübergehende Zweck des Zusammenschlusses, nämlich die Abwicklung einer einzigen Baumaßnahme. Außerdem übten die Bauhandwerker kein Grundhandelsgewerbe aus, weil sie die angeschafften Waren nicht veräußerten, sondern einbauten.[17] 395

Seit der Reform des Handelsrechts 1998 wurde gelegentlich vertreten, die ARGE übe eine dauerhafte Tätigkeit mit wirtschaftlichem Ziel aus. Dabei sei nicht nur die Bauzeit zu berücksichtigen, sondern auch die Gewährleis- 396

17 Burchardt/Pfülb/Hickl, Präambel Rn. 4.

tungsfrist, also bis zu zehn Jahren. Zwar werde mit dem Auftraggeber nur ein Vertrag geschlossen, mit den anderen Baubeteiligten, Nachunternehmern und Lieferanten aber eine Vielzahl von Verträgen. Dies rechtfertige die Annahme eines vollkaufmännischen Unternehmens; zumindest bei großen ARGEN handele es sich daher nicht um eine GbR, sondern um eine OHG.[18]

397 Der BGH hat diese Überlegungen bisher in keiner Entscheidung aufgegriffen.

398 Die Bauunternehmen, vertreten in ihren Verbänden, wollen an der Gesellschaftsform der GbR für alle ARGEN festhalten, unabhängig vom Umfang des Bauvorhabens und der Dauer der Bauausführung. Sie schreckten insbes. die Eintragungspflicht in das Handelsregister und die handelsrechtlichen Vorschriften, die eine OHG zu befolgen hätte.

399 Im Muster-ARGE-Vertrag 2005 ist deshalb in der Präambel geregelt, dass es sich bei der Arbeitsgemeinschaft um eine GbR handelt. In § 2 ist im letzten Absatz erläutert, dass die ARGE keinen nach § 1 Abs. 2 HGB eingerichteten eigenen Geschäftsbetrieb unterhält, da sämtliche technischen und kaufmännischen Geschäftsführungsaufgaben organisatorisch, funktional und personell in die jeweiligen bereits bestehenden Geschäftsbetriebe der geschäftsführenden Gesellschafter integriert sind.

400 I.d.R. ist daher vom Vorliegen einer **GbR** auszugehen.[19]

III. Insolvenzantragstellung

401 § 23.41 des Muster-ARGE-Vertrages regelt, dass ein Gesellschafter durch Beschluss der einfachen Mehrheit der übrigen Gesellschafter oder – bei einer zweigliedrigen ARGE – durch Erklärung des anderen Gesellschafters **ausgeschlossen** werden kann, wenn er die Zahlungen einstellt oder wenn über sein Vermögen das Insolvenzverfahren beantragt wurde oder er seinen Gläubigern einen außergerichtlichen Vergleichsvorschlag unterbreitet hat.

---

18 Z.B. Joussen, BauR 1999, 1063 ff.; ders., in: Baurecht im Wandel, S. 73 ff.; KG Berlin, 22.08.2001 – 29 AR 54/01, BauR 2001, 1790; OLG Dresden, 20.11.2001 – 2 U 1928/01, NJW-RR 2003, 257 = BauR 2002, 1414; LG Berlin, 04.11.2002 – 21 O 154/02, BauR 2003, 136 = IBR 2002, 669; OLG Frankfurt, 10.12.2004 – 21 AR 138/04, ZIP 2005, 1559 = IBR 2005, 542.

19 Burchardt/Pfülb/Hickl, Präambel Rn. 4; Jagenburg/Schröder, Einleitung Rn. 34, mit dem Vorschlag, auf den Einzelfall abzustellen.

Nach § 23.63 des Muster-ARGE-Vertrages ist der **Zeitpunkt des Ausscheidens** der Tag, an dem der Beschluss oder die Erklärung über den Ausschluss dem auszuschließenden Gesellschafter zugegangen ist. 402

Gegen den Beschluss auf Ausschluss oder die Ausschlusserklärung kann der betroffene Gesellschafter nur innerhalb eines Monats, gerechnet vom Tage des Zugangs des Beschlusses an, **Einwendungen** durch Klage erheben (§ 23.7 Muster-ARGE-Vertrag). Bei Vereinbarung eines Schiedsgerichts muss das **Schiedsgerichtsverfahren** eingeleitet werden, bei Zuständigkeit des ordentlichen Gerichts gilt die Klage als erhoben, wenn sie eingereicht ist und die Zustellung demnächst erfolgt (§ 23.71 Muster-ARGE-Vertrag). Nach § 23.72 Muster-ARGE-Vertrag gilt der Ausschluss vom betroffenen Gesellschafter als gebilligt, wenn nicht innerhalb der Monatsfrist Klage erhoben wurde. 403

Eindeutig und von den Herausgebern des Muster-ARGE-Vertrages gewollt ist, dass **nur** der **Eigeninsolvenzantrag** des Gesellschafters den Ausschluss aus der ARGE nach § 23.41 rechtfertigt. Andere Gefährdungstatbestände, die zu einem Ausschluss berechtigen, wie Einstellung der Zahlungen, Pfändung eines Geräts durch Gläubiger des Gesellschafters oder Zwangsvollstreckung in die ARGE-Beteiligung durch den Gläubiger eines Gesellschafters, werden selten von den ARGEN herangezogen, weil nicht sicher nachzuweisen ist, dass die weitere Mitarbeit in der ARGE gefährdet ist. 404

Hinweis: 405

Der Ausschluss nach § 23.41 ist in Rechtsprechung und Literatur bislang nicht infrage gestellt worden. Er stellt weder einen Verstoß gegen das gesellschaftsrechtliche Treueverhältnis dar, noch ist er sittenwidrig.[20]

Der vorläufige Insolvenzverwalter hat sicherzustellen, dass jede eingehende **Ausschlusserklärung** registriert wird und die daran anschließende **Monatsfrist** notiert und verfolgt wird. In der Sache hat er allerdings wenig Aussicht, ein Verbleiben in der ARGE durchzusetzen, es sei denn, die ARGE hätte formale Fehler gemacht, bspw. den Beschluss über den Ausschluss des Gesellschafters nicht von den verbliebenen Gesellschaftern unterschreiben lassen. Die ARGE hat den Zugang des Ausschlussschreibens nachzuweisen.[21] 406

20 OLG Naumburg, 28.12.1999 – 13 U 121/99 und 13 U 126/99, BauR 2002, 1271 = IBR 2002, 257 m. Anm. Schmitz; Schmitz, Die Bauinsolvenz, Rn. 1119.

21 Burchardt/Pfülb, § 23 Rn. 39.

407 In Einzelfällen hat die ARGE trotz Insolvenzantragstellung ein Interesse daran, dass der Gesellschafter in der ARGE verbleibt. Bei ARGEN, die sich noch in der Phase der Bauausführung befinden, wird dieser Fall selten sein. Es gibt aber ARGEN, die bspw. noch **Rechtsstreite** gegen ihren Auftraggeber oder gegen Subunternehmer führen und für diese Rechtsstreite auch auf Informationen des vorläufig insolventen Gesellschafters angewiesen sind. Diese ARGEN werden den Gesellschafter möglicherweise bis zur Insolvenzeröffnung in der ARGE belassen und auch danach versuchen, mit dem Insolvenzverwalter eine Fortsetzungsabrede abzuschließen oder eine Vereinbarung über weitere Leistungen und die Beteiligung am Erfolg, bspw. dem Ergebnis des Rechtsstreits, treffen. Durch solche Vereinbarungen kann ein **Massezufluss** erreicht werden und gleichzeitig das **Risiko** des späteren Insolvenzverwalters minimiert werden.

IV. Handlungsmöglichkeiten des vorläufigen Insolvenzverwalters im Insolvenzantragsverfahren

408 Stellt ein Gesellschafter einer ARGE einen Eigeninsolvenzantrag, muss sich die Arbeitsgemeinschaft entscheiden, ob sie diesen zum Anlass nehmen will, um den Gesellschafter nach § 23.41 auszuschließen. Bei einer Arbeitsgemeinschaft, die noch mitten im Bau ist, ist damit zu rechnen, dass die Ausschlussmöglichkeit genutzt wird. Für die ARGE bedeutet es ein Risiko, einen Gesellschafter mitzuziehen, der seine Verpflichtungen möglicherweise nicht mehr erfüllen kann. Zu berücksichtigen ist, dass die Gesellschafter vielfältige Verpflichtungen übernommen haben:

1. Regelung laut ARGE-Muster-Vertrag

409 **Personal- und Geräteüberlassung:** Nach § 4 Muster-ARGE-Vertrag haben die Gesellschafter bspw. Bürgschaften, Geräte, Stoffe und Personal zu stellen, ggf. die ARGE zu finanzieren, bis die Zahlungen des Auftraggebers die erbrachte Leistung abdecken, außerdem Aufgaben in der technischen oder kaufmännischen Geschäftsführung zu übernehmen. Selbst wenn Gerät und Personal noch vorhanden und einsatzbereit sein sollten, werden die übrigen Gesellschafter Bedenken wegen der Finanzierung haben. Häufig wird deshalb eine Zahlung angefordert, um festzustellen, ob der Gesellschafter, der den Insolvenzantrag gestellt hat, noch in der Lage ist, diese zu leisten. Sollte eine angeforderte Zahlung nicht fristgemäß geleistet werden, wird die ARGE

Bürgschaften dieses Gesellschafters in Anspruch nehmen und den Ausschluss betreiben. Will der vorläufige Insolvenzverwalter des insolventen Bauunternehmens in der ARGE verbleiben, wird er im Einzelfall nachzuweisen haben, dass er weiterhin in der Lage sein wird, seine Aufgaben zu erfüllen. Er wird in diesem Fall eine separate Vereinbarung über Leistungen und Bezahlung mit der ARGE treffen.

Der vorläufige Insolvenzverwalter wird Überlegungen anstellen, ob er etwa 410
für die Baustelleneinrichtung oder Geräte, die sich auf der Baustelle befinden, weiterhin Einnahmen erzielen kann. Der Muster-ARGE-Vertrag sieht unter § 24.9 vor, dass die anderen ARGE-Gesellschafter an den in ihrem Mitbesitz befindlichen Geräten und Stoffen des ausscheidenden Gesellschafters ein entgeltliches Nutzungs- und Verwertungspfandrecht haben. Auf Verlangen und nach Wahl der ARGE muss der ausgeschiedene Gesellschafter das von ihm abgestellte Personal der ARGE gegen die im Vertrag vereinbarte Vergütung bis zur Beendigung der Bauarbeiten belassen.

Ob dieses Pfandrecht insolvenzfest ist, ist fraglich. In der Praxis hat es keine 411
Bedeutung, weil die Ausübung des Verwertungspfandrechts äußerst aufwendig ist und in keinem Verhältnis zum Ergebnis steht. Die ARGE wird deshalb in den meisten Fällen Geräte austauschen, soweit dies möglich ist. Häufig stehen die Geräte auch nicht im Eigentum des insolventen Gesellschafters, sondern sind entweder Eigentum einer Tochtergesellschaft oder überhaupt geleast. Soweit ein finanzierter Kauf erfolgte, greift i.d.R. der Eigentumsvorbehalt zugunsten des Geräteverkäufers.[22]

Hinweis: 412

Die Verpflichtung zur Personalüberlassung ist im Insolvenzfall nicht durchsetzbar. Der Kommentar Burchardt/Pfülb rät selbst davon ab, Personalüberlassung zu verlangen, weil ein Verstoß gegen das AÜG drohe. Die ARGE müsste damit rechnen, eine Ordnungswidrigkeit zu begehen, wenn sie nur Personal des insolventen Gesellschafters übernimmt.[23]

22 Burchardt/Pfülb, § 24 Rn. 96.

23 Burchardt/Pfülb, § 24 Rn. 102a.

2. Partnerverrechnungskonto

413 Die ARGE kann Gesellschafterleistungen als Beiträge der Gesellschafter vereinbaren. Dann wird hierüber kein gesonderter Vertrag wie Mietvertrag, Kaufvertrag, Personalüberlassungsvertrag geschlossen, sondern der Gesellschafter erbringt seine Leistungen auf Grundlage des Gesellschaftsvertrags. Die Gegenleistung ist der Höhe nach im ARGE-Vertrag zu vereinbaren. Die Zahlung erfolgt aber nicht direkt als Barzahlung an den Gesellschafter, sondern die Leistungen und die Gegenleistung werden auf dem Partnerverrechnungskonto, das die ARGE für jeden Gesellschafter führt, verrechnet. Dieses Partnerverrechnungskonto wird als Kontokorrentkonto geführt. Ist der Gesellschafter, der Eigeninsolvenzantrag gestellt hat, noch nicht aus der ARGE ausgeschieden, wird das Partnerverrechnungskonto bis zum Stichtag des Ausscheidens weitergeführt. Der **BGH** hat erst am 14.12.2006 entschieden, dass Gesellschafterleistungen bis zum Ausscheiden des Gesellschafters im Wege der Kontenangleichung verrechnet werden.[24]

3. Anfechtungsrecht des Insolvenzverwalters gem. § 130 Abs. 1 Nr. 2 InsO

414 In dem der BGH-Entscheidung zugrunde liegenden Fall hatte der Gesellschafter in der vorläufigen Insolvenz, aber vor Ausscheiden aus der Arbeitsgemeinschaft weiter Lieferungen und Leistungen an die ARGE erbracht, in der Hoffnung, dadurch separate Zahlungen zu erhalten. Die ARGE hatte die Gegenleistung in die Kontenangleichung eingestellt und verrechnete sie in der Auseinandersetzungsbilanz mit anderen Forderungen. Der Insolvenzverwalter des später ausgeschiedenen Gesellschafters verlangte die Gegenleistung für die Lieferungen und Leistungen mit der Begründung der Anwendung des § 95 Abs. 1 Nr. 1 InsO. Er berief sich darauf, seine Forderungen seien zeitlich vor dem Verlustausgleichsanspruch der ARGE aus der Auseinandersetzungsbilanz fällig geworden. Die ARGE habe durch Entgegennahme der Gesellschafterleistungen eine Aufrechnungslage geschaffen, zu deren Anfechtung er berechtigt sei.

415 Der BGH stellt in dieser Entscheidung klar, dass **§ 95 InsO** für Fälle der Verrechnung unselbstständiger Rechnungsposten im Wege der Kontenan-

24 BGH, 14.12.2006 – IX ZR 194/05, ZInsO 2007, 213 = NJW 2007, 1067 m. Anm. Wölfing-Hamm.

gleichung nicht angewandt werden kann. Auch die Stellung des Insolvenzantrags führt nicht dazu, dass einzelne Forderungen selbstständig durchsetzbar werden. Eine Abgrenzung nach Leistungen, die vor bzw. nach Insolvenzantragstellung erbracht wurden, ist nicht vorzunehmen. Darüber hinaus lehnt der BGH ein **Anfechtungsrecht** des Insolvenzverwalters gem. § 130 Abs. 1 Nr. 2 InsO wegen Herstellung dieser Verrechnungslage ab.

4. Separate Vereinbarung zwischen Insolvenzverwalter und ARGE zur Bezahlung von Leistungen

Das bedeutet, dass die ARGE die Gegenleistung für die Gesellschafterleistungen in das Partnerverrechnungskonto einstellt. Selbst wenn zum Stichtag des Ausscheidens eine Auseinandersetzungsbilanz erstellt wird und ein positiver Saldo auf dem Partnerverrechnungskonto zugunsten des ausgeschiedenen Gesellschafters vorliegt, wird dieser durch den Verlust, den sich jede ARGE ausrechnet, neutralisiert. 416

Hinweis:

Der vorläufige Insolvenzverwalter hat keine Chance, die Gegenleistung für die Leistungen des Gesellschafters vor Ausschluss aus der ARGE zu erhalten, wenn er nicht eine **separate Vereinbarung** über die Bezahlung seiner Leistungen **mit der ARGE** trifft.

Dieselben Grundsätze gelten für die **Überlassung von Personal**: Die ARGE hat häufig Interesse daran, das Baustellenpersonal zu übernehmen. Hier besteht entweder die Möglichkeit, die Arbeitsverträge mit den Mitarbeitern zu beenden, sodass die Mitarbeiter neue Arbeitsverträge mit der ARGE selbst oder mit einzelnen anderen Bauunternehmen, die Gesellschafterinnen der ARGE sind, abschließen. Denkbar ist auch eine Arbeitnehmerüberlassung durch separate Vereinbarung, wenn die rechtlichen Voraussetzungen für die Arbeitnehmerüberlassung im Baugewerbe gegeben sind, was der vorläufige Insolvenzverwalter allerdings zu prüfen hat. Wenn das insolvente Bauunternehmen eine Erlaubnis zur gewerbemäßigen Arbeitnehmerüberlassung hat, kann er diese in Absprache mit der Bundesagentur für Arbeit auch in der Insolvenz nutzen. 417

V. Insolvenzeröffnung und zwangsläufiges Ausscheiden des Gesellschafters aus der ARGE

418 § 23.52 des Muster-ARGE-Vertrages sieht das zwangsläufige Ausscheiden eines Gesellschafters vor, wenn über sein Vermögen das Insolvenzverfahren eröffnet oder die Eröffnung mangels Masse abgelehnt wird. Die gesellschaftsrechtliche Regelung im Muster-ARGE-Vertrag tritt an die Stelle von § 728 Abs. 2 Satz 1 BGB, wonach bei der Gesellschaft bürgerlichen Rechts durch die Eröffnung eines Insolvenzverfahrens über das Vermögen eines Gesellschafters die Gesellschaft aufgelöst wird. Auch das BGB lässt aber in § 736 Abs. 1 BGB Fortsetzungsabreden zu, wonach trotz Eröffnung des Insolvenzverfahrens über das Vermögen eines Gesellschafters die Gesellschaft durch die übrigen Gesellschafter fortgeführt werden kann. An keiner Stelle in Rechtsprechung oder Literatur wurden Bedenken gegen diese gesellschaftsvertragliche Regelung geäußert.[25]

419 Der **Stichtag** für das Ausscheiden des Gesellschafters ist der Tag der Eröffnung oder der Tag der Ablehnung der Eröffnung des Insolvenzverfahrens (§ 23.66 Muster-ARGE-Vertrag) mangels Masse.

420 **Rechtsmittel** des insolventen Gesellschafters gegen das zwangsläufige Ausscheiden sind im Muster-ARGE-Vertrag – anders als beim Ausschluss aus der ARGE – nicht vorgesehen.

421 Die **Wirkungen des Ausscheidens** des Gesellschafters sind unter **§ 24 Muster-ARGE-Vertrag** geregelt:

1. Fortsetzung der ARGE mit den übrigen Gesellschaftern

422 Die ARGE wird von den übrigen Gesellschaftern fortgesetzt. Die Beteiligungsquoten der übrigen Gesellschafter verändern sich, indem die Quote des ausscheidenden Gesellschafters den verbleibenden Gesellschaftern im Verhältnis ihrer Beteiligung gem. § 3 Muster-ARGE-Vertrag anwächst.

423 Verbleibt nur ein Gesellschafter, so endet die GbR. Der verbliebene Gesellschafter übernimmt ohne besonderen Übertragungsakt mit dinglicher Wirkung die Anteile des ausscheidenden Gesellschafters. Der verbleibende Ge-

25 Schmitz, Die Bauinsolvenz, Rn. 1122; Zoll, Anm. zu OLG Naumburg, 28.12.1999 – 13 U 126/99, ZfIR 2002, 456.

sellschafter führt die Geschäfte der ARGE mit allen Rechten und Pflichten als Geschäftsbestandteil seines eigenen Unternehmens zu Ende.

2. Erstellung einer Auseinandersetzungsbilanz zum Stichtag des Ausscheidens (Tag der Insolvenzeröffnung)

Zur Ermittlung des Ausscheidungsguthabens hat die Rest-ARGE eine Auseinandersetzungsbilanz zum Stichtag des Ausscheidens zu erstellen. Der ausgeschiedene Gesellschafter nimmt am Gewinn und Verlust der bis zu seinem Ausscheiden ausgeführten Arbeiten teil; er nimmt nicht teil am Gewinn und Verlust noch auszuführender Arbeiten und schwebender Geschäfte, mit Ausnahme bereits erkennbarer Verluste. 424

Im Folgenden werden Regelungen für die Aufstellung der Auseinandersetzungsbilanz dargestellt. Auf die Einzelprobleme und auf die Möglichkeiten des Insolvenzverwalters, eine Auseinandersetzungsbilanz anzugreifen, wird noch gesondert eingegangen, vgl. dazu Rn. 435 ff. 425

Die Auseinandersetzungsbilanz ist dem ausgeschiedenen Gesellschafter zuzustellen mit der ausdrücklichen schriftlichen Aufforderung zur Zustimmung nach § 23.2. Nach Insolvenzeröffnung ist die Auseinandersetzungsbilanz dem Insolvenzverwalter zuzustellen. 426

Hinweis:

Im Insolvenzantragsverfahren ist zu beachten, dass die Auseinandersetzungsbilanz bei Einsetzung eines starken vorläufigen Insolvenzverwalters diesem und nicht dem ausgeschiedenen Gesellschafter selbst zuzustellen ist.

3. Einsprüche gegen die Auseinandersetzungsbilanz gem. § 24.2 Muster-ARGE-Vertrag

Gem. § 24.2 Muster-ARGE-Vertrag können Einsprüche gegen die Auseinandersetzungsbilanz in schriftlicher Form mit Begründung innerhalb von drei Monaten nach Zustellung erhoben werden. Die Frist beginnt mit dem Zugang der Auseinandersetzungsbilanz und der ausdrücklichen schriftlichen Aufforderung zur Zustimmung. Nach Ablauf dieser Frist tritt die Feststellungswirkung der Auseinandersetzungsbilanz ein, d.h., alle in der Auseinanderset- 427 zungsbilanz enthaltenen Ansätze und Bewertungen werden abschließend und endgültig.

VI. Auseinandersetzungsbilanz

428 Nach § 24.2 Muster-ARGE-Vertrag hat die ARGE auf den Stichtag des Ausscheidens des Gesellschafters eine Auseinandersetzungsbilanz zu erstellen. In diese sind Aktiva und Passiva, soweit nicht anders feststellbar, im Wege der Schätzung unter Anwendung des § 738 Abs. 2 BGB zu ermitteln. Insbes. ist – unabhängig vom Stand des Bauvorhabens im Zeitpunkt des Ausscheidens – eine angemessene Bewertung des Gewährleistungsrisikos und sonstiger Risiken bzgl. des Gesamtbauvorhabens vorzunehmen. Für die Bewertung des Gewährleistungsrisikos wird im ARGE-Vertrag ein Prozentsatz von 2 % bis 5 % des Auftragswertes ohne USt der zum Stichtag erbrachten und vertragsgemäß noch zu erbringenden Leistungen festgesetzt. Im Einzelfall kann darüber hinaus ein höherer Ansatz eingestellt werden, wenn dieser zum Zeitpunkt der Bilanzaufstellung begründet ist. Ein etwaiger Geschäftswert der ARGE ist nicht zu berücksichtigen.

1. Handlungsmöglichkeiten des Insolvenzverwalters

429 Die Auseinandersetzungsbilanz enthält vielfältige Angriffspunkte, die der ausgeschiedene Gesellschafter oder der Insolvenzverwalter in den Einspruch aufzunehmen hat. Zu einzelnen Punkten vgl. Rn. 435 ff..

a) Zustellung der Auseinandersetzungsbilanz

430 Zunächst aber muss der vorläufige Insolvenzverwalter bzw. nach Insolvenzeröffnung der Insolvenzverwalter sicherstellen, dass alle eingehenden Auseinandersetzungsbilanzen erfasst werden und die Dreimonatsfristen für die Einsprüche notiert werden. Häufig wird die Auseinandersetzungsbilanz nicht separat dem Insolvenzverwalter zugestellt, sondern nur einer Forderungsanmeldung beigefügt. In diesem Fall muss sichergestellt sein, dass die Forderungsanmeldungen auch daraufhin überprüft werden, ob Auseinandersetzungsbilanzen beigefügt sind, gegen die ein Rechtsmittel eingelegt werden muss.

Hinweis: 431

In den Großverfahren hat sich als günstig herausgestellt, wenn möglichst schnell Unterlagen aller ARGEN an zentraler Stelle gesammelt werden. Dazu gehört der ARGE-Vertrag, die Auseinandersetzungsbilanz, der Einspruch und ggf. weitere Unterlagen über Rechtsstreite, Beschlüsse etc.

b) Einteilung der Auseinandersetzungsbilanz in drei Kategorien

Die Auseinandersetzungsbilanzen sollten in drei Kategorien aufgeteilt werden: 432

Kategorie A	Auseinandersetzungsbilanzen, die eine Forderung zugunsten des Insolvenzverwalters ergeben
Kategorie B	Auseinandersetzungsbilanzen, die eine Forderung zugunsten des Insolvenzverwalters ergeben würden, wenn der (finanziell bewertete) Einspruch Erfolg hätte
Kategorie C	ARGEN, bei denen es bei einem Verlustausgleichsanspruch der ARGE bleibt, auch wenn der Einspruch des Insolvenzverwalters Erfolg hätte.

In dieser Auflistung zeigt sich die Dringlichkeit, mit der die einzelnen ARGEN bearbeitet und mit den ARGEN verhandelt werden bzw. Rechtsstreite vorbereitet werden können. 433

In Großverfahren ist es durchaus üblich, dass ein Bauunternehmen an 500 ARGEN beteiligt war, sodass in relativ kurzer Zeit rund 300 bis 400 Auseinandersetzungsbilanzen ins Haus kommen. Eine gründliche Bearbeitung erfordert daher nicht nur eine optimale Organisation, sondern auch das Vorhalten qualifizierter Mitarbeiter, die sich mit den Grundsätzen der ARGE-Buchhaltung auskennen. 434

2. Einzelne Angriffspunkte

a) Stichtagsprinzip

Die Auseinandersetzungsbilanz ist auf den Stichtag des Ausscheidens des insolventen Gesellschafters zu erstellen und enthält eine endgültige abschließende 435

Bewertung. Die ARGE-Muster-Verträge seit 1987 enthalten diese Regelung. In der Zeit davor wurden in den Auseinandersetzungsbilanzen Rückstellungen für ungewisse Risiken gebildet. Die ARGE musste dem damaligen Konkursverwalter des ausgeschiedenen Gesellschafters Auskunft erteilen und Rechnung über die weitere Entwicklung legen, z.B. über Mängelbeseitigungskosten. Waren die Rückstellungen, bspw. für Gewährleistung, zu hoch bemessen, mussten sie nach Jahren wieder aufgelöst werden. Konnten sich ARGE und Konkursverwalter nicht einigen, wurden jahrelange Rechtsstreite geführt. Das soll durch die Regelung, die seit 1987 in den Muster-ARGE-Verträgen enthalten ist, vermieden werden.[26]

436 In der Auseinandersetzung mit ARGEN kommt es häufig zum Streit darüber, ob Erkenntnisse aus der Zeit nach Ausscheiden des ARGE-Partners verwertet werden dürfen oder ob die ARGE verpflichtet ist, Unterlagen aus der Zeit nach dem Ausscheiden vorzulegen. Nach dem kaufmännischen Grundsatz der „Werterhellung" dürfen Erkenntnisse einfließen, deren Ursachen bis zum Bilanzstichtag entstanden sind und die am Bilanzstichtag zu erwarten waren.[27]

437 Die Insolvenzverwalter der ausgeschiedenen Bauunternehmen vertreten die Auffassung, dass die ARGE bis zur Feststellung der Bilanz Auskunft über die weitere Entwicklung geben muss. Gerichtsentscheidungen sind zu dieser Frage aber noch nicht ergangen. Auf jedem Fall lassen Erkenntnisse, die nach Aufstellung der Bilanz gewonnen werden, Rückschlüsse auf die Bewertungen in der Bilanz zu. Die verbliebene ARGE dürfte nicht verpflichtet sein, dem ausgeschiedenen Gesellschafter oder seinem Insolvenzverwalter Unterlagen zu liefern, die aus der Zeit nach dem Stichtag des Ausscheidens stammen.

b) Allgemeine Bilanzierungsgrundsätze

438 Für die Aufstellung der Bilanz gelten die allgemeinen Bilanzierungsgrundsätze. Es muss auf eine ordnungsmäßige **Buchführung** und ein **Inventar** zurückgegriffen werden.[28]

---

26 Burchardt, Die Arbeitsgemeinschaft, in: Freiberger Handbuch zum Baurecht, § 13, S. 970; Burchardt/Pfülb, § 24 Rn. 68; Schmitz, Die Bauinsolvenz, Rn. 1132 ff.

27 Federmann, Bilanzierung nach Handelsrecht und Steuerrecht, S. 140; Horschitz/Groß/Fanck, Bilanzsteuerrecht und Buchführung, S. 153; ähnlich: Haller/Mielicki, BWi 1997, 6.

28 Adler/Düring/Schmaltz, Rechnungslegung und Prüfung der Unternehmen, zu § 246 Rn. 8.

Die ARGE hat die kaufmännischen Grundsätze der Vollständigkeit, der Klarheit, der Richtigkeit und Willkürfreiheit zu beachten. Zum Grundsatz der **Vollständigkeit** gehört es, dass auf der Aktivseite keine Vermögensgegenstände „vergessen" werden.[29] 439

Für die Buchführung der ARGEN wurden **Musterkontenpläne** und Musterformulare entwickelt, die schon seit vielen Jahren gebräuchlich und bewährt sind.[30] 440

Für den Insolvenzverwalter oder die noch verbliebenen Kaufleute des insolventen Bauunternehmens bestehen die besten Chancen, einzelne Positionen anzugreifen, wenn sie die Auseinandersetzungsbilanzen mit den früheren Bilanzen bzw. Ergebnisübersichten **vergleichen**. 441

c) Erbrachte Bauleistung

Auf der Aktivseite muss die Bauleistung übereinstimmen mit der Bauleistung, wie sie in der Zeit vor Aufstellung der Auseinandersetzungsbilanz bewertet wurde. Abzustellen ist auf die vertraglichen Vereinbarungen der ARGE mit dem Auftraggeber. Die bis zum Stichtag erbrachte Bauleistung muss demnach entsprechend den Vorgaben beim Einheitspreisvertrag oder Pauschalvertrag bewertet werden. Die ARGE muss sich an die eigenen Kalkulationsgrundlagen halten. 442

Wichtig ist auch die Leistungsstandabgrenzung, ähnlich wie bei einer Kündigung eines Bauvertrages. Sowohl die ARGE als auch der ausgeschiedene Gesellschafter bzw. sein Insolvenzverwalter müssten Interesse daran haben, den Leistungsstand zum Zeitpunkt des Ausscheidens zeitnah festzustellen, um spätere Streitigkeiten zu vermeiden 443

d) Bewertung von Nachtragsaufträgen

Streit bringt häufig die Bewertung von ausgeführten und vom Auftraggeber angeordneten Bauleistungen, für die aber noch keine Nachtragsbeauftragung des Auftraggebers vorliegt. Die ARGE muss die Durchsetzbarkeit ihrer Nachtragsforderung juristisch, kaufmännisch und technisch bewerten. Einfließen 444

29 Burchardt/Pfülb, § 24 Rn. 28.

30 Im Einzelnen: Lindken/Mielicki, Buchhaltung, Zwischenabschlüsse und Schlussbilanz der Bau-Arbeitsgemeinschaften; Burchardt/Pfülb, Anhänge zum ARGE-Kommentar.

muss die Durchsetzbarkeit der Forderung auf Grundlage der VOB/B, andererseits die Bonität des Auftraggebers (falls die Gefahr besteht, dass er keine Zahlungen mehr leisten kann), aber auch Risiken im Rechtsstreit und Kosten der gerichtlichen Durchsetzung.[31]

VII. Bürgschaften in der ARGE

1. Bürgschaften der ARGE gegenüber ihrem Auftraggeber, ggf. Unterbürgschaften

445 Gegenüber ihrem Auftraggeber hat die ARGE die üblichen, bei der Abwicklung von Bauvorhaben vorgesehenen Bürgschaften herauszulegen.

446 Dies kann mit Bietungsbürgschaften beginnen, wenn der Auftraggeber Bürgschaften zur Erfüllung von seinen Ansprüchen bei der Durchführung von Ausschreibungsverfahren verlangt, um die Verpflichtungen des Bieters aus einer Bindung an das von ihm abgegebene Angebot abzusichern. Die Verpflichtung betrifft dann die der ARGE vorgeschaltete Bietergemeinschaft. Der ARGE-Vertrag wird i.d.R. erst abgeschlossen, wenn der Auftrag erteilt wird.

447 So gut wie alle Bauverträge sehen eine Vertragserfüllungsbürgschaft des Auftragnehmers, hier der ARGE, vor, die üblicherweise 10 % der Auftragssumme beträgt. Die Vorlage dieser Bürgschaft verlangt der Auftraggeber i.d.R., bevor er die erste Zahlung leistet. Soll eine Vorauszahlung geleistet werden, wird die Absicherung durch Vorauszahlungsbürgschaft vereinbart. Gelegentlich werden auch Abschlagszahlungsbürgschaften vereinbart, wenn durch diese Sicherheit ein Einbehalt des Auftraggebers abgelöst werden soll.[32]

448 Die meisten Auftraggeber verlangen eine Gesamtbürgschaft der ARGE und akzeptieren keine getrennten Bürgschaften der einzelnen ARGE-Partner. Bei „externen Partnerbürgschaften“, also bspw. Vertragserfüllungsbürgschaften, die jeder Partner entsprechend seinem Anteil an den Auftraggeber übergibt, läuft der Auftraggeber Gefahr, dass er im Ernstfall verschiedene Bürgen in Anspruch nehmen und verklagen muss und dadurch deutlich schlechter steht als mit einer Gesamtbürgschaft.[33]

31 Schmitz, Die Bauinsolvenz, Rn. 1156 ff.; Haller/Mielicki, BWi 1997, 6; Lachmann/Nieberding, Insolvenz am Bau, Rn. 520 ff.

32 Burchardt/Pfülb, § 8 Rn. 34.

33 Burchardt/Pfülb, § 8 Rn. 36.

Eine Gesamtbürgschaft wird i.d.R. durch anteilige Rückbürgschaften abgesichert. Diese Variante belastet die Bauunternehmen **doppelt**, weil sie ihren Anteil an der ARGE-Auftragssumme zweimal absichern müssen. 449

Gebräuchlich ist deshalb, dass im Rahmen einer sog. **Haupt- und Unterbürgschaft** die ARGE-Gesellschafter sich bei einem Kreditinstitut oder Kreditversicherer einheitlich vertraglich binden. Die Systematik Haupt-/Unterbürgschaft, die vorwiegend von Kreditversicherern angeboten wird, besteht zunächst darin, dass der Bürge zugunsten des Begünstigten die Hauptbürgschaft über die volle zu verbürgende Summe abgibt. Die Bürgschaft wird i.H.d. anteiligen Summe jedem ARGE-Partner auf dessen Avalkonto belastet. 450

Um das Avalkonto jedoch nicht zweimal zu belasten, erfolgt die interne Absicherung der ARGE-Partner für den Fall der Einstandspflicht für einen insolvent werdenden oder aus anderen Gründen nicht leistenden ARGE-Partner durch sog. **Unterbürgschaften**. Diese Unterbürgschaften sichern die verbliebene ARGE ab, wenn ein Gesellschafter ausscheidet. Sie können von den anderen ARGE-Gesellschaftern nur dann in Anspruch genommen werden, wenn die Hauptbürgschaft vom Auftraggeber ohne Inanspruchnahme zurückgegeben wurde und die anderen ARGE-Gesellschafter für den insolventen Gesellschafter eingestanden haben. Der Bürge haftet so entweder aus der Hauptbürgschaft oder aus der Unterbürgschaft. Aus diesem Grund ist es möglich, zum einen das Avalkonto nur einmal zu belasten und zum anderen günstigere Prämien anzubieten.[34] 451

Diese Unterbürgschaften sichern die ARGE vor Mehraufwendungen ab, die durch das Ausscheiden des insolventen Gesellschafters entstanden sind. Streitig ist, ob diese Unterbürgschaften auch für Verluste herangezogen werden können, die der ARGE ohnehin entstanden wären (Fehlkalkulation von Anfang an, nicht auskömmlicher Werklohn, unvorhersehbare Schwierigkeiten, die zusätzliche Aufwendungen erfordern und nicht auf den Auftraggeber abgewälzt werden können, Zahlungsunfähigkeit des Auftragsgebers, etc.). Hier argumentieren die ARGEN damit, dass sie den Anteil des insolventen Partners am Verlust zusätzlich übernehmen müssen und daher diesen Anteil aus der Unterbürgschaft erstattet haben wollen. Diese Mehrkosten dürften über die Unterbürgschaften nicht abgesichert sein, weil der Sicherungszweck der Hauptbürgschaft und der Unterbürgschaften übereinstimmen muss. Kann die 452

34 Wölfing-Hamm/Hochstadt, NZBau 2007, S. 65, 70.

Hauptbürgschaft nur für Vertragserfüllung oder Mängelbeseitigung in Anspruch genommen werden, kann der Bürge auch aus der Unterbürgschaft nicht für sonstige Mehrkosten, die der ARGE ohnehin entstanden wären, haftbar gemacht werden. Insbes. kann die Vertragserfüllungs- oder Gewährleistungsunterbürgschaft nicht für einen Verlustausgleichsanspruch aus der Auseinandersetzungsbilanz in Anspruch genommen werden, weil dieser Verlustausgleichsanspruch auf pauschalen Bilanzpositionen, wie einer Bewertung des Gewährleistungsrisikos, basiert.[35]

453 **Hinweis:**

Zu beachten ist, dass durch diese Unterbürgschaften die ARGE für ihre Mehraufwendungen abgesichert ist, nicht aber der Bürge einer Gesamtbürgschaft für die ARGE. Der Bürge der Gesamtbürgschaft kann sich für den Fall des Ausfalls eines Gesellschafters nur durch eigene Rückbürgschaften absichern, die die Gesellschafter der ARGE beibringen.

454 Scheidet der insolvente Gesellschafter aus der ARGE aus, bevor das Bauvorhaben beendet ist, hat die verbliebene ARGE in aller Regel Mehraufwendungen, die sie gegenüber dem Bürgen und dem Insolvenzverwalter des ausgeschiedenen Gesellschafters nachweisen kann. Die Unterbürgschaft wird deshalb in aller Regel angegriffen. Der Bürge und der Insolvenzverwalter können sich zwar Nachweise vorlegen lassen, haben aber den geltend gemachten Mehrkosten meist nicht viele Argumente entgegenzusetzen. Für die ARGE ist diese Konstruktion deshalb günstig und effektiv.

2. Übergang von zugunsten des Auftraggebers übergebenen Sicherheiten für einen Rückgriffsanspruch der ARGE

455 Die Gesellschafter der ARGE könnten ihre Gesellschafterverpflichtung durch separate Vertragserfüllungsbürgschaften gegenüber der ARGE absichern. Das ist nicht gängige Praxis, weil es die Bauunternehmen übermäßig mit Avalkosten belasten würde. Im Muster-ARGE-Vertrag wurde deshalb keine allgemeine Gesellschafterbürgschaft für das Innenverhältnis der ARGE vorgesehen.[36]

456 In Fällen, in denen die ARGE nur eine Gesamtbürgschaft an ihren Auftraggeber übergeben hat und keine Rückabsicherung durch Unterbürgschaften oder

35 Schmitz, Die Bauinsolvenz, Rn. 1197; Jagenburg/Schröder, § 20 Rn. 555.

36 Burchhardt/Pfülb, § 8 Rn. 53, 54a.

eigene Gesellschafterbürgschaften vereinbart hat, wird gelegentlich versucht, die Gesamtbürgschaft des Auftraggebers für die ARGE nutzbar zu machen.

Der **BGH** entschied mit Urt. v. 20.09.1990[37] einen Fall, in dem die Mitglieder 457
einer Konsortial-ARGE, bei der im Innenverhältnis jeder Partner für seinen Leistungsteil allein verantwortlich war, die Bauleistung eines in Konkurs gefallenen Mitglieds erbracht hatte. Der BGH entschied, dass zunächst mangels Erfüllungsverlangen des Konkursverwalters ein Schadensersatzanspruch vom Auftraggeber auf sie übergehe. Eine allein für den Erfüllungsanspruch des ausgefallenen Mitglieds gegebene Bürgschaft könnten die ausgleichberechtigten Gesamtschuldner in Anspruch nehmen. Der BGH vertrat die Auffassung, dass das Schuldverhältnis zwischen Auftraggeber und ARGE in dem Fall trotz Leistung der Rest-ARGE nicht zum Erlöschen komme, wenn ein zum Gesamtschuldnerausgleich i.S.d. § 426 Abs. 1 BGB berechtigter ARGE-Partner die Leistung für einen in Konkurs gegangenen bzw. einen insolvent gewordenen Gesellschafter erbringe. Der Anspruch bleibe für den Zweck des Rückgriffs erhalten und die Forderung des Auftraggebers gegen die ARGE gehe kraft Gesetzes auf den leistenden Gesamtschuldner über i.S.d. § 426 Abs. 2 BGB. Der Erfüllungsanspruch des Auftraggebers habe sich durch die Konkurseröffnung in eine Schadensersatzforderung wegen Nichterfüllung verwandelt, nachdem der Konkursverwalter nicht von seinem Wahlrecht Gebrauch gemacht und Erfüllung verlangt habe. Eine dafür gestellte Bürgschaft folge nach § 401 Abs. 1 BGB dem Hauptanspruch.

Gegen diese Rechtsprechung gibt es berechtigte **Kritik**. Der Ansatz greift 458
überhaupt nur, wenn man die Bauarbeitsgemeinschaft als BGB-Gesellschaft einstuft. Würden große Bau-ARGEN in der Rechtsform der OHG betrieben, bestünde der selbstständige Primärerfüllungsanspruch des Bauherrn nicht gegenüber den einzelnen Gesellschaftern als Gesamtschuldnern, sondern gegenüber der OHG. Mit Erfüllung der Gesellschaftsschuld gegenüber dem Bauherrn erlischt diese und damit auch die Gesellschafterhaftung im Außenverhältnis.[38]

Wenn aber die Gesellschaftsschuld mit Vertragserfüllung **erlischt**, geht die 459
Forderung des Bauherrn nicht über. Eine für diese Forderung ausgereichte Sicherheit kann von der verbliebenen ARGE nicht in Anspruch genommen

37 BGH, 20.09.1990 – IX ZR 214/89, NJW 1991, 97 = ZIP 1990, 1354.

38 Adler/May, BauR 2006, 756, 760; Jagenburg/Schröder, § 20 Rn. 558.

werden. Rückgriff können die Gesellschafter i.R.d. Vorschriften des HGB oder gem. § 426 BGB im Innenverhältnis nehmen, **Sicherheiten** stehen dafür aber nicht zur Verfügung.

460 Selbst wenn im Fall der BGB-Gesellschaft die Forderung auf Schadensersatz wegen Nichterfüllung des Begünstigten auf die verbliebene ARGE übergehen sollte, wird auch dieser Anspruch zu einem unselbstständigen Rechnungsposten in der Auseinandersetzungsbilanz und kann nicht mehr selbstständig geltend gemacht werden.[39]

461 Dies entschied neuerdings auch das **OLG Köln**.[40] Das OLG Köln stellte fest, dass ein Forderungsübergang der Auftraggeberin auf die ARGE nicht stattgefunden habe, weil diese den ihr erteilten Auftrag trotz des Ausscheidens des insolventen Gesellschafters vollständig ausgeführt hatte. Für die Ausführung des Bauauftrags hatte sie vom Auftraggeber auch den vollständigen Werklohn erhalten. Die GbR erfülle spätestens seit der Leitentscheidung des BGH zur Rechts- und Parteifähigkeit ihren eigenen Vertrag mit dem Auftraggeber. Führe sie das Bauvorhaben zu Ende und erhalte hierfür den vollen Werklohn, sei weder beim Auftraggeber noch bei der ARGE selbst ein Schaden entstanden, wenn nicht konkrete ausscheidensbedingte Mehrkosten nachgewiesen werden können.[41]

462 **Hinweis:**

Zu beachten ist, dass es sich im Fall des OLG Köln um eine Gesamtbürgschaft der ARGE handelte, nicht um sog. „externe Partnerbürgschaften" der einzelnen Gesellschafter wie im Fall des BGH in NJW 1991, 97 (20.09.1990 – IX ZR 214/89).

Die o.g. Entscheidung des OLG Köln ist überzeugend. Seit der BGH-Rechtsprechung zur Rechtsfähigkeit der GbR[42] dürfte die frühere Entscheidung des BGH (NJW 1991, 97, s.o.) überholt sein.

463 Für den Insolvenzverwalter des ausgeschiedenen Gesellschafters bedeutet dies, dass er mit dieser schlüssigen Argumentation den Bürgen der Gesamt-

39 Wölfing-Hamm/Hochstadt, NZBau 2007, 65, 71.

40 OLG Köln, 17.01.2007 – 17 U 20/06, IBR 2007, 679.

41 OLG Köln, 17.01.2007 – 17 U 20/06, IBR 2007, 679.

42 BGH, 29.01.2001 – II ZR 331/00, ZInsO 2001, 218 = NJW 2001, 1056.

bürgschaft unterstützen, eine Inanspruchnahme für übergegangene Ansprüche ablehnen und die Rückgabe der Gesamtbürgschaft an den Bürgen verlangen kann. Lässt sich die ARGE allerdings nicht überzeugen, muss der Fall zwischen ARGE und dem Bürgen ausgestritten werden, wie im Fall des OLG Köln.

3. Partnerausschüttungsbürgschaften

Bei den Partnerausschüttungsbürgschaften handelt es sich um eine Sonder- 464
form von Bürgschaften, die nur bei den Bau-ARGEN Verwendung findet.

Das Bedürfnis für diese Sonderform der Bürgschaft ergibt sich daraus, dass 465
die ARGE kein Kapital bildet und keine Geldmittel anlegt, sondern jegliche freie Liquidität an ihre Gesellschafter ausschüttet. Im ARGE-Vertrag ist unter § 11 vorgesehen, dass freie Liquidität verwandt werden muss für die Rückerstattung von Auslagen eines Gesellschafters, für die Deckung der laufenden Ausgaben, für die Zurückzahlung eines fälligen Bankkredits der ARGE und für die monatliche Angleichung der Gesellschafterkonten entsprechend dem Beteiligungsverhältnis. Ist darüber hinaus Liquidität verfügbar, beschließen die Gesellschafter eine Auszahlung an die einzelnen Bauunternehmen. Diese Auszahlung steht aber unter dem **Vorbehalt** der jederzeitigen **Rückforderung** durch die kaufmännische Geschäftsführung der ARGE (§ 11.25 Muster-ARGE-Vertrag).

Für diese **Ausschüttungen** beschließen die Gesellschafter eine Absicherung 466
durch Partnerausschüttungsbürgschaften, die in aller Regel auf erstes Anfordern lauten. Der Charakter dieser Ausschüttungen lässt sich nicht allgemein definieren. Es kann der Charakter eines **Darlehens** gegeben sein, wenn der Gesellschafter vorab die Gegenleistung für später zu erbringende eigene Leistungen erhält. Es kann sich aber auch um einen **Gewinnanteil** handeln, wobei erst nach Abschluss des Bauvorhabens und Schlussabrechnung feststeht, ob die ARGE tatsächlich einen Gewinn verbuchen kann und welcher Anteil auf den Gesellschafter entfällt. Da es sich um eine vorläufige und vorübergehende Liquiditätsverlagerung handelt, steht die Ausschüttung unter dem Vorbehalt der jederzeitigen Rückforderung.

a) Sicherungszweck/Durchsetzungssperre

467 Der Sicherungszweck der Partnerausschüttungsbürgschaften war bis zur Fassung des Muster-ARGE-Vertrages 2005 im ARGE-Vertrag nicht geregelt. Die ARGEN verwendeten unterschiedliche Bürgschaftsmuster.

468 Aus den Entscheidungen, die im Zuge des Insolvenzverfahrens über das Vermögen der Philipp Holzmann AG und der Walter Bau AG anhängig wurden, ergab sich die Notwendigkeit, über die Bürgschaftsmuster und den dort vereinbarten Sicherungszweck nachzudenken. Zum Ersten bestand das Problem, dass die gängigen Bürgschaftsmuster nur die Rückführung einer oder mehrerer Ausschüttungen, nicht aber einen Verlustausgleichsanspruch der ARGE absicherten. Zum Zweiten beriefen sich die Bürgen auf die Rechtsprechung des BGH zur „**Durchsetzungssperre**" bei Auseinandersetzungsbilanzen. Nach der ständigen Rechtsprechung des **BGH** gehen einzelne Ansprüche aus dem Gesellschaftsverhältnis nur noch als unselbstständige Rechnungsposten in die Bilanz ein und können nicht mehr selbstständig geltend gemacht werden. Es gibt nach Erstellen der Auseinandersetzungsbilanz nur noch einen Anspruch, entweder der Gesellschaft oder des ausgeschiedenen Gesellschafters.[43]

469 Hat die ARGE also einen Verlust in der Auseinandersetzungsbilanz nachgewiesen, konnten für den Verlustausgleichsanspruch nicht die früher herausgelegten Partnerausschüttungsbürgschaften in Anspruch genommen werden, weil diese nur die Rückzahlung der früher getätigten Ausschüttungen an den Gesellschafter besicherten.

470 Letztendlich wurde von den ausgeschiedenen Gesellschaftern und ihren Insolvenzverwaltern vorgetragen, dass eine Rückführung von Ausschüttungen nur bis zum Saldo des Partnerverrechnungskontos verlangt werden könne. Hat der ausgeschiedene Gesellschafter schon mehr Leistungen erbracht als Zahlungen der ARGE erhalten, scheide eine Rückforderung von Ausschüttungen aus. In diesem Fall sei sichergestellt, dass der ausgeschiedene Gesellschafter die Ausschüttungen behalten dürfe. Dies ergäbe sich durch die jeweilige Verrechnung auf dem Partnerverrechnungskonto, das unstreitig als Kontokorrentkonto geführt wird.[44]

43 BGH, 07.12.1987 – II ZR 201/87, NJW-RR 1988, 997; BGH, 09.03.2000 – IX ZR 355/98, ZInsO 2000, 284 = NJW-RR 2000, 1295.

44 Burchardt/Pfülb, § 11 Rn. 11.

Die Rechtsprechung im Einzelnen ist dargestellt bei Wölfing-Hamm/Hochstadt in NZBau 2007, S. 65 ff. 471

Im ARGE-Vertrag 2005 findet sich unter § 11 folgender Mindestsicherungszweck der Partnerausschüttungsbürgschaft: 472

„Die Bürgschaft sichert die Rückzahlungsansprüche der ARGE gegen den Gesellschafter gem. 11.25 des ARGE-Vertrages. Scheidet der Gesellschafter – gleich aus welchem Grund – aus der ARGE aus, sichert die Bürgschaft einen evtl. Zahlungsanspruch der ARGE gegen den ausgeschiedenen Gesellschafter aus der Auseinandersetzungsbilanz bis zur Höhe, in der im Zeitpunkt des Ausscheidens ein Rückzahlungsanspruch gem. 11.25 gegen den ausgeschiedenen Gesellschafter bestand."

Die Definition des Sicherungszwecks der Bürgschaft soll sicherstellen, dass die Bürgschaftsabsicherung dann noch werthaltig und durchsetzbar ist, wenn im Fall eines vorzeitigen Ausscheidens eine Auseinandersetzungsbilanz erstellt und festgestellt wird, in welcher sämtliche wechselseitigen Zahlungsansprüche als unselbstständige Rechnungsposten eingehen.[45] 473

Dem Argument der „Durchsetzungssperre" soll damit entgegnet werden.

Eindeutig ist aber, dass eine Partnerausschüttungsbürgschaft nach diesem Muster keinen Verlustausgleichsanspruch der ARGE absichert. Maßgeblich ist hier nur der Stand des Partnerverrechnungskontos. Der Verlust, der aus der pauschalen Bewertung von Risiken und aus Rückstellungen resultiert, muss durch eine eigene Bürgschaft oder durch eine erweiterte Bürgschaft abgesichert werden.[46] 474

Die Praxis hat gezeigt, dass seit 2003/2004, als die ersten Entscheidungen über den Sicherungszweck der Partnerausschüttungsbürgschaft bekannt wurden, zahlreiche ARGE-Bürgschaften ausgetauscht und mit einem erweiterten Sicherungszweck versehen wurden: Sie sichern inzwischen **alle Ansprüche der ARGE** ab, sei es auf Rückführung einer Ausschüttung oder auf Ausgleich eines Verlusts aus der Auseinandersetzungsbilanz im Fall des Ausscheidens eines Gesellschafters. 475

45 Burchardt/Pfülb, § 11 Rn. 15 f.

46 Burchardt/Pfülb, § 11 Rn. 15g.

476 **Hinweis:**

Der Insolvenzverwalter kann den Bürgen hier nur beraten. I.R.d. Feststellung der Auseinandersetzungsbilanz hat er den Saldo des Partnerverrechnungskontos zu ermitteln und die Bilanz insgesamt zu prüfen. Sein Prüfergebnis wird er dem Bürgen zur Verfügung stellen, um nicht gerechtfertigte Inanspruchnahme von Partnerausschüttungsbürgschaften abzuwehren.

b) Bürgschaft auf erstes Anfordern

477 Schwierig ist die Unterstützung des Bürgen bei Bürgschaften auf erstes Anfordern. Die Rechtsprechung stellt hier nur geringe Anforderungen an den Sicherungsfall: Wenn die ARGE behauptet, sie habe die Rückführung der Ausschüttung verlangt und benötige Liquidität, lässt die Rechtsprechung dies in aller Regel gelten und gibt der ARGE – ggf. im Urkundsprozess – Recht.[47]

c) Rückforderungsprozess

478 Hat der Bürge nur unter dem Vorbehalt der Rückforderung gezahlt, kann er einen Rückforderungsprozess führen, in dem er alle Argumente vortragen kann. Hierbei kann ihm der Verwalter behilflich sein, indem er ihm seinen Einspruch gegen die Auseinandersetzungsbilanz mit der entsprechenden Begründung zur Verfügung stellt. In sehr vielen Fällen werden aber auch Vergleichsverhandlungen mit den ARGEN geführt mit dem Ziel einer einvernehmlichen, für alle Parteien akzeptablen Lösung. Diese Verhandlungen kann der Insolvenzverwalter i.d.R. besser führen als der Bürge, weil er häufig noch Mitarbeiter im insolventen Unternehmen hat, die ihre Kontakte zu den anderen Bauunternehmen nutzen können.

47 Wölfing-Hamm/Hochstadt, NZBau 2007, 65 ff.

I. Bürgschaftsarten bei Bauverträgen

In der Praxis spielen Bürgschaften als Sicherheiten eine wichtige Rolle. Sowohl der Auftraggeber als auch der Auftragnehmer können sich mithilfe von Bürgschaften bestimmte Werkleistungen wechselseitig absichern und sich so vor drohenden Rechtsnachteilen schützen. Insbes. im Fall einer eintretenden Insolvenz über das Vermögen des Vertragspartners erhalten diese Sicherheiten nochmals eine besondere Bedeutung, denn so kann der nicht insolvente Vertragspartner eine Geldzahlung für eine bereits erbrachte, aber noch nicht vergütete Leistung erhalten und muss folglich seine Forderung nicht als bloße Insolvenzforderung geltend machen. 479

I. Sicherungszweck und Sicherungsvereinbarung

Ein gesetzlicher Anspruch bzw. ein Anspruch auf Grundlage der VOB/B zur Stellung einer Sicherheit existiert nicht. Auch die §§ 232 bis 240 BGB regeln lediglich die Art und Weise einer Sicherheitsleistung. Die Verpflichtung zur Sicherheitsleistung setzen sie dabei jedoch voraus.[48] 480

Aus diesem Grund kann ein Anspruch auf eine Sicherheit nur begründet werden, wenn diese ausdrücklich vertraglich in einer sog. **Sicherungsabrede** vereinbart ist. 481

Entscheiden sich die Vertragsparteien daher für die Vorlage von Sicherheiten, ist als nächster Schritt zu klären, welche Sicherheit bevorzugt wird. Die §§ 232 ff. BGB regeln eine Vielzahl von Sicherheiten. Neben der Vorlage einer Bürgschaftsurkunde bestehen bspw. die Möglichkeiten der Hinterlegung von Geld oder des Einbehaltens von Geld. Da die **Bürgschaftsurkunde** im Baurecht eine zentrale Rolle spielt, soll vornehmlich auf diese eingegangen werden. 482

Hinweis: 483

Die Sicherungsabrede in einem Bauvertrag ist so genau wie möglich zu formulieren. Es ist u.a. der **Sicherungsfall** zu bestimmen, d.h. zu welchem Zeitpunkt und unter welchen Voraussetzungen darf der Vertragspartner die Sicherung in Anspruch nehmen. Ferner muss geregelt werden,

48 Palandt/Heinrichs, Überbl. vor § 232 BGB Rn. 1.

in welcher **Höhe** die Sicherheit gestellt werden soll und wann die gelegte Sicherheit **zurückzugeben** ist. Diese Regelung ist wichtig, da dem Sicherungsnehmer insbes. bei Bürgschaften nur ein bestimmter Avalrahmen bei dem Bürgen zusteht und ggf. weitere Bürgschaften für andere Bauvorhaben benötigt werden.

Wichtig ist somit, dass für jeden Sicherungsfall eine gesonderte Sicherungsabrede, die so konkret wie möglich ausgestaltet sein muss, zu treffen ist.

Im Baurecht kommen bspw. folgende Sicherungsfälle in Betracht:

II. Wichtige Bürgschaftsarten in der Bauinsolvenz

1. Vertragserfüllungsbürgschaft

484 Der Auftraggeber kann sich seine Ansprüche gegenüber dem Auftragnehmer mit einer Vertragserfüllungsbürgschaft auf die vollständige, rechtzeitige und bis zur Abnahme mangelfreie Erbringung der vertraglich geschuldeten Leistung absichern lassen.

485 Von Bedeutung ist eine Vertragserfüllungsbürgschaft dann, wenn der Auftragnehmer, bspw. aufgrund eingetretener Insolvenz, den Vertrag nicht zu Ende führen kann oder mit seinen Leistungen in Verzug gerät. Der dadurch entstandene Schaden kann durch eine Vertragserfüllungsbürgschaft abgesichert werden. Ferner kann der Auftraggeber seine Ansprüche auf Zahlung einer Vertragsstrafe,[49] von Vorauszahlungen[50] sowie evtl. von Kosten für die Erstellung der Schlussrechnung nach § 14 Nr. 4 VOB/B absichern.

486 Unklarheiten bestehen in der Rechtsprechung, ob auch das Überzahlungsrisiko durch eine Vertragserfüllungsbürgschaft abgedeckt ist. Um evtl. Streitigkeiten zu umgehen, sollte der Auftraggeber darauf achten, dass in der Sicherungsabrede auch dieses Risiko abgedeckt ist und der Bürge eine solche Haftung übernimmt. Außerdem ist zu beachten, dass nach der Übernahme der Bürgschaft eine durch die Bauvertragsparteien getroffene rechtsgeschäftliche Änderung der Hauptschuld die Verpflichtung des Bürgen nicht erweitert, § 767 Abs. 1 Satz 3 BGB. So werden von einer Vertragserfüllungsbürgschaft Rückerstat-

49 BGH, 15.03.1990 – IX ZR 44/89, NJW-RR 1990, 811.

50 OLG Celle, 05.02.2004 – 13 U 158/03, IBR 2006, 1412.

tungsansprüche hinsichtlich einer Überzahlung nicht abgedeckt, die auf einer in einer Interimsvereinbarung nach Schlussrechnungserteilung vereinbarten Sonderzahlung beruhen.[51]

Muster für eine Vertragserfüllungsbürgschaft 487

Bürgschaftsurkunde Nr. .....

Der Auftragnehmer *(Name, Anschrift)*

und

der Auftraggeber *(Name, Anschrift)*

haben folgenden Vertrag abgeschlossen *(Vertrags-Nr., Datum, Bezeichnung der Leistung).*

Nach den Bedingungen des Vertrages hat der Auftragnehmer als Sicherheit für die Erfüllung sämtlicher Verpflichtungen aus dem Vertrag, insbesondere für die vertragsgemäße Ausführung der Leistung einschließlich der Abrechnung und Schadensersatz sowie für die Erstattung von Überzahlungen einschließlich der Zinsen, dem Auftraggeber eine Bürgschaft zu stellen.

Der Bürge *(Name, Anschrift)*

übernimmt hiermit für den Auftragnehmer die selbstschuldnerische Bürgschaft nach deutschem Recht und verpflichtet sich, jeden Betrag bis zu einer Gesamthöhe von

Betrag ..... €

(Betrag in Worten)

an den Auftraggeber zu zahlen.

Auf die Einrede der Vorausklage gemäß §§ 770, 771 BGB wird verzichtet.

Die Bürgschaft ist unbefristet; sie erlischt mit der Rückgabe dieser Bürgschaftsurkunde.

Gerichtsstand ist der Sitz des Auftraggebers.

51 OLG Jena, 20.12.2007 – 1 U 409/07, IBR 2008, 215 = MDR 2008, 682.

Ort, Datum

Unterschrift

2. Gewährleistungsbürgschaft

488 **Mängel nach Bauabnahme:** Ferner kann sich der Auftraggeber eine Sicherheit für auftretende Mängel nach der Abnahme des Werkes vorlegen lassen. Diese Gewährleistungsbürgschaft erfasst die geldwerten Gewährleistungsansprüche (Schadensersatz, Minderung, Vorschuss auf Mangelbeseitigung, Erstattung der Aufwendungen von Mangelbeseitigungskosten).

489 **Muster für eine Gewährleistungsbürgschaft**

Bürgschaftsurkunde Nr. .....

Der Auftragnehmer *(Name, Anschrift)*

und

der Auftraggeber *(Name, Anschrift)*

haben folgenden Vertrag abgeschlossen *(Vertrags-Nr., Datum, Bezeichnung der Leistung).*

Nach den Bedingungen des Vertrages hat der Auftragnehmer als Sicherheit für die Erfüllung der Ansprüche auf Gewährleistung einschließlich Schadensersatz und für die Erstattung von Überzahlungen einschließlich der Zinsen dem Auftraggeber eine Bürgschaft zu stellen.

Der Bürge *(Name, Anschrift)*

übernimmt hiermit für den Auftragnehmer die selbstschuldnerische Bürgschaft nach deutschem Recht und verpflichtet sich, jeden Betrag bis zu einer Gesamthöhe von

Betrag ..... €

(Betrag in Worten)

an den Auftraggeber zu zahlen.

Auf die Einrede der Vorausklage gemäß §§ 770, 771 BGB wird verzichtet.

Die Bürgschaft ist unbefristet; sie erlischt mit der Rückgabe dieser Bürgschaftsurkunde.

Gerichtsstand ist der Sitz des Auftraggebers.

Ort, Datum

Unterschrift

3. Vorauszahlungsbürgschaft

Nach § 16 VOB/B besteht im Baurecht die Möglichkeit, dass der Auftraggeber vor Erbringung der vertraglich vereinbarten (vollständigen) Bauleistung durch den Vertragspartner Voraus- oder auch Abschlagszahlungen erbringt. Diese Leistungen des Auftraggebers können durch Bürgschaften abgesichert werden. 490

Vorauszahlungen können auch nach Vertragsabschluss noch vereinbart werden. 491 Hierfür ist aber auf Verlangen des Auftraggebers eine ausreichende Sicherheit zu leisten, § 16 Nr. 2 Abs. 1 Satz 1 VOB/B. Diese Vorauszahlungsbürgschaft sichert dann den Anspruch des Auftraggebers gegen den Auftragnehmer auf Rückzahlung der Vorauszahlung. Sie ist von sehr hoher Bedeutung, da grds. bei Zahlung noch keine Gegenleistung erbracht worden ist.

Abschlagszahlungen sind auf Antrag i.H.d. Wertes der jeweils nachgewiesenen 492 vertraglichen Leistung zu gewähren, § 16 Nr. 1 Abs. 1 Satz 1 VOB/B. Eine Abschlagszahlungsbürgschaft kommt in Betracht, wenn die bereits erbrachte Teilleistung noch nicht in das Eigentum des Auftraggebers übergegangen ist und dieser für diese Teilleistungen bereits Abschlagszahlungen erbracht hat, § 16 Nr. 1 Abs. 1 Satz 3 VOB/B.[52]

Muster Vorauszahlungsbürgschaft 493

Bürgschaftsurkunde Nr. .....

Der Auftragnehmer *(Name, Anschrift)*

und

der Auftraggeber *(Name, Anschrift)*

52 BGH, 09.04.1992 – IX ZR 148/91, MDR 1993, 43 = BB 1992, 1383 = ZIP 1992, 826.

haben folgenden Vertrag abgeschlossen *(Vertrags-Nr., Datum, Bezeichnung der Leistung).*

Nach den Bedingungen des Vertrages hat der Auftragnehmer als Sicherheit für eine Vorauszahlung bis zur Tilgung der Vorauszahlung durch Anrechnung auf fällige Zahlungen eine Bürgschaft zu stellen.

Der Bürge *(Name, Anschrift)*

übernimmt hiermit für den Auftragnehmer die selbstschuldnerische Bürgschaft nach deutschem Recht und verpflichtet sich, bis zu einer Gesamthöhe von

Betrag ..... €

(Betrag in Worten)

an den Auftraggeber zu zahlen.

Auf die Einrede der Anfechtung sowie der Vorausklage gemäß §§ 770, 771 BGB wird verzichtet.

Die Bürgschaft ist unbefristet; sie erlischt mit der Rückgabe dieser Bürgschaftsurkunde.

Gerichtsstand ist der Sitz des Auftraggebers.

Ort, Datum

Unterschrift

4. Partnerausschüttungsbürgschaft

494 Gem. ARGE-Vertrag bzw. gesonderter Abrede müssen die ARGE-Partner bei Partnerschaftsausschüttungen zur Besicherung eines eventuellen Rückzahlungsanspruches der ARGE diese Bürgschaften stellen. Zu den Details und Besonderheiten dieser Bürgschaften s. Teil H – ARGEN, Rn. 445 ff.

III. Probleme bei Bürgschafts-Inanspruchnahmen

495 Soweit die Sicherungsabreden in Individualvereinbarungen getroffen sind, bestehen grds. keine Probleme bei der Inanspruchnahme der gelegten Bürgschaft. Lediglich die guten Sitten i.S.d. § 138 BGB sind als Prüfungsmaßstab heranzuziehen. Danach könnte die getroffene Sicherungsabrede bspw.

dann unwirksam sein, wenn als Gewährleistungssicherheit wesentlich mehr als die üblichen 5 % Mängeleinbehalt zugunsten des Auftraggebers verlangt werden.

In den meisten Fällen befinden sich die Sicherungsabreden jedoch in Allgemeinen Geschäftsbedingungen (AGB), welche an § 307 BGB gemessen werden. Die Anforderungen an die vereinbarten Abreden sind um ein Wesentliches höher und können folglich eine Bürgschafts-Inanspruchnahme ins Leere führen, wenn die Sicherungsabrede eine unwirksame Vereinbarung enthält. 496

Eine Prüfung der Sicherungsabrede, d.h. ob diese sich in AGB befindet oder lediglich eine Individualvereinbarung darstellt, sowie eine Prüfung des Inhalts ist daher unumgänglich. 497

1. Abgrenzung AGB und Individualvereinbarung

AGB liegen vor, wenn diese für eine Vielzahl von Einzelverträgen vorformulierte Vertragsbedingungen darstellen, die eine Vertragspartei (Verwender) der anderen Vertragspartei bei Abschluss des Vertrages stellt. 498

Sie unterliegen den Regelungen der §§ 305 ff. BGB. Sind die AGB unwirksam, so bleibt der Vertrag i.Ü. wirksam, § 306 Abs. 1 BGB. 499

Soweit die Bestimmungen unwirksam sind, richtet sich der Inhalt des Vertrages nach den gesetzlichen Vorschriften, § 306 Abs. 2 BGB. Stellt das Festhalten am Vertrag unter Berücksichtigung der gem. Abs. 2 vorgesehenen Änderungen eine unzumutbare Härte für eine Vertragspartei dar, so ist der Vertrag insgesamt unwirksam, § 306 Abs. 3 BGB. 500

Für das Vorliegen von AGB spricht:

Wird in einem Formular zur Ausfüllung im Einzelfall eine Leerstelle freigelassen, die dann in einer Vielzahl von Fällen mit einem gleichartigen, aus dem Gedächtnis eingesetzten Text ausgefüllt wird, handelt es sich um eine AGB.[53] 501

Soweit die Vertragsbedingungen zwischen den Vertragsparteien im Einzelnen nicht **ausgehandelt** sind, liegen AGB vor. Von einem **Aushandeln** kann nur gesprochen werden, wenn der Verwender den „gesetzesfremden Kerngehalt" einer AGB inhaltlich ernsthaft zur Disposition stellt und dem Vertragspartner 502

53 BGH, 10.03.1999 – VIII ZR 204/98, ZIP 1999, 711.

Gestaltungsfreiheit zur Wahrung eigener Interessen einräumt.[54] I.V.m. seiner früheren Rechtsprechung[55] stellt der BGH in diesem Urteil klar, dass ein Aushandeln vorliegt, wenn dem Vertragspartner real möglich ist, die inhaltliche Ausgestaltung der Vertragsbedingungen zu beeinflussen.

503 Ausreichend dabei ist nicht, dass die Parteien die Klauseln gemeinsam lesen und erörtern. Vielmehr muss der Verwender sich bereit erklärt haben, auf einen „gesetzesfremden Kerngehalt" der Klausel zu verzichten.

504 Bei einem nicht ganz leicht verständlichen Text wird das Aushandeln durch die Rechtsprechung dann bejaht, wenn der Verwender die andere Vertragspartei über den Inhalt und die Tragweite der Zusatzvereinbarung belehrt hat oder erkennbar geworden ist, dass der andere deren Sinn wirklich erfasst hat. Nur dann ist gewährleistet, dass der Vertragsinhalt, den der vorformulierte Text ergibt, nicht nur vom Verwender stammt. Er kann dann als Ausdruck seiner rechtsgeschäftlichen Selbstbestimmung und Selbstverantwortung gewertet werden.[56]

505 Die Vertragsbedingungen i.S.d. § 305 Abs. 1 BGB sind für eine Vielzahl von Verträgen dann vorformuliert, wenn ihre mindestens dreimalige Verwendung gewollt ist. Eine Verwendung gegenüber verschiedenen Vertragspartnern ist dabei nicht erforderlich. Dies lässt sich auch nicht mit dem Wortlaut der Vorschrift belegen. Dagegen spricht auch der Zweck der Regelungen der §§ 305 ff. BGB. Schutzzweck dieser Regelungen ist, die einseitige Ausnutzung der Vertragsgestaltungsfreiheit durch eine Partei zu verhindern.[57]

506 Beim praktischen Nachweis, ob AGB vorliegen, hilft der **Beweis des ersten Anscheins**. Dieser spricht für das Vorliegen von AGB, wenn Verträge auf einem Muster beruhen. Notwendige individuelle Regelungen z.B. über die Vergütung, das Vertragsobjekt, die Bezeichnung der beauftragten Arbeiten sowie die Benennung des Arbeitsbeginns sprechen nicht gegen diesen ersten Anschein. Wenn daneben Verträge nicht auf ein bestimmtes Bauwerk zugeschnitten sind, d.h. weitgehend allgemein und abstrakt gehalten sind, eine Vielzahl von formelhaften Wendungen und fast ausschließlich den Vertragspartner be-

54 BGH, 23.01.2003 – VII ZR 210/01, ZIP 2003, 908; KG Berlin, 18.10.2004 – 24 U 311/03, BauR 2005, 1067; BGH, 14.04.2005 – VII ZR 56/04, NJW-RR 2005, 1040.

55 BGH, 25.06.1992 – VII ZR 128/91, NJW 1992, 2759, 2760.

56 BGH, 19.05.2005 – III ZR 437/04, NJW 2005, 2543.

57 BGH, 11.12.2003 – VII ZR 31/03, ZIP 2004, 315.

lastende Regelungen enthalten, geht von dem Klauselwerk ein Anschein aus, dass es zur Mehrfachverwendung bestimmt und nicht individuell ausgehandelt ist.[58] Diesen Anschein kann jedoch der Auftraggeber widerlegen.

Hinweis: 507

Wie bereits ausgeführt, sollte die Sicherungsabrede, die sich in AGB befindet, nunmehr auf den Inhalt geprüft werden. Oftmals beinhaltet sie unwirksame Abreden, die eine Bürgschafts-Inanspruchnahme gefährden könnten.

2. Bürgschaften auf erstes Anfordern

Sehr verbreitet im Bauwesen waren und sind teilweise noch Bürgschaften auf erstes Anfordern. Bei einer Bürgschaft auf erstes Anfordern kann der Auftraggeber den verbürgten Betrag sofort verlangen, ohne nachzuweisen, dass die durch die Bürgschaft gesicherte Hauptforderung besteht. Erst in einem langjährigen Prozess auf Rückzahlung müsste der Auftraggeber nachweisen, dass sein Zahlungsanspruch tatsächlich bestand. Während dieser Zeit hat der Bürge das Bonitätsrisiko des Auftraggebers zu tragen. 508

Um die auftretenden Risiken einer solchen Bürgschaft zu minimieren, hat sich die Rechtsprechung in den letzten Jahren gewandelt: 509

a) Vertragserfüllungsbürgschaften auf erstes Anfordern

Mit seiner Entscheidung aus dem Jahre 2002[59] stellte der BGH fest, dass eine Verpflichtung eines Bauunternehmers in AGB des Bestellers, zur Sicherung von Vertragserfüllungsansprüchen eine Bürgschaft auf erstes Anfordern zu stellen, unwirksam ist. 510

Dieses Urteil wurde wenige Monate später durch den BGH nochmals bestätigt.[60] Zugleich entschied dieser, dass der dadurch lückenhafte Vertrag ergänzend dahin gehend auszulegen sei, dass der Bauunternehmer eine unbefristete, selbstschuldnerische Bürgschaft schulde. Der BGH legte aber zugleich fest, 511

58 BGH, 26.02.2004 – VII ZR 247/02, ZIP 2004, 667.

59 BGH, 18.04.2002 – VII ZR 192/01, ZIP 2002, 1198.

60 BGH, 04.07.2002 – VII ZR 502/99, ZIP 2002, 1690; BGH, 13.11.2003 – VII ZR 371/01, BauR 2004, 500.

dass ein derartiger Vertrauensschutz nur in einer zeitlich begrenzten Übergangszeit gelten. Für Verträge, die nach Bekanntwerden dieser Entscheidung in den beteiligten Verkehrskreisen abgeschlossen werden und immer noch eine Vertragserfüllungsbürgschaft auf erstes Anfordern in ihren AGB verlangen, kommt diese ergänzende Vertragsauslegung nicht mehr in Betracht. Das Vertrauen ist nicht mehr schützenswert. Maßgeblicher Zeitpunkt ist der 31.12.2002.

512 Ferner stellte sich die Frage, ob solche Klauseln auch in AGB der Öffentlichen Hand unwirksam seien. Dies war lange Zeit unklar.

513 So entschied das **OLG Koblenz**,[61] dass eine Verpflichtung des Auftragnehmers, eine Bürgschaft auf erstes Anfordern zu stellen, in den AGB nicht gem. § 9 AGBG unwirksam ist, wenn es sich bei dem Verwender der Klausel um einen öffentlichen Auftraggeber handelt, weil in einem solchen Fall kein Insolvenzrisiko bestehe.

514 Diese Auffassung wurde von anderen Gerichten nicht geteilt. So urteilte das **KG Berlin**,[62] dass auch der öffentliche Auftraggeber mit dem Verlangen nach einer Bürgschaft auf erstes Anfordern sein berechtigtes Interesse an einer Sicherung überschreite und sich unberechtigt die Möglichkeit über liquide Mittel verschaffe. Auch für den öffentlichen Auftraggeber müsse daher gelten, dass das Verlangen nach einer Vertragserfüllungsbürgschaft auf erstes Anfordern wie bei privaten Auftraggebern eine unangemessene Benachteiligung des Auftragnehmers darstelle, die nach § 9 AGBG zur Unwirksamkeit der Klausel führe.

515 Der **BGH** hat diese Diskussion nunmehr beendet. Mit seinem Urteil[63] aus dem Jahre 2004 entschied er, dass die Verpflichtung eines Bauunternehmers, zur Sicherung von Vertragserfüllungsansprüchen eine Bürgschaft auf erstes Anfordern zu stellen, auch in AGB eines öffentlichen Auftraggebers unwirksam ist. Der Vertrag ist ergänzend dahin auszulegen, dass der Auftragnehmer eine unbefristete, selbstschuldnerische Bürgschaft schuldet (im Anschluss an BGH, 04.07.2002 – VII ZR 502/99, ZIP 2002, 1690, s. Rn. 511). Ferner stell-

---

61 OLG Koblenz, 08.11.2002 – 10 U 192/02, BauR 2003, 1239.

62 KG Berlin, 03.06.2003 – 21 U 135/02, BauR 2004, 510.

63 BGH, 25.03.2004 – VII ZR 453/02, ZIP 2004, 1004.

te er fest, dass die ergänzende Vertragsauslegung für Verträge, die nach dem 31.12.2002 geschlossen worden sind, nicht mehr in Betracht kommt.

> **Hinweis:**
>
> Das gilt auch für Verträge, bei denen ein öffentlicher Auftraggeber nicht beteiligt ist.

b) Gewährleistungs-/Mängelbürgschaften auf erstes Anfordern

Zu Gewährleistungs-/Mängelbürgschaften auf erstes Anfordern fällte der BGH[64] bereits im Jahre 1997 eine wichtige Entscheidung. Danach ist die Sicherungsabrede, in welcher geregelt ist, dass ein Gewährleistungseinbehalt nur durch eine Bürgschaft auf erstes Anfordern ablösbar ist und i.Ü. § 17 VOB/B ausgeschlossen ist, nach § 9 Abs. 1 AGBG (jetzt § 307 Abs. 1 Satz 1 BGB) unwirksam. Der BGH begründete seine Entscheidung damit, dass die Ausgestaltung dieses Austauschrechtes keine „faire Alternative“ darstellt. Der Auftraggeber kann danach als Bürgschaftsgläubiger den verbürgten Betrag sofort erlangen. Einwendungen – abgesehen von Missbrauchsfällen – können erst in einem langjährigen Rückforderungsprozess geltend gemacht werden. In dieser Zeit hat der Bürge in vollem Umfang das Risiko der Bonität des Auftraggebers zu tragen. 516

Es stellte sich sodann die Frage, ob die nunmehr entstandene Lücke durch eine ergänzende Vertragsauslegung, ähnlich wie bei Vertragserfüllungsbürgschaften auf erstes Anfordern, zu schließen ist. Diese Frage beantwortete der BGH mit seiner Entscheidung aus dem Jahre 2001.[65] Der BGH lehnte ausdrücklich ab, die wegen der Vereinbarung der Bürgschaft auf erstes Anfordern als einzige Austauschsicherheit unwirksame AGB-Klausel über den Sicherheitseinbehalt im Wege inhaltlicher Änderungen aufrecht zu erhalten. Als Begründung führte er u.a. die „geschlossene Konzeption“ des Sicherheitseinbehalts in den Bauverträgen an. Danach komme die Ersetzung der Bürgschaft auf erstes Anfordern durch eine einfache Bürgschaft nicht in Betracht, auch nicht unter Anwendung der Grundsätze zur Teilbarkeit von – teils – unwirksamen AGB-Klauseln. 517

64 BGH, 05.06.1997 – VII ZR 324/95, ZIP 1997, 1549.

65 BGH, 22.11.2001 – VII ZR 208/00, ZIP 2002, 166 = IBR 2002, 73.

518 Zugleich entschied der BGH, dass dem Auftragnehmer ein Anspruch auf Herausgabe der Bürgschaftsurkunde nach § 812 Abs. 1 Satz 1 BGB zusteht.

519 Mit einem weiteren Beschluss stellte der BGH[66] fest, dass eine Klausel in AGB des Auftraggebers, die einen Einbehalt zur Sicherung der Gewährleistungsansprüche vorsieht, der durch Bürgschaft auf erstes Anfordern abgelöst werden kann, auch dann unwirksam ist, wenn dem Auftragnehmer die Befugnis eingeräumt wird, die Hinterlegung des Sicherheitseinbehalts zu verlangen. Durch die Hinterlegung werde dem Auftragnehmer Liquidität entzogen. Ferner trage er das Bonitätsrisiko des Auftraggebers für die Dauer der Gewährleistungsfrist.

520 Unklarheiten bestanden, ob diese Rechtsprechung auch Anwendung findet, wenn es sich um einen **öffentlichen Auftraggeber** handelt.

521 So entschied das **OLG Rostock**[67] in einem Fall, in dem der öffentliche Auftraggeber drei Gewährleistungsbürgschaften auf erstes Anfordern durch AGB verlangte, dass diese Sicherungsabrede als unwirksam angesehen wird. Der Auftraggeber ist verpflichtet, die unwirksamen Bürgschaften auf erstes Anfordern Zug um Zug gegen Übergabe von unbefristeten, selbstschuldnerischen Bürgschaften herauszugeben.

522 Dagegen stellte das **OLG Hamm**[68] fest, dass eine AGB in einem Bauvertrag, die für Gewährleistungs- und Schadensersatzansprüche einen Sicherheitseinbehalt von 5 % vorsieht, der durch eine selbstschuldnerische Bürgschaft – nach dem Muster des Auftraggebers eine Bürgschaft auf erstes Anfordern – ersetzt werden kann, auch dann gem. § 9 i.V.m. § 24 AGBG unwirksam ist, wenn der Verwender ein öffentlich-rechtlicher Auftraggeber ist. Als Begründung führte das OLG Hamm an, auch wenn der Auftragnehmer nicht das Risiko trägt, dass der Auftraggeber in Insolvenz fällt, wird ihm durch die Verpflichtung eine Bürgschaft auf erstes Anfordern zu stellen, das Risiko des Liquiditätsentzuges aufgebürdet. Eine ergänzende Auslegung der Sicherungsabrede wurde abgelehnt.

---

66 BGH, 24.05.2007 – VII ZR 210/06, NJW-RR 2007, 1319.

67 OLG Rostock, 19.12.2002 – 4 W 43/02, BauR 2003, 928.

68 OLG Hamm, 01.07.2003 – 19 U 38/03, BauR 2003, 1720.

Der **BGH**[69] entschied das Problem mit seinem Urteil aus dem Jahre 2004 abschließend. Eine Klausel in AGB eines Bauvertrages, die vorsieht, dass ein Sicherheitseinbehalt von 5 % der Bausumme nur durch eine Bürgschaft auf erstes Anfordern abgelöst werden kann, ist auch in AGB eines öffentlichen Auftraggebers **unwirksam** (im Anschluss an BGH, 25.03.2004 – VII ZR 453/02, ZIP 2004, 1004). Eine derartige Klausel kann auch nicht in der Weise aufrechterhalten werden, dass der Auftragnehmer berechtigt ist, den Sicherheitseinbehalt durch eine selbstschuldnerische, unbefristete Bürgschaft abzulösen. 523

Diese zu Bürgschaften auf erstes Anfordern entwickelte Rechtsprechung hat sich auch in der VOB/B niedergeschlagen. In **§ 17 Nr. 4 Satz 2 VOB/B** heißt es nunmehr: „*Der Auftraggeber kann als Sicherheit keine Bürgschaft fordern, die den Bürgen zur Zahlung auf erstes Anfordern verpflichtet.*“ 524

3. Ausschluss der Rechte gem. § 768 BGB

Nach § 768 Abs. 1 Satz 1 BGB kann der Bürge die dem Hauptschuldner zustehenden Einreden geltend machen. In der Baubranche kommt es oftmals vor, dass in den Sicherungsabreden in AGB diese Einrede ausgeschlossen werden soll bzw. dem Auftragnehmer ein Bürgschaftsmuster vorgelegt wird, welches den Einschluss dieser Einrede beinhaltet. 525

In den letzten Jahren hat sich die Rechtsprechung mit diesem Problem ausgiebig befasst:

a) Ausschluss der Rechte aus § 768 BGB bei Bürgschaften auf erstes Anfordern

Der BGH hat mit Urt. v. 08.03.2001[70] zu Bürgschaften auf erstes Anfordern, in denen die Einrede des § 768 BGB ausgeschlossen ist, ganz klar folgende Aussage gemacht: 526

„*Nach der Rechtsprechung des VII. Zivilsenats des BGH führt der Verstoß gegen § 9 AGBG dazu, daß die Klausel insgesamt unwirksam ist und dem Sicherungsgeber ein Anspruch aus § 812 Abs. 1 Satz 1 BGB auf Rückgewähr der Bürgschaftsurkunde gegen den Gläubiger zusteht (BGHZ 136, 27, 30; […]).*

69 BGH, 09.12.2004 – VII ZR 265/03, NJW-RR 2005, 458.

70 BGH, 08.03.2001 – IX ZR 236/00, ZIP 2001, 833.

Dem ist zuzustimmen; die Bestimmung kann nicht mit der Maßgabe aufrechterhalten werden, daß der Auftragnehmer den Sicherheitseinbehalt durch Beibringen einer einfachen Bürgschaft ablösen darf.“

527 Der ständigen Rechtsprechung des BGH schließt sich u.a. das KG Berlin[71] an. In diesem Fall handelte es sich um eine Gewährleistungsbürgschaft auf erstes Anfordern unter Ausschluss der Einreden gem. §§ 768, 770, 771 und 776 BGB. Ebenso wie der BGH entschied das KG, dass eine Klausel in AGB, die vorsieht, dass von der Schlussrechnungssumme ein Gewährleistungseinbehalt in Abzug gebracht wird, der durch eine Bürgschaft auf erstes Anfordern abgelöst werden kann, unwirksam ist. Eine geltungserhaltende Reduktion dieser Klausel kommt anders als bei der Vertragserfüllungsbürgschaft, nicht in Betracht.

b) Ausschluss der Rechte des § 768 BGB bei einfachen Bürgschaften

528 Uneinigkeit bestand darüber, was mit einfachen Bürgschaften zu geschehen hat, bei denen die Einrede des § 768 BGB ausgeschlossen ist.

529 Der **BGH**[72] hat seine Meinung auch auf eine **einfache Bürgschaft** ausgedehnt. Demgemäß sind nach der st. Rspr. des BGH vorformulierte Klauseln, die das in § 768 BGB verankerte Akzessorietätsprinzip aushebeln, mit den wesentlichen Grundgedanken der gesetzlichen Regelung nicht vereinbar. Sie schränken die Rechte des Bürgen unangemessen ein und sind daher gem. § 9 AGBG unwirksam.

530 Dies bestätigte der BGH[73] nochmals in einem Urteil aus dem Jahre 2003, wonach die aus dem Akzessorietätsgrundsatz folgenden Einreden des Bürgen nach § 768 BGB weder bei einer Bürgschaft auf erstes Anfordern noch bei einer gewöhnlichen Bürgschaft wirksam ausgeschlossen werden können.

531 **Ungeklärt** ist bisher, ob bei der einfachen Bürgschaft die **gesamte Bürgschaft** unwirksam ist oder lediglich die **Klausel** zu § 768 BGB. Zu diesem Thema existieren unterschiedliche Meinungen in der Rechtsprechung:

---

71 KG Berlin, 18.10.2004 – 24 U 311/03, BauR 2005, 1067.

72 BGH, 01.10.2002 – IX ZR 443/00, ZIP 2002, 2125.

73 BGH, 03.04.2003 – IX ZR 287/99, ZIP 2003, 1033.

Das **OLG Frankfurt am Main**[74] stellt grundsätzlich fest, dass die Vereinbarung eines Verzichts des Bürgen auf die Rechte des § 768 BGB in Allgemeinen Geschäftsbedingungen unwirksam ist. Zugleich vertritt es aber die Auffassung, dass nicht die Sicherungsabrede als ganze hinfällig ist, sondern diese ohne die Vereinbarung des Verzichts als eine selbstschuldnerische Bürgschaft (ohne den Verzicht auf die Einrede des § 768 BGB) bestehen bleibt. So auch im Ergebnis das KG[75], welches keine Wirksamkeitsbedenken gegen die Sicherungsabrede hat. 532

A.A. sind dagegen das **OLG Saarbrücken**[76] und das **OLG München**[77]. Danach liegt in dem Ausschluss der Rechte nach § 768 BGB eine Abweichung von den wesentlichen Grundgedanken der gesetzlichen Regelung vor. Die bürgschaftsrechtliche Verpflichtung wird gerade durch die Abhängigkeit der Haftung vom Bestehen der Hauptschuld gekennzeichnet. Dieser Verstoß gegen § 307 BGB führt somit zur Gesamtnichtigkeit der Sicherungsabrede. Eine geltungserhaltende Reduktion dieser unwirksamen Klausel scheidet aus. 533

Diese Auffassung wird auch dadurch unterstützt, dass „die Klausel" die gesamte Bürgschaft darstellt, da diese insgesamt AGB ist. Anders wäre es nur, wenn Teile der Bürgschaft individuell ausgehandelt und nur ein gewisser Teil der Bürgschaft vorgegeben worden wäre. 534

4. Verjährung

Aufgrund der Neuregelungen der Schuldrechtsmodernisierung mit Wirkung zum 01.10.2002 beträgt die Verjährungsfrist statt 30 Jahren nur noch drei Jahre beginnend mit dem Schluss des Jahres, in dem der Anspruch aus der Bürgschaft entstanden ist und der Gläubiger von den den Anspruch begründenden Umständen und der Person des Schuldners Kenntnis erlangt oder ohne grobe Fahrlässigkeit erlangen müsste, § 195 BGB. 535

Maßgeblich für die Berechnung der Verjährungszeit ist zunächst, dass der Anspruch entstanden und auch fällig ist. Damit ist nicht das wirksame Bürgschaftsversprechen gemeint, also die Wirksamkeit der Bürgschaft selbst, son- 536

74 OLG Frankfurt a.M., 25.03.2008 – 10 U 147/07, IBR 2008, 326.

75 KG Berlin, 15.04.2008 – 21 U 181/06, IBR 2008, 513.

76 OLG Saarbrücken, 20.08.2008 – 1 U 511/07, IBR 2008, 650.

77 OLG München, 21.08.2007 – 9 U 4492/06, IBR 2008, 444.

dern vielmehr das Entstehen einer vom Bürgschaftsumfang gesicherten Forderung.

537 Wann die Verjährungsfrist bei Ansprüchen aus Bürgschaften zu laufen beginnt, war bis zur klärenden Entscheidung des BGH[78] strittig.

- Nach Auffassung des **OLG Köln**[79] begann die Verjährung des Bürgschaftsanspruchs, wenn der Gläubiger den Sicherungsfall gegenüber dem Auftragnehmer herbeiführt, d.h. den Anspruch zumindest teilweise beziffert.
- In der **Literatur**[80] und auch teilweise in der Rechtsprechung[81] wurde vertreten, dass die Verjährung beginnt, wenn der Gläubiger den Bürgen tatsächlich in Anspruch nimmt.
- Die überwiegende Meinung in der **Rechtsprechung**[82] tendierte in die Richtung, dass die Verjährungsfrist mit der Fälligkeit des Hauptanspruchs beginnt. Dies wurde damit begründet, dass der Anspruch aus einer Gewährleistungsfrist kein sog. verhaltener Anspruch ist, sodass eine Inanspruchnahme der Gewährleistungsbürgschaft für die Fälligkeit und den Beginn der Verjährungsfrist nicht erforderlich ist.

538 Der **BGH**[83] folgte der überwiegenden Meinung und stellte klar, dass die Fälligkeit der Forderung aus einer selbstschuldnerischen Bürgschaft mit der Fälligkeit der Hauptschuld eintritt und nicht von einer Leistungsaufforderung des Gläubigers abhängig ist. Eine Ausnahme besteht lediglich, sofern die Parteien eine andere Vereinbarung getroffen haben. Dies bedeutet im Ergebnis, dass die Verjährung von Bürgschaftsforderungen **mit der Fälligkeit der Hauptschuld** beginnt. Begründet wurde diese Entscheidung u.a. damit, dass dem Gläubiger nicht die Möglichkeit eröffnet werden kann, den Verjährungsbeginn und die Notwendigkeit verjährungsunterbrechender Maßnahmen beliebig hinauszuzögern.

---

78 BGH, 29.01.2008 – XI ZR 160/07, IBR 2008, 266.

79 OLG Köln, 14.12.2005 – 11 U 109/05.

80 Schulze-Hagen, BauR 2007, 170, 183 ff.

81 LG Wiesbaden, 10.05.2006 – 11 O 81/05, IBR 2006, 1514.

82 So OLG Hamm, 14.12.2006 – 23 U 16/06, BauR 2007, 1265; LG Dresden, 08.08.2007 – 8 O 3971/06, BauR 2007, 1782; LG Regensburg, 21.09.2006 – 1 O 487/06, IBR 2007, 78; KG Berlin, 24.10.2006 – 7 U 6/06, BauR 2007, 547; OLG Frankfurt am Main, 11.12.2007 – 10 U 154/06, BauR 2008, 567.

83 BGH, 29.01.2008 – XI ZR 160/07, IBR 2008, 266.

In einer weiteren Entscheidung legte der BGH[84] fest, dass diese Auffassung auch bei **Bürgschaften auf erstes Anfordern** Anwendung findet.

5. Nachträge

Oftmals stellt sich nach Abschluss des Bauvertrages oder durchgeführter Bauleistungen heraus, dass noch weitere bzw. abgeänderte Leistungen erbracht werden müssen. Diese Leistungen werden in zusätzlichen Vereinbarungen, sog. **Nachtragsvereinbarungen**, beschlossen. 539

In diesen Fällen stellt sich die Frage, ob bereits gelegte oder erhaltene Bürgschaften diese Nachträge ebenfalls umfassen. 540

Soweit die Nachträge in der Bürgschaft ausdrücklich aufgeführt sind oder bei Bestellung dieser bekannt waren,[85] ergeben sich keine Probleme, d.h. die Zusatzvereinbarungen werden von der Bürgschaft mit abgesichert. 541

Wenn Auftragnehmer und Auftraggeber ohne Informationen des Bürgen Nachträge in den Bauvertrag aufnehmen, kann sich nicht zugleich die Bürgenhaft ausdehnen. § 767 Abs. 1 Satz 3 BGB besagt: *Durch ein Rechtsgeschäft, das der Hauptschuldner nach der Übernahme der Bürgschaft vornimmt, wird die Verpflichtung des Bürgen nicht erweitert.* 542

Bereits Verlängerungen der Ausführungs-[86] sowie Gewährleistungsfristen,[87] Veränderungen der Abnahmemodalitäten[88] oder Nachträge aufgrund einseitiger Anordnungen nach § 1 Nr. 3, 4 VOB/B[89] können die Inanspruchnahme der vorliegenden Bürgschaft mit der Folge gefährden, dass der Bürge **leistungsfrei** wird. 543

Folglich ist jeweils zu prüfen, ob ausreichende Sicherheiten vorliegen. Im Bedarfsfall sollten neue Sicherungen für Nachträge verlangt bzw. das Einverständnis des Bürgen zu einer erweiterten Haftung eingeholt werden. Ferner sollten Zusatzvereinbarungen, die bei der Bestellung der Bürg- 544

84 BGH, 08.07.2008 – XI ZR 230/07, IBR 2008, 575.

85 OLG Brandenburg, 20.07.2005 – 4 U 177/04, IBR 2005, 588.

86 BGH, 27.01.2004 – XI ZR 111/03, BauR 2004, 1159.

87 LG Berlin, 19.12.2002 – 95 O 135/02, IBR 2003, 132.

88 OLG Hamburg, 04.05.1991 – 1 U 130/89, NJW-RR 1991, 1304.

89 OLG München, 23.03.2004 – 9 U 4089/03, BauR 2004, 1316.

schaft bereits bekannt sind, in die Bürgschaftsverpflichtung mit aufgenommen werden.

6. Sicherheitseinbehalt und Bürgschaft

545 Nach § 17 Nr. 3 VOB/B hat der Auftragnehmer die Wahl unter den verschiedenen Arten der Sicherheiten. Er kann eine Sicherheit durch eine andere ersetzen.

546 Sicherheiten sind, soweit im Vertrag nichts anderes vereinbart ist, nach § 17 Nr. 2 VOB/B der Einbehalt, die Hinterlegung von Geld sowie die Stellung einer Bürgschaft.

547 Dieses Austauschrecht ist ein vertragliches Gestaltungsrecht des Auftragnehmers, die Art der Sicherheitsgewährung im vorgegebenen Rahmen zu bestimmen und zu verändern. Der Auftraggeber hat kein Gegenrecht.[90]

548 Probleme bei der Inanspruchnahme der gelegten Bürgschaftsurkunde könnten auftreten, wenn der Auftraggeber zugleich im Besitz des Sicherheitseinbehaltes ist.

549 Nach **älterer Rechtsprechung des BGH**[91] konnte eine Inanspruchnahme der vorgelegten Bürgschaftsurkunde nicht mehr erfolgen, wenn der Auftraggeber sich weigert, den Geldeinbehalt auszuzahlen, obwohl diesem bereits eine entsprechende Bürgschaftsurkunde vorliegt. Vielmehr konnte die Bürgschaftsurkunde als ungerechtfertigte Bereicherung herausverlangt werden. Der BGH begründete dies damit, dass die Gestellung einer Bürgschaftsurkunde als Austauschrecht dahin auszulegen ist, dass sie unter der auflösenden Bedingung steht, der Auftraggeber werde seiner Verpflichtung zur effektiven Auszahlung eines Bareinbehaltes alsbald nachkommen. Verweigert dagegen der Auftraggeber die Barauszahlung, so tritt die auflösende Bedingung der Gestellung der Bürgschaft ein. Auch der Bürge konnte sich bei einer möglichen Inanspruchnahme darauf berufen, § 768 BGB.

90 BGH, 07.03.2002 – VII ZR 182/01, BauR 2002, 1543.

91 BGH, 03.07.1997 – VII ZR 115/95, NJW 1997, 2958.

In seiner **neueren Rechtsprechung** stellt der **BGH**[92] nunmehr fest, dass der Auftraggeber bei Legung einer Bürgschaftsurkunde zur alsbaldigen Auszahlung des Sicherheitseinbehaltes verpflichtet ist, soweit noch kein Sicherungsfall vorliegt. Die Auszahlungspflicht besteht auch weiterhin, wenn der Auftraggeber dieser nicht nachkommt und nunmehr ein Sicherungsfall eingetreten ist. Anders verhält es sich lediglich, wenn der Sicherungsfall bei Stellung der Bürgschaft bereits besteht. In diesem Fall kann der Auftraggeber zwischen Bürgschaft und Verwertung des Bareinbehaltes wählen. Erklärt sich der Auftraggeber gegenüber dem Auftragnehmer nicht unverzüglich, bleibt es beim Austauschrecht des Auftragnehmers. Klargestellt wurde ferner, dass „unverzüglich" dabei nicht einen Zeitraum von zwei Monaten umfasst. 550

Hinweis: Sicherheitseinbehalt und Sperrkonto 551

Soweit sich die Parteien für einen Einbehalt als Sicherheit entschieden haben, sind einige Besonderheiten zu beachten.

Der Auftraggeber hat den Sicherheitseinbehalt auf ein Sperrkonto des gemäß Bauvertrag vereinbarten Geldinstituts einzuzahlen. Dabei muss es sich um ein sog. „Und-Konto" handeln, d.h. über dieses Konto können beide Vertragspartner nur gemeinsam verfügen.[93] 552

Zudem muss der Auftraggeber binnen 18 Werktagen den Geldbetrag auf dieses Sperrkonto einzahlen. Gleichzeitig muss dieser veranlassen, dass dieses Geldinstitut den Auftragnehmer von der Einzahlung des Sicherheitsbetrages benachrichtigt. Erfolgt die Einzahlung nicht, ist dem Auftraggeber eine angemessene Nachfrist zur Einzahlung zu setzen. Wird innerhalb dieser Nachfrist die Einzahlung nicht vorgenommen, so wird der Sicherheitseinbehalt vorzeitig fällig und es kann die sofortige Auszahlung des einbehaltenen Betrages verlangt werden. Ansonsten ist keine andere Sicherheit mehr zu leisten, § 17 Nr. 6 Abs. 3 VOB/B. Dies bedeutet auch, dass weitere gestellte Sicherheiten zurück zu geben sind.[94] 553

Auf eine solche Nachfristsetzung zur Einzahlung kann verzichtet werden, wenn der Auftraggeber die Einzahlung auf ein Sperrkonto ernsthaft und 554

92 BGH, 13.09.2001 – VII ZR 467/00, NJW 2001, 3629; BGH, 07.03.2002 – VII ZR 182/01, BauR 2002, 1543; so auch OLG Hamm, 08.11.2005 – 21 U 84/05, BauR 2006, 851.

93 LG Leipzig, 20.04.2001 – 10 O 9711/00, BauR 2001, 1920.

94 BGH, 10.11.2005 – VII ZR 11/04, NJW 2006, 442.

endgültig verweigert.[95] In diesem Fall kann die sofortige Auszahlung des Einbehaltes verlangt werden.

555 In der **Insolvenz des Auftraggebers** spielt das Sperrkonto eine besondere Rolle. Soweit ein solches Konto nicht existiert, hat sich der Sicherheitseinbehalt mit dem Vermögen des Auftraggebers vermischt. Dies bedeutet: Es ist nicht individualisierbar und ein Aussonderungsrecht nach § 47 InsO ist zu verneinen. Der Auftraggeber könnte seine Forderung als „bloße" Forderung zur Insolvenztabelle anmelden, § 38 InsO.

556 Doch nicht jedes Sperrkonto ist **insolvenzfest** und gewährleistet einen Aussonderungsanspruch nach § 47 InsO. Befindet sich der Gewährleistungseinbehalt auf einem Sperrkonto, bei welchem der Auftraggeber als Kontoinhaber geführt wird und das dessen alleinige Verfügungsberechtigung nicht ausschließt, so besteht kein Anspruch auf Ab- oder Aussonderung nach §§ 84, 47 InsO.[96] Der bei diesem Konto vorhandene Sperrvermerk begründet lediglich einen schuldrechtlichen Anspruch, ist jedoch nicht insolvenzfest. Lediglich eine **dingliche Beschränkung** in Form eines **Und-Kontos** oder der **Verpfändung einer Guthabenforderung** gewährleisten eine insolvenzfeste Forderung des Auftragnehmers in der Insolvenz des Auftraggebers.

IV. § 648a BGB-Bürgschaft

1. Vorleistungspflicht des Unternehmers

557 Soll ein Auftragnehmer ein Bauwerk erstellen, ist der Auftraggeber der Werkleistung nach § 641 Abs. 1 BGB verpflichtet, die Vergütung bei Abnahme des Werks zu entrichten. Der Auftragnehmer muss also grds. seine Leistung erst in vollem Umfang erbringen, bevor er eine Gegenleistung erhält.

558 Der Auftragnehmer trägt damit bis zur Fertigstellung und Abnahme des Werkes das Insolvenzrisiko des Auftraggebers. Aber selbst in dem Fall, dass der Auftraggeber zahlungsfähig ist, besteht die Gefahr, dass dieser nicht zahlt und der Auftragnehmer gezwungen ist, seinen Anspruch gerichtlich geltend zu machen.

95 BGH, 26.06.2003 – VII ZR 281/02, BauR 2003, 1559.

96 OLG Dresden, 04.03.2004 – 13 U 1877/03, BauR 2004, 1310.

Aus diesem Grund kommt der Bauhandwerkersicherung nach § 648a BGB große Bedeutung zu. Der Auftragnehmer eines Bauwerks, einer Außenanlage oder eines Teils davon kann vom Auftraggeber für die von ihm zu erbringenden Vorleistungen bis zur Höhe des voraussichtlichen Vergütungsanspruchs sowie wegen der Nebenforderungen Sicherheit verlangen. Jedoch geht der Auftragnehmer mit diesem Verlangen das Risiko ein, vom Auftraggeber keine Folgeaufträge zu erhalten. 559

Als Sicherheit kommt dabei u.a. eine Bankbürgschaft in Betracht, §§ 648a Abs. 2, 232 ff. BGB. 560

Der Auftragnehmer muss die Bürgschaft nicht bereits bei Vertragsschluss fordern. Vielmehr kann er den Anspruch auch erst während der Vertragsdurchführung geltend machen. Nach Abnahme des Werks besteht keine Vorleistungspflicht mehr. Jedoch kann der Auftragnehmer zu diesem Zeitpunkt auch eine Bürgschaft verlangen, wenn der Auftraggeber noch Erfüllung, z.B. in Form von Mangelbeseitigungsmaßnahmen, verlangt.[97] Danach kann der Auftragnehmer eine Nachfrist zur Stellung einer Sicherheitsleistung mit der Erklärung setzen, dass er die Mangelbeseitigung ablehne, wenn die Sicherheit nicht fristgerecht geleistet wurde. Nach Ablauf der gesetzten Frist besteht keine Mangelbeseitigungspflicht seitens des Auftragnehmers. Vielmehr besitzt dieser nach §§ 645 Abs. 1 Satz 1, 648 Abs. 5 Satz 2 BGB einen um den mangelbedingten Minderwert gekürzten Vergütungsanspruch sowie Anspruch auf Ersatz des Vertrauensschadens. Macht der Auftragnehmer von diesem Recht keinen Gebrauch, kann der Auftraggeber dem Verlangen auf Zahlung des vollen Werklohns das gesetzliche Leistungsverweigerungsrecht entgegen halten. 561

2. Vergütungsanspruch und Nebenforderungen

Die Bürgschaft kann bis zur Höhe des voraussichtlichen Vergütungsanspruchs, der sich aus dem Vertrag oder einer nachträglichen Zusatzvereinbarung ergibt, verlangt werden, § 648a Abs. 1 Satz 2 BGB. Bei einem Pauschalvertrag entspricht die Höhe der Sicherheit dabei dem vereinbarten Preis. Bei einem Einheitspreisvertrag ist die Höhe des voraussichtlichen Vergütungsanspruchs durch Multiplikation der feststehenden Einheitspreise mit den geschätzten 562

97 BGH, 22.01.2004 – VII ZR 183/02, NJW 2004, 1525; BGH, 17.06.2004 – VII ZR 91/03, BauR 2004, 1453.

Abrechnungsmengen zu ermitteln. Bei einem Stundenlohnvertrag ist ferner der zu erwartende Arbeitsaufwand zu schätzen.

563 Außerdem sind etwaige Abschlagszahlungen, welche das Vorleistungsrisiko des Auftragnehmers minimieren, zu berücksichtigen. Verlangt der Auftragnehmer die Sicherheit erst, nachdem schon Arbeiten erbracht und Abschlagszahlungen geleistet wurden, so ist dies von vornherein bei der Ermittlung der Höhe der Sicherheitsleistung zu berücksichtigen.

564 Daneben ist zu beachten – soweit der Bürgschaftstext keine andere Auslegung erlaubt, dass keine Haftung des Bürgen für Nachträge besteht.[98]

565 Die Nebenforderungen sind nach § 648a Abs. 1 Satz 2 BGB mit 10 % des zu sichernden Vergütungsanspruchs anzusetzen. Dies beinhaltet Verzugszinsen, Mahnkosten, Bearbeitungsgebühren sowie Rechtsverfolgungskosten.[99] Bei einer Bürgschafts-Inanspruchnahme bzgl. der Nebenforderungen ist der Auftragnehmer nicht auf die 10 % des Vergütungsanspruches begrenzt, sondern kann, soweit nachgewiesen, die Bürgschaft in voller Höhe in Anspruch nehmen.

3. Anspruch auf Sicherheitsleistung

566 § 648a BGB begründet lediglich eine Obliegenheit des Auftraggebers, d.h. es besteht kein einklagbarer Anspruch auf die Stellung einer Sicherheit z.B. in Form einer Bürgschaft. Bringt der Auftraggeber die Sicherheitsleistung nach Aufforderung durch den Unternehmer innerhalb einer angemessenen Frist von sieben bis zehn Tagen[100] nicht bei, kann der Auftragnehmer die Arbeiten sofort einstellen, § 648a Abs. 1 Satz 1 BGB. Nach einer weiteren ergebnislosen Nachfristsetzung von mindestens drei bis vier Werktagen unter Ablehnungsandrohung kann er die Beendigung des Vertrags herbeiführen, § 648a Abs. 5 Satz 1 BGB. Der Vertrag gilt als aufgehoben, § 643 Abs. 1. BGB. Der Auftragnehmer wird damit von jeglicher Pflicht frei, den Vertrag zu erfüllen.[101]

98 KG Berlin, 09.01.2006 – 10 U 231/04, BauR 2007, 1760.

99 OLG Frankfurt am Main, 09.05.2007 – 15 U 11/07, BauR 2007, 1430.

100 BT-Drucks. 12/1836, S. 8; BGH, 31.03.2005 – VII ZR 346/03, NJW 2005, 1939.

101 BGH, 12.10.2006 – VII ZR 307/04, NJW 2007, 60.

Der Auftragnehmer kann in diesem Fall vom Auftraggeber seine zustehende Vergütung abzüglich des entstandenen Minderwertes oder der Kosten der Mangelbeseitigung, sofern diese möglich und zulässig war, verlangen. Der Vergütungsanspruch ist dabei ohne Abnahme fällig.[102] Ferner kann der Auftragnehmer Ersatz von Auslagen, die nicht in der Vergütung enthalten sind nach § 645 Abs. 1 BGB sowie Ersatz des Schadens, der ihm dadurch entstanden ist, dass er auf die Gültigkeit des Vertrags vertraut hat, verlangen. 567

4. Insolvenz des Auftraggebers

In der Insolvenz des Auftraggebers kommt dieser Sicherheit eine besondere Rolle zu. Der Auftragnehmer kann seinen Werklohnanspruch direkt gegenüber dem Bürgen geltend gemacht und muss ihn nicht als „bloße" Insolvenzforderung zur Insolvenztabelle anmelden. 568

Bei einer nach § 648a BGB gelegten Bürgschaft ist jedoch zu beachten, dass der Bürge nur Zahlungen vornehmen darf, wenn der Auftraggeber den Vergütungsanspruch des Auftragnehmers anerkannt hat oder durch ein vorläufiges vollstreckbares Urteil zur Zahlung der Vergütung verurteilt worden ist und die Voraussetzungen vorliegen, unter denen die Zwangsvollstreckung erfolgen darf, § 648a Abs. 2 Satz 2 BGB. Im Insolvenzfall des Auftraggebers bedeutet dies, dass auch der Insolvenzverwalter, auf welchen nach § 80 Abs. 1 InsO die vermögensbezogenen Rechte des Hauptschuldners übergegangen sind, den Vergütungsanspruch anerkennen kann. 569

Da es grds. schwer ist, vom Insolvenzverwalter ein solches Anerkenntnis zu erlangen, sollte die Forderung zur Insolvenztabelle angemeldet werden, denn eine dortige Feststellung stellt ein Anerkenntnis i.S.d. § 648a BGB dar.[103] 570

Muster für eine Bürgschaft gem. § 648a BGB 571

Bürgschaftsurkunde Nr. .....

Die Firma *(Name, Anschrift)*

– nachfolgend Auftraggeber genannt –

und

102 KG Berlin, 01.02.2007 – 27 U 56/04, BauR 2007, 1746.

103 OLG Naumburg, 27.04.2007 – 2 U 5/07, IBR 2007, 423.

die Firma *(Name, Anschrift)*

– nachfolgend Auftragnehmer genannt –

haben am ..... einen Vertrag über die Durchführung folgender Arbeiten geschlossen:

Bauvorhaben *(Bezeichnung)*.

Gemäß § 648a BGB hat der Auftraggeber für den Vergütungsanspruch des Auftragnehmers Sicherheit zu leisten.

Dies vorausgeschickt, übernehmen wir,

die *(Name, Anschrift des Bürgen)*

hiermit gegenüber dem Auftragnehmer die selbstschuldnerische Bürgschaft unter der Voraussetzung des § 648a BGB für den Vergütungsanspruch des Auftragnehmers aus dem oben genannten Vertrag bis zu einem Betrag in Höhe von

..... €

(Betrag in Worten).

Gemäß § 648a Abs. 2 BGB können wir Zahlungen an den Auftragnehmer erst leisten, wenn der Auftraggeber den Vergütungsanspruch anerkannt hat oder durch vorläufig vollstreckbares Urteil zur Zahlung der Vergütung verurteilt worden ist und die Voraussetzungen vorliegen, unter denen die Zwangsvollstreckung begonnen werden darf.

Die Verpflichtungen aus der Bürgschaft enden, wenn die Forderung erlischt oder wenn uns die Original-Bürgschaftsurkunde zurückgegeben wird.

Gemäß § 648a Abs. 1 Satz 3 BGB sind wir im Fall einer wesentlichen Verschlechterung der Vermögensverhältnisse des Auftraggebers berechtigt, dieses Bürgschaftsversprechen mit Wirkung für die Vergütungsansprüche aus Bauleistungen zu widerrufen, die der Auftragnehmer bei Zugang der Widerrufserklärung noch nicht erbracht hat.

Gerichtsstand ist *(Bezeichnung)*.

Ort, Datum

Unterschrift

V. Rückgabe der Bürgschaftsurkunden

Grds. besteht die Pflicht des Auftraggebers, eine nicht verwertete Sicherheit herauszugeben. Nach § 17 Nr. 8 Abs. 1 Satz 1 VOB/B sind Sicherheiten zur Vertragserfüllung zum vereinbarten Zeitpunkt, spätestens nach Abnahme und Stellung der Sicherheit für Mängelansprüche zurückzugeben. Bei Sicherheiten zu Mängelansprüchen hat eine Rückgabe nach Ablauf von zwei Jahren, sofern kein anderer Rückgabezeitpunkt vereinbart worden ist, zu erfolgen, § 17 Nr. 8 Abs. 2 Satz 1 VOB/B. 572

Strittig ist, ob die Bürgschaften direkt an den **Auftragnehmer** oder die verbürgende **Bank herauszugeben** sind. 573

Nach Ansicht des **OLG München**[104] ist die Bürgschaftsurkunde an den Auftragnehmer herauszugeben. Dies wird damit begründet, dass auch nach Herausgabe der Urkunde an den Auftragnehmer keine Gefahr bestehe, dass der Bürge nunmehr in Anspruch genommen würde. Dieser kann die Einrede der §§ 273, 371 BGB (Zahlung nur gegen Herausgabe der Urkunde) erheben. Außerdem sei die Sicherungsabrede zwischen dem Auftraggeber und Auftragnehmer vereinbart worden. Eine Rückgabe der Urkunde sei daher an Denjenigen zu erfolgen, der diese auch geleistet habe. 574

Diese Entscheidung wurde jetzt vom **BGH** bestätigt.[105] Der **VII. Senat** weist aber darauf hin, dass dies für VOB/B-Verträge gilt, in denen § 17 Nr. 8 Satz 1 VOB/B 1998 regelt, dass der Anspruch auf Herausgabe der Bürgschaft an den Auftragnehmer erfolgen muss. Aus der Entscheidung ergibt sich, dass durch diese besondere bauvertragliche Regelung die Alternative „Herausgabe der Bürgschaft an den Bürgen mit der Erklärung, aus der Bürgschaft keine Rechte mehr geltend zu machen“ nicht ausgeschlossen sein soll.[106] 575

Dieser Auffassung schließen sich der **XII. Senat des BGH**[107] und **andere OLG**[108] nicht an. Danach ist die Bürgschaftsurkunde an den Bürgen herauszugeben, § 371 BGB. 576

104 OLG München, 26.06.2007 – 13 U 5389/06, BauR 2007, 1617.

105 BGH, 09.10.2008 – VII ZR 227/07, noch nicht veröffentlicht.

106 Schmitz, in IBR-Werkstattbeitrag 2008 zu dieser Entscheidung.

107 BGH, 14.07.2004 – XII ZR 352/00, NJW 2004, 3553, 3555.

108 OLG Naumburg, 07.12.2005 – 6 U 105/05; OLG Düsseldorf, 19.06.2002 – 19 U 37/01, BauR 2002, 1714; OLG Oldenburg, 10.02.2004 – 2 U 94/03, BauR 2004, 1464.

577 **Hinweis:**

Der XII. Senat hat für einen Mietrechtsfall[109] entschieden, dass die Urkunde an den Bürgen herauszugeben ist. Für einen VOB/B-Bauvertrag entschied der VII. Senat[110], dass die Herausgabe an den Auftragnehmer geschuldet ist. Zur Vermeidung von Risiken dürfte nach wie vor die Herausgabe der Originalbürgschaftsurkunde an den Bürgen am sichersten sein, unter Beifügung einer Enthaftungserklärung und bei gleichzeitiger Information an den Auftragnehmer.

578 Es ist unklar, ob im Fall der Insolvenz des Auftraggebers die **Herausgabe der Bürgschaftsurkunde im Original** geschuldet ist.

579 Nach der Ansicht des OLG München[111] kann der Auftragnehmer vom Insolvenzverwalter nicht die Herausgabe der Bürgschaftsurkunde verlangen. Der Auftragnehmer kann lediglich verlangen, dass der Insolvenzverwalter eine Erklärung abgibt, wonach Ansprüche aus der Bürgschaft nicht bestehen.

580 Dagegen bejaht das OLG Brandenburg[112] einen Anspruch des Auftragnehmers gegen den Insolvenzverwalter auf Herausgabe der Originalbürgschaftsurkunde, da die Bürgschaft nur noch eine wirtschaftlich wertlose Formalposition darstellt. Eine Verweigerung des Insolvenzverwalters, sie heraus zu geben, würde sodann eine unzulässige Rechtsausübung, gem. § 242 BGB, darstellen.

581 Um Unklarheiten zu vermeiden, sollte der Insolvenzverwalter versuchen, die Originalbürgschaftserklärung herauszugeben. Liegt diese nicht mehr vor, muss eine entsprechende Enthaftungserklärung nach dem folgenden Muster abgegeben werden.

109 BGH, 14.7.2004 – XII ZR 352/00, NJW 2004, 3553, 3555, s. Rn. 576.

110 BGH, 09.10.2008 – VII ZR 227/07, noch nicht veröffentlicht, s. Rn. 575.

111 OLG München, 19.11.1997 – 27 U 177/97, NJW-RR 1998, 992.

112 OLG Brandenburg, 01.09.1998 – 11 U 252/97, ZIP 1999, 116.

Muster für eine Enthaftungserklärung 582

Enthaftungserklärung für den Bürgen

Bürge *(Name, Anschrift)*

Vertragserfüllungsbürgschaft vom ..... *(Datum)*

Bürgschafts-Betrag ..... €

Auftraggeber/Begünstigter *(Name, Anschrift)*

Auftragnehmer *(Name, Anschrift)*

Bauvorhaben *(Bezeichnung)*

Sehr geehrte Damen und Herren,

die Bürgschaftsverpflichtung für das oben genannte Bauvorhaben ist erloschen. Da die hierfür von Ihnen erstellte Bürgschafts-Erklärung nicht mehr vorliegt, kann ich diese nicht zurückreichen.

Ich bestätige Ihnen daher hiermit, dass die Rechte aus oben genannter Bürgschaft und dem ihr zugrunde liegenden Vertrag von mir nicht an Dritte abgetreten wurden. Ich werde in meiner Eigenschaft als Insolvenzverwalter über das Vermögen der *(Bezeichnung)* somit aus dieser Bürgschafts-Erklärung keine Rechte und Ansprüche gegen Sie geltend machen.

Mit freundlichen Grüßen

(Unterschrift)

Ort, Datum

J. Insolvenz und Rechtsstreite

Im Insolvenzverfahren muss sich der Insolvenzverwalter mit diversen Rechtsstreiten auseinandersetzen. Problematisch sind insbes. die Fälle, in denen der Schuldner die Verfahren begonnen hat. Hier muss sich der Insolvenzverwalter unverzüglich einen Überblick über den Sachverhalt sowie die Erfolgsaussichten dieser Verfahren verschaffen, um dann entscheiden zu können, ob eine Weiterführung lohnenswert ist. Auch spielt die Frage der Verfahrenskosten eine wesentliche Rolle. Dieser Abschnitt soll einen kurzen Überblick über die wesentlichen Rechtsstreite im Insolvenzverfahren und deren Besonderheiten verschaffen. 583

I. Prozessunterbrechung gem. § 240 ZPO

Mit Eröffnung des Insolvenzverfahrens verliert der Schuldner gem. § 80 Abs. 1 InsO die Verwaltungs- und Verfügungsbefugnis über sein Vermögen. Dies gilt ebenso für den Verlust des Prozessführungsrechts in Rechtsstreitigkeiten, die die Insolvenzmasse betreffen. Die Prozessführungsbefugnis geht auf den Insolvenzverwalter über. Ferner ergeben sich die prozessualen Folgen des Verlustes der Prozessführungsbefugnis des Schuldners aus § 240 ZPO. Nach § 240 Satz 1 ZPO wird ein gerichtliches Verfahren im Fall der Eröffnung des Insolvenzverfahrens über das Vermögen einer Partei kraft Gesetzes unterbrochen. Dabei spielt es keine Rolle, welche der Parteien in Insolvenz gefallen ist. Die Verfahrensunterbrechung setzt voraus, dass der Prozess die Insolvenzmasse betrifft. Prozesse, die nicht vermögensrechtliche Streitigkeiten oder das insolvenzfreie Vermögen des Schuldners betreffen, werden nicht unterbrochen. 584

Auch vor der Eröffnung des Insolvenzverfahrens kann es zur Unterbrechung nach § 240 Satz 2 ZPO kommen, wenn die Verwaltungs- und Verfügungsbefugnisse über das Vermögen des Schuldners auf einen vorläufigen Insolvenzverwalter übergegangen sind und das Insolvenzgericht dem Schuldner ein allgemeines Verfügungsverbot auferlegt hat, § 22 Abs. 1 Satz 1 InsO. Dafür reicht die Auferlegung des Zustimmungsvorbehalts nach § 21 Abs. 2 Nr. 2 Fall 2 InsO nicht aus. 585

Folge der Unterbrechung gem. § 240 Satz 2 ZPO ist, dass der Lauf einer jeden Frist aufhört. Die Frist beginnt nach Beendigung der Unterbrechung neu, § 249 586

Abs. 1 ZPO. Ferner sind sämtliche Prozesshandlungen gegenüber einer Partei während der Unterbrechung ohne rechtliche Wirkung, § 249 Abs. 2 ZPO. Die Unterbrechung endet, bis der Prozess entsprechend der insolvenzrechtlichen Vorschriften aufgenommen wird oder das Insolvenzverfahren beendet ist, d.h. der Schuldner seine Prozessführungsbefugnis wieder erlangt.

587 Aufgrund der Eröffnung des Insolvenzverfahrens erlischt ferner die Prozessvollmacht des Rechtsanwaltes, § 87 ZPO.

II. Ausnahme: Selbstständige Beweisverfahren

588 Der BGH hat in seinem Urt. v. 11.12.2003[113] zutreffend entschieden, dass § 240 ZPO auf selbstständige Beweisverfahren nicht anwendbar ist. In der Zeit vor dieser Entscheidung haben die Gerichte hierzu unterschiedliche Entscheidungen getroffen, teilweise wurde eine Unterbrechung angeordnet, teilweise das selbstständige Beweisverfahren weitergeführt.

589 Die Unterbrechung steht im Widerspruch zum Sinn des selbstständigen Beweisverfahrens: Dieses soll es dem Antragsteller ermöglichen, Beweise schnell und ohne Zustimmung des Gegners zu sichern, wenn der Verlust oder die erschwerte Benutzung eines Beweismittels zu besorgen ist. Außerdem können im Rahmen eines Beweisverfahrens Vorfragen für die Beurteilung eines Anspruchs geklärt werden, der später im Rechtsstreit endgültig zu entscheiden ist. Mit dem Beweisverfahren wird daher eine schnelle Feststellung und Sicherung der Beweise angestrebt. Das zweite Ziel, Vergleiche zwischen den Parteien zu fördern, wird im Insolvenzfall weniger erfolgreich sein. Der Insolvenzverwalter muss sich in die Sach- und Rechtsfragen einarbeiten, er wird selten einen schnellen Vergleich abschließen.

590 Nach Insolvenzeröffnung wird das selbstständige Beweisverfahren weitergeführt, das Gericht wird lediglich das Rubrum berichtigen und den Insolvenzverwalter statt der insolventen Partei aufnehmen. Erklärungen muss der Insolvenzverwalter nicht abgeben.[114]

113 BGH, 11.12.2003 – VII ZB 14/03, ZInsO 2004, 85 = ZIP 2004, 186.

114 Schmitz, Die Bauinsolvenz, Rn. 891.

1. Verhalten des Insolvenzverwalters

Der Insolvenzverwalter kann an dem Beweisverfahren passiv teilnehmen, d.h. keine Stellungnahme abgeben, keine Ergänzungsfragen an den Sachverständigen richten sowie keine Kostenvorschüsse an das Gericht zahlen. Dazu ist der Insolvenzverwalter auch nicht verpflichtet. 591

Er kann aber das Beweisverfahren auch aktiv betreiben, an Terminen teilnehmen, dem Gutachter Fragen stellen und im Verfahren Stellungnahmen abgeben. Er wird sich für die aktive Teilnahme entscheiden, wenn er eine begründete Forderung, die ggf. auch zur Insolvenztabelle angemeldet wurde, widerlegen kann, wenn er eine Forderung durchsetzen und die Gegenforderungen zu Fall bringen kann, bspw. Mängeleinwände gegenüber einer unstreitigen Forderung aus einer Schlussrechnung für ein Bauvorhaben. Letztendlich kann er am Beweisverfahren aktiv teilnehmen, wenn er bspw. aufgrund eines Avalmanagementvertrags die Inanspruchnahme einer Bürgschaft verhindern bzw. minimieren oder eine überhöhte Forderungsanmeldung zur Tabelle durch seine aktive Teilnahme reduzieren kann. 592

Ist über das Vermögen des Auftraggebers des Bauvertrages das Insolvenzverfahren eröffnet und hat er das Beweisverfahren gegen den Auftragnehmer eingeleitet, wird der Insolvenzverwalter das Verfahren weiter betreiben, wenn er anschließend Forderungen durchsetzen kann. Er wird dann auch die Kosten für den Sachverständigen übernehmen, wenn seine angestrebte höhere durchsetzbare Forderung dies rechtfertigt. 593

2. Kostenfolgen

Soweit das Beweisverfahren für den Insolvenzverwalter erfolgreich endet, wird dieser gegenüber dem Verfahrensgegner einen entsprechenden Kostenerstattungsanspruch geltend machen. 594

Hinweis:

Zu beachten ist, dass im Beweisverfahren grds. keine Kostenentscheidung ergeht, sondern über die Kosten erst in dem anschließenden Klageverfahren entschieden wird. Da der unterlegene Gegner kein Klageverfahren anstreben wird, kann der Insolvenzverwalter, soweit er selbst kein Hauptverfahren einleitet, seine Kosten nach § 494a ZPO geltend machen.

Danach wird das Gericht auf Antrag des Insolvenzverwalters eine Frist zur Klageerhebung durch den Verfahrensgegner festsetzen. Kommt der Verfahrensgegner dieser Aufforderung nicht nach, hat er die anschließend festgesetzten Kosten zu tragen. Anzumerken ist ferner, dass es sich aufgrund des Insolvenzverfahrens bei der einzureichenden Klage nicht um eine Zahlungsklage, sondern lediglich um eine Klage auf Feststellung zur Insolventztabelle nach §§ 174 ff. InsO handeln kann.

595 Soweit dagegen das Beweisverfahren für den Insolvenzverwalter nicht erfolgreich endet, ist zu beachten, dass trotz der Weiterführung des Verfahrens durch den Insolvenzverwalter keine Masseverbindlichkeiten begründet wurden.[115] Sollte der Verfahrensgegner seine Forderung bspw. nicht durch eine Bürgschaft abgesichert haben, besitzt dieser lediglich eine Insolvenzforderung.

III. Aktivprozesse, § 85 InsO

596 Bei Verfahren, welche nach § 240 ZPO unterbrochen waren, besteht nunmehr die Möglichkeit, dass der Insolvenzverwalter Aktivprozesse aufnehmen kann. Darunter fallen alle Verfahren, in denen der Schuldner bis zur Unterbrechung einen Anspruch verfolgte, der im Fall des Obsiegens die Verteilungsmasse vergrößert (sog. **Teilungsmassestreitigkeit**). Dabei ist unbeachtlich, ob der Schuldner Kläger oder Beklagter ist. Grds. handelt es sich dabei um Prozesse, in dem der Schuldner klageweise einen Anspruch geltend gemacht hat. Ferner kann es sich jedoch auch um solche Prozesse handeln, bei denen der Schuldner aufgrund eines vorläufig vollstreckbaren Urteils an den Gegner einen Betrag gezahlt hat und nunmehr in der nächsten Instanz geprüft werden soll, ob der Gegner diesen Betrag behalten darf oder zur Insolvenzmasse zurückerstatten muss.[116]

597 Zunächst liegt es allein im pflichtgemäßen Ermessen des Insolvenzverwalters, ob er einen unterbrochenen Aktivprozess aufnimmt. Dabei hat er die Erfolgsaussichten des Verfahrens sowie die wirtschaftlichen Vor- und Nachteile einer Fortsetzung für die Masse zu prüfen. Insbes. muss der Insolvenzverwalter berücksichtigen, dass im Fall des Unterliegens die gesamten Kosten

115 OLG Dresden, 11.04.2002 – 3 W 0426/02 und 3 W 426/02, ZInsO 2002, 883 = NZI 2002, 688.

116 BGH, 27.03.1995 – II ZR 140/93, ZIP 1995, 643, 644.

des Verfahrens, d.h. auch Kosten vor Eröffnung des Insolvenzverfahrens, als Masseschuld, § 55 Abs. 1 Nr. 1 bzw. Abs. 2 InsO an den Gegner bzw. das Gericht zu zahlen sind.[117]

Ferner hat er die Zustimmungsbedürftigkeit durch den **Gläubigerausschuss** zu beachten, § 160 Abs. 3 InsO. Diese ist dann erforderlich, wenn ein Rechtsstreit mit einem erheblichen Streitwert aufgenommen oder die Aufnahme eines solchen Rechtsstreites abgelehnt werden soll. Die Höhe des Streitwertes ist im Verhältnis zur Insolvenzmasse i.Ü. zu sehen. Nimmt der Insolvenzverwalter zustimmungspflichtige Rechtshandlungen i.S.d. § 160 InsO vor und unterlässt er es schuldhaft, die Zustimmung einzuholen oder rechtzeitig einzuholen, sind die Rechtshandlungen im Außenverhältnis trotzdem wirksam, vgl. § 164 InsO. Für den Insolvenzverwalter besteht in solchen Fällen die Gefahr der Haftung nach § 60 InsO. Darüber hinaus kommen aufsichtsrechtliche Maßnahmen des Gerichtes nach §§ 58 f. InsO in Betracht. 598

Soweit sich der Insolvenzverwalter für die Aufnahme des Prozesses entschieden, hat diese durch Zustellung eines bei Gericht einzureichenden Schriftsatzes zu erfolgen, § 250 ZPO. Ist die Unterbrechung beendet, beginnen sämtliche Rechtsmittelfristen von Neuem zu laufen, § 249 Abs. 1 ZPO. Ferner ist der Insolvenzverwalter an alle Rechtshandlungen, die vor der Unterbrechung erfolgt sind, gebunden. Der Rechtsstreit wird folglich in der Lage fortgesetzt, in der er sich zum Zeitpunkt der Unterbrechung befand. Er besitzt alle Rechte, die dem Schuldner vormals zugestanden haben. Von Vorteil ist, dass er vom Schuldner vorgenommene Rechtshandlungen, z.B. Verzichte, Vergleiche entsprechend den Voraussetzungen der §§ 129 ff. InsO anfechten kann. Seine Rechtshandlungen und die ergehenden Urteile verpflichten den Schuldner bzw. die Insolvenzmasse. 599

Hinweis: 600

Zu beachten ist, dass der Insolvenzverwalter die Aufnahme des Prozesses nicht verzögern darf. Jedoch muss ihm eine gewisse Überlegungs- und Einarbeitungszeit bewilligt werden. Verzögert der Insolvenzverwalter, so kann der Gegner die Anberaumung eines Termins zur Verhandlung beantragen, § 85 Abs. 1 Satz 2 InsO i.V.m. § 239 Abs. 2 bis 4 ZPO.

---

117 So OLG Bremen, 02.05.2005 – 2 W 29/2005, 2 W 29/05, ZInsO 2005, 1219; a.A. Teilbarkeit Uhlenbruck/Richter, ZIP 2001, 1988.

601 Lehnt dagegen der Insolvenzverwalter die Aufnahme des Prozesses ab, so können der Schuldner und auch der Gegner den Rechtsstreit aufnehmen, § 85 Abs. 2 InsO. Die Prozessführungsbefugnis fällt in diesem Fall an den Schuldner zurück.[118] Die Ablehnung kann der Insolvenzverwalter als formlose Erklärung gegenüber dem Schuldner oder dem Gegner erklären und gilt zugleich als Freigabe des Streitgegenstandes.[119] In diesen Fällen endet die Unterbrechung des Verfahrens nicht schon mit der Erklärung des Insolvenzverwalters, sondern erst mit der Aufnahme des Verfahrens durch den Schuldner oder den Gegner.[120] Was der Schuldner durch diesen Rechtsstreit erlangt, stellt massefreies Vermögen dar. Verliert der Schuldner, hat er die gesamten Verfahrenskosten zu tragen. Diese Kosten können durch den Gegner nicht zur Insolvenztabelle angemeldet werden.

IV. Passivprozesse, § 86 InsO

602 § 86 InsO regelt die Aufnahme bestimmter Passivprozesse, nämlich solcher, in denen über vorgelagerte Aus- und Absonderungsrechte bzw. Masseverpflichtungen nach § 55 InsO gestritten und bei denen bei einem Obsiegen des Klägers die Teilungsmasse gemindert wird (sog. **Teilungsmassegegenstreit**). Davon zu differenzieren ist der auf schlichte Insolvenzforderungen gem. §§ 38, 39 InsO bezogene sog. **Schuldenmassestreit**; er wird durch die §§ 87, 180 InsO vollkommen eigenständig geregelt.

603 Unter den Aussonderungsrechten nach § 86 Abs. 1 Nr. 1 InsO sind bspw. Eigentumsherausgabeklagen nach § 985 BGB sowie Klagen auf Grundbuchberichtigung aus Eigentum zu verstehen.

604 Absonderungsstreitigkeiten gem. § 86 Abs. 1 Nr. 2 InsO betreffen Pfandrechts- sowie sonstige nach §§ 50 f. InsO gleichgestellte Rechtspositionen. Dazu gehören Klagen auf Duldung der Immobiliarzwangsvollstreckung, § 1147 BGB, sowie auch die Streitigkeiten über den Bestand und die Reichweite einer Sicherungsübereignung bzw. Sicherungszession, § 51 Abs. 1 Nr. 1 InsO. Hier muss jedoch der Gegner die Verwertungsbefugnis des Insolvenzverwalters nach §§ 165 f. InsO beachten und seinen Klageantrag entsprechend abändern.

118 BGH, 08.06.2004 – IX ZR 281/03, ZInsO 2004, 858 = ZIP 2004, 2024.

119 RG, RGZ 127, 197, 200.

120 BGH, 05.11.1987 – VII ZR 208/87, ZIP 1988, 446.

Masseverbindlichkeitsstreitigkeiten nach § 86 Abs. 1 Nr. 3 InsO bilden den Ausnahmefall, da i.d.R. lediglich sog. schwache vorläufige Insolvenzverwalter durch die Gerichte bestellt werden und diese keine Masseverbindlichkeiten nach § 55 InsO begründen können. Relevante Fälle können u.a. dann auftreten, wenn der Insolvenzverwalter gem. § 103 InsO die Vertragserfüllung wählt und die Leistungen nicht nach § 105 Abs. 1 Satz 1 InsO teilbar sind. 605

Die Aufnahme durch den Insolvenzverwalter hat auch hier nach § 250 ZPO zu erfolgen. Ferner hat dieser die Zustimmungserfordernisse nach § 160 InsO zu beachten. 606

Anders als bei § 85 InsO wird hier neben dem Insolvenzverwalter auch dem Gegner das Recht zugestanden, einen Passivprozess aufzunehmen. Dies bedeutet, dass der Gegner nicht die Entscheidung des Insolvenzverwalters abwarten muss, sondern zu jeder Zeit die Aufnahme erklären kann. Dies bedeutet aber auch, dass der Insolvenzverwalter, anders als bei § 85 InsO, sich nicht gegen die Fortsetzung des Prozesses wehren kann. Ihm verbleiben lediglich zwei Möglichkeiten: Zunächst kann er die Klageforderung sofort anerkennen, um weitere Kosten zu vermeiden. Handelt es sich dabei um ein sofortiges Anerkenntnis nach § 93 ZPO, welches unverzüglich nach Aufnahme des Rechtsstreites, spätestens in der ersten mündlichen Verhandlung vor Antragstellung abgegeben wird, so fallen die Kosten dem Kläger zur Last. Handelt es sich dagegen nicht um ein sofortiges Anerkenntnis, so kann der obsiegende Kläger seinen Kostenerstattungsanspruch lediglich als Insolvenzforderung nach § 86 Abs. 2 InsO geltend machen. Als weitere Möglichkeit verbliebe dem Insolvenzverwalter lediglich die Erklärung der Freigabe des streitbefangenen Gegenstandes. Der Schuldner erlangt somit die Klagebefugnis zurück und hat als Beklagter den Prozess fortzuführen. 607

V. Sonstige Passivprozesse, § 87 InsO

Eine Aufnahme anderer Passivprozesse, welche in § 86 InsO keine Erwähnung gefunden haben, ist nicht möglich. Vielmehr besagt § 87 InsO, dass die Insolvenzgläubiger ihre Forderungen nach den Vorschriften über das Insolvenzverfahren verfolgen können. 608

Insolvenzgläubiger sind die persönlichen Gläubiger des Schuldners, die einen z.Zt. der Eröffnung des Insolvenzverfahrens begründeten Vermögensanspruch gegen den Schuldner besitzen, § 38 InsO. 609

610 Dies bedeutet, dass diese Gläubiger ihre Forderungen zunächst schriftlich zur Insolvenztabelle anmelden müssen, § 174 Abs. 1 InsO. Dabei sind Grund und Höhe der Forderung anzugeben. Sollte diese Forderung bzw. ein Teil von ihr im Prüfungstermin bestritten werden, besitzen sie nunmehr die Möglichkeit, den unterbrochenen Rechtsstreit wieder aufzunehmen, § 180 Abs. 2 InsO.[121] Zu beachten ist dabei, dass der Kläger seinen Klageantrag auf Feststellung der Forderung umstellen muss, § 184 Satz 2 InsO. Die vor der Unterbrechung entstandenen Kosten eines Rechtsstreites stellen dabei nur Insolvenzforderungen dar.[122]

611 Waren die streitgegenständlichen Forderungen aber noch nicht bei Gericht anhängig, kann der Gläubiger Klage auf Feststellung der Forderung zur Insolvenztabelle im ordentlichen Verfahren erheben, § 180 Abs. 1 InsO.

VI. Anfechtungsklagen, §§ 129 ff. InsO

612 Eine wichtige Aufgabe des Insolvenzverwalters ist die Ausübung des Anfechtungsrechtes, §§ 129 ff., 92 InsO. Ziel der Anfechtung ist es, eine gleichmäßige Befriedigung der Insolvenzgläubiger schon für einen früheren Zeitpunkt als der formellen Eröffnung des Insolvenzverfahrens sicherzustellen sowie eine Verminderung der Masse auszugleichen.

613 Die Anfechtung durch den Insolvenzverwalter erfolgt grds. durch Erhebung einer Klage. Zu beachten dabei ist, dass dieser Anfechtungsanspruch als bürgerliche Rechtsstreitigkeit vor die ordentlichen Gerichte gehört[123] und innerhalb von drei Jahren gelten und zu machen ist, § 146 Abs. 1 InsO i.V.m. §§ 194 ff. BGB. Für den Fristbeginn sind die Regelungen in § 199 Abs. 1 und 4 BGB maßgeblich. Gem. § 199 Abs. 1 BGB beginnt die Verjährung am Ende des Jahres, in dem der Anspruch entstanden ist und der Gläubiger entweder Kenntnis erlangt von den anspruchsbegründenden Umständen und der Person des Schuldners oder diese Kenntnis ohne grobe Fahrlässigkeit hätte erlangen müssen. Der Anfechtungsanspruch entsteht frühestens mit der Verfahrenseröffnung, kann aber auch erst danach entstehen. Kommt es auf die Verfahrenseröffnung an, ist der Tag der Eröffnung maßgeblich. § 199 Abs. 4 BGB enthält eine Höchstfrist, welche für die Praxis nur theoretische Bedeutung er-

121 BGH, 27.10.2003 – II ZA 9/02, ZInsO 2004, 88 = WM 2003, 2429.

122 LG Köln, 08.04.2003 – 16 O 152/01, ZIP 2003, 1310.

123 BGH, 02.06.2005 – IX ZB 235/04, ZInsO 2005, 707.

langt, weil ein vom Verwalter nicht geltend gemachter Insolvenzanfechtungsanspruch mit Beendigung des Insolvenzverfahrens erlischt und dann von den anfechtungsberechtigten Einzelgläubigern gem. § 18 Abs. 1 AnfG verfolgt werden kann. Anderes würde nur gelten, wenn das Insolvenzverfahren mehr als zehn Jahre andauern würde. Gewahrt bzw. gehemmt werden kann die Anfechtungsfrist nur durch die in § 203 ff. BGB genannten Rechtshandlungen, bspw. durch rechtzeitige Klageerhebung, § 204 Abs. 1 Nr. 1 BGB, oder Zustellung eines Mahnbescheids, § 204 Abs. 1 Nr. 4 BGB.[124]

Nach Ablauf dieser Anfechtungsfrist darf der Anfechtungsgegenstand/-sach- 614
verhalt, welcher den Klagegrund darstellt, nicht ausgetauscht werden. Sollte dies trotzdem erfolgen, liegt eine neue Anfechtung vor, die aufgrund Fristablaufs ausgeschlossen ist.[125]

Sollte der Insolvenzverwalter von einem Gläubiger in Anspruch genommen 615
werden, kann dieser die Anfechtung in Form der Einrede geltend machen. Zu beachten ist, dass diese Einrede auch dann erhoben werden kann, wenn der Anfechtungsanspruch verjährt ist, § 146 Abs. 2 InsO. Ziel dieser Norm ist es, Gegenstände der Masse zu erhalten, auch wenn die Anfechtungsfrist bereits abgelaufen ist. Dies bedeutet auch, dass der Insolvenzverwalter das bestehende Leistungsverweigerungsrecht als Klage geltend machen kann, bspw. in Form einer Feststellungsklage mit dem Ziel, das Nichtbestehen eines Aussonderrechts klären zu lassen.

1. Voraussetzungen der Anfechtung

Gegenstand der Anfechtung ist eine Rechtshandlung. Rechtshandlungen 616
sind dabei alle Willensbetätigungen, an die das Gesetz rechtliche Wirkungen knüpft, ohne dass diese gewollt sein müssen.[126] Eine Unterlassung steht dabei einer Rechtshandlung gleich, wenn sie bewusst oder gewollt erfolgt ist, § 129 Abs. 2 InsO. Das Unterlassen darf also keine Folge von Nachlässigkeit oder bloßer Unachtsamkeit sein.[127] Auch muss der Schuldner diese Handlungen nicht selbst vorgenommen haben. Für ihn können Dritte oder gesetzliche/vertragliche Vertreter gehandelt haben.

124 Vgl. insgesamt dazu Huber, ZInsO 2005, 190.

125 BGH, 19.12.2002 – IX ZR 377/99, ZInsO 2003, 324 = DZWiR 2003, 207 = ZIP 2003, 488, 489.

126 BGH, 15.10.1975 – VIII ZR 62/74, WM 1975, 1182, 1184.

127 OLG Hamburg, 24.07.1987 – 11 U 182/86, NJW-RR 1988, 46, 49.

617 Die Rechtshandlungen müssen vor Eröffnung des Insolvenzverfahrens vorgenommen worden sein, § 129 Abs. 1 InsO. Besteht eine Rechtshandlung aus mehreren Teilakten, ist der letzte zur Wirksamkeit der Gesamthandlung erforderliche Teilakt maßgeblich, § 140 Abs. 1 InsO. Bei der Vorausabtretung, Vorauspfändung und der Pfändung künftiger Forderungen ist hier die Entstehung der Forderung maßgeblich.[128] Sollte ferner eine Eintragung in das Grundbuch oder in ein sonstiges Register erforderlich sein, gilt gem. § 140 Abs. 2 Satz 1 InsO der Antrag auf Eintragung als maßgebliche Handlung. § 147 InsO ermöglicht ferner die Anfechtung solcher Rechtshandlungen, die nach Eröffnung des Insolvenzverfahrens vorgenommen wurden und die nach §§ 892, 893 BGB i.V.m. §§ 81 Abs. 1 Satz 2, 91 Abs. 2 InsO wirksam sind. Dabei entfallen die in §§ 130 ff. InsO aufgeführten Fristen. Die übrigen Voraussetzungen müssen jedoch gegeben sein.

618 Ferner setzt § 129 InsO voraus, dass diese vorgenommene Rechtshandlung die Insolvenzgläubiger des Insolvenzverfahrens mittelbar oder unmittelbar benachteiligt, d.h. ihre Befriedigung wird verkürzt, vereitelt, erschwert oder verzögert.

619 Gläubigerbenachteiligungen liegen vor, wenn der Schuldner ein ihm obliegendes Recht grundlos aufgibt oder der Schuldner einen langfristigen Darlehensvertrag zu einem geringeren als dem marktüblichen Zinssatz gewährt. Keine Benachteiligungen liegen vor, wenn der Schuldner eine wertlose Sache verschenkt, eine unpfändbare Sache weggibt (da diese nicht in die Insolvenzmasse fällt, § 36 InsO) oder der Schuldner eine Verfügung über fremdes Vermögen trifft, weil die Insolvenzmasse in diesen Fällen nicht geschmälert wird.

620 Dabei muss die Benachteiligung vom Standpunkt der Gesamtheit der Insolvenzgläubiger aus vorliegen. Eine Benachteiligung einzelner Insolvenzgläubiger ist nicht ausreichend.[129] Maßgeblicher Zeitpunkt für die Beurteilung der Benachteiligung ist der Zeitpunkt der letzten mündlichen Verhandlung, auf welche in der letzten Tatsacheninstanz das Urteil ergeht.[130] Der Beweis der Benachteiligung obliegt dem Insolvenzverwalter.

---

128 BGH, 20.03.2003 – IX ZR 166/02, ZInsO 2003, 372 = WM 2003, 896, 897.

129 BGH, 11.05.1989 – IX ZR 222/88, ZIP 1989, 785, 786.

130 BGH, 12.11.1992 – IX ZR 237/91, ZIP 1993, 271, 274.

> **Hinweis:**
>
> Hilfreich dabei ist, dass der Insolvenzverwalter aufgrund Rückgewährschuldverhältnissen i.V.m. § 242 BGB einen einklagbaren Anspruch auf Auskunftserteilung besitzt, wenn Rückgewähr oder Wertersatzpflicht des Anfechtungsgegners dem Grunde nach festgestellt sind. Dagegen besteht kein Auskunftsanspruch gegen Personen, gegen die nur möglicherweise Anfechtungsansprüche geltend gemacht werden können.[131]

Ferner muss ein Anfechtungsgrund vorliegen, §§ 130 bis 137 InsO. Die in den §§ 130 bis 132 InsO dargestellten Anfechtungsgründe können nur im Insolvenzverfahren geltend gemacht werden, sog. besondere Anfechtungsgründe. Aufgrund der umfangreichen Rechtsprechung sowie Literatur[132] zu den Anfechtungsgründen soll auf eine detaillierte Darstellung verzichtet und die einzelnen besonderen Anfechtungsgründe lediglich kurz schematisch vorgestellt werden: 621

2. Anfechtungstatbestände 622

	§ 130 InsO	**§ 131 InsO**	**§ 132 InsO**
Anfechtungstatbestand	Rechtshandlung, die einem Insolvenzgläubiger eine Sicherung oder Befriedigung gewährt oder ermöglicht hat (kongruente Deckung)	Rechtshandlung, die einem Insolvenzgläubiger eine Sicherung oder Befriedigung gewährt oder ermöglicht hat, die er nicht oder nicht in der Art oder nicht zu der Zeit zu beanspruchen hatte (inkongruente Deckung)	Rechtsgeschäft, das die Insolvenzgläubiger unmittelbar benachteiligt (soweit dies nicht bereits nach §§ 130, 131 InsO erfasst wird)

131 BGH, 21.01.1999 – IX ZR 429/97, NJW 1999, 1033.

132 Vgl. insbesondere MünchKomm-InsO, Bd. 2, §§ 103 bis 269; Kübler/Prütting, Kommentar zur InsO; Zeuner, Die Anfechtung in der Insolvenz; Gerhardt/Kreft, Aktuelle Probleme der Insolvenzanfechtung.

Zeitraum der Vornahme der Rechtshandlung und weitere Voraussetzungen	§ 130 Abs. 1 Nr. 1 InsO in den letzten drei Monaten vor Eröffnungsantrag + Zahlungsunfähigkeit des Schuldners + entsprechende Kenntnis des Gläubigers § 130 Abs. 1 Nr. 2 InsO nach Eröffnungsantrag + Kenntnis des Gläubigers von Zahlungsunfähigkeit oder Eröffnungsantrag	§ 131 Abs. 1 Nr. 1 InsO im letzten Monat vor Eröffnungsantrag oder nach diesem § 131 Abs. 1 Nr. 2 InsO innerhalb des zweiten oder dritten Monats vor Eröffnungsantrag + Zahlungsunfähigkeit des Schuldners § 131 Abs. 1 Nr. 3 InsO Innerhalb des zweiten oder dritten Monats nach Eröffnungsantrag + Kenntnis des Gläubigers von der Benachteiligung der Insolvenzgläubiger	§ 132 Abs. 1 Nr. 1 InsO in den letzten drei Monaten vor dem Eröffnungsantrag + Zahlungsunfähigkeit des Schuldners + entsprechende Kenntnis des anderen Teils § 132 Abs. 1 Nr. 2 InsO nach Eröffnungsantrag + Kenntnis des anderen Teils bzgl. Zahlungsunfähigkeit oder Eröffnungsantrag
Kenntnis von Umständen	§ 130 Abs. 2 InsO Kenntnis von Umständen, die zwingend auf die Zahlungsunfähigkeit oder Eröffnungsantrag schließen lassen	§ 131 Abs. 2 InsO Kenntnis von Umständen, die zwingend auf die Benachteiligung schließen lassen	§ 132 Abs. 2 InsO § 130 Abs. 2 InsO gilt entsprechend
Rechtshandlungen gegenüber nahestehenden Personen, § 138 InsO	§ 130 Abs. 3 InsO Vermutung der Kenntnis der Zahlungsunfähigkeit oder des Eröffnungsantrages	§ 131 Abs. 3 InsO Vermutung der Kenntnis der Benachteiligung des Insolvenzgläubigers	§ 132 Abs. 3 InsO § 130 Abs. 3 InsO gilt entsprechend

3. Bargeschäft, § 142 InsO

Unter einem Bargeschäft ist ein gleichwertiger, zeitnaher und vertragsgemäßer Leistungsaustausch zu verstehen. Nach § 142 InsO wird die Anfechtung solcher Geschäfte eingeschränkt. Zweck der Regelung ist es, dem Schuldner in der Krise verkehrsübliche Umsatzgeschäfte und damit die Teilnahme am normalen Geschäftsverkehr zu ermöglichen.[133] Ohne eine solche Regelung würde in der Krise niemand mit dem Schuldner noch Geschäfte abschließen wollen, d.h. auch Sanierungsversuche wären unterbunden, da der Kreditgeber bei deren Fehlschlagen mit der Möglichkeit der Anfechtung rechnen müsste. Soweit ein solches Bargeschäft vorliegt, sind folgende Anfechtungstatbestände i.S.v. § 142 InsO ausgeschlossen: §§ 130, 132, 133 Abs. 2, 135 und 136 InsO. 623

4. Rechtsfolgen der Anfechtung

Die Insolvenzanfechtung hat zur Folge, dass alles, was aus dem Vermögen des Schuldners veräußert, weggegeben oder aufgegeben wurde, zur Insolvenzmasse zurückgeführt werden muss, sog. Rückgewähranspruch, § 143 Abs. 1 Satz 1 InsO. Danach hat der Anfechtungsgegner zurück zu gewähren, was dem Schuldnervermögen durch die anfechtbare Handlung entzogen worden ist. Für den Fall, dass er das Erlangte nicht herausgeben kann, hat er Wertersatz zu leisten, falls er sich nicht exkulpieren kann, §§ 143 Abs. 1 Satz 2 InsO, §§ 812 ff. BGB. 624

Für den Anfechtungsgegner bedeutet eine erfolgreiche Anfechtung, dass er seine erhaltenen Leistungen an den Insolvenzverwalter zurückzugewähren hat und seine Forderung auf erlebt, § 144 Abs. 1 InsO. Soweit die Leistung des Anfechtungsgegners sich noch unterscheidbar in der Insolvenzmasse befindet oder die Masse noch um diesen Wert bereichert ist, ist diese als Masseforderung heraus zu geben, § 144 Abs. 2 Satz 1 InsO. Der Anspruch auf Rückgewähr sowie der Masseanspruch sind Zug um Zug zu erfüllen, § 273 BGB. Weiter gehende Forderungen kann der Anfechtungsgegner lediglich als einfache Insolvenzforderungen zur Insolvenztabelle anmelden, § 144 Abs. 2 Satz 2 InsO. 625

133 BGH, 30.09.1993 – IX ZR 227/92, ZIP 1993, 1653 = BGHZ 123, 320, 323.

VII. Baurechtliche Besonderheiten im Zusammenhang mit Anfechtungsmöglichkeiten

1. Anfechtung der Zahlung von Bauabzugsteuern, § 48b Abs. 1 Satz 1 EStG

626 Bei jeder Bauinsolvenz sollte geprüft werden, ob eine Anfechtung der vom Besteller eines Bauvorhabens gemäß § 48b Abs. 1 Satz 1 EStG an das Finanzamt abgeführten 15 % Bauabzugsteuer möglich ist. Die Anfechtung ist gegenüber dem Finanzamt zu erklären. Sie umfasst alle Zahlungen, die in den letzten drei Monaten vor dem Antrag auf Eröffnung des Insolvenzverfahrens getätigt wurden.

627 Nach einer Literaturmeinung stellt eine Abführung von 15 % des Werklohns des Bestellers an das Finanzamt eine **inkongruente Deckung** dar.[134] Nach dieser Auffassung ist § 131 Abs. 1 InsO anwendbar, was zur Folge hat, dass die positive Kenntnis des Finanzamts bezüglich drohender Zahlungsunfähigkeit nicht nachgewiesen werden müsste. Andere Literaturmeinungen vertreten die Auffassung, dass die Voraussetzungen des § 130 InsO (**kongruente Deckung**) vorliegen müssen[135], was demgegenüber zur Folge hätte, dass dem Finanzamt die positive Kenntnis der Zahlungsunfähigkeit des Bauunternehmens nachgewiesen werden müsste – ein Nachweis, der nur sehr schwer geführt werden kann.

628 Welcher Meinung man sich auch anschließt, lohnt sich die Aufarbeitung des Sachverhalts für die Prüfung doch **in jedem Fall**, um gegenüber dem Finanzamt einen Rückzahlungsanspruch zu konstruieren und in Verhandlungen zu treten.

2. § 648a BGB-Bürgschaften, Anfechtung wegen inkongruenter Deckung gem. § 131 InsO

629 Nach überwiegender Meinung räumt die Vorschrift des § 648a BGB dem Auftragnehmer keinen Anspruch auf Stellung einer Sicherheitsleistung ein.[136] § 648a BGB verschafft keinen Anspruch auf die Sicherheitsleistung selbst, sondern nur ein Verweigerungsrecht hinsichtlich der vom Unternehmer zu

134 Heinze DZWIR 2005, 282, 283

135 Schmitz, Die Bauinsolvenz, Rn. 839

136 Palandt/Sprau, § 648a BGB Rn. 5; MünchKomm-InsO/Kirchhoff, § 131 InsO Rn. 23.

erbringenden Vorleistungen, solange die geforderte Sicherheit – die Herauslegung einer § 648a BGB Bürgschaft – nicht geleistet ist.

Beispiel: 630

In einem bekannten großen Insolvenzverfahren hatten einige Nachunternehmer vorinsolvenzlich die Herausgabe von § 648a BGB-Bürgschaften an sich verlangt, weil der Generalunternehmer zu dieser Zeit mit den Werklohnzahlungen an Nachunternehmer erheblich im Zahlungsrückstand gewesen war. Diese Nachunternehmer erhielten eine § 648a-Bürgschaft anstatt einer Bezahlung.

In diesem Fall wich die Sicherheitsstellung erheblich von der gängigen Praxis ab. 631 *Denn § 648a BGB-Bürgschaften werden üblicherweise nur während des noch nicht fertiggestellten Bauvorhabens herausgereicht. Sie sind keine Zahlungsmittel, sondern dienen zur Absicherung eines Werklohnanspruchs.*

Insbes. Bürgschaften, die im letzten Monat vor dem Antrag auf Eröffnung des Insol- 632 *venzverfahrens oder sogar nach dem Antrag vorgenommen worden waren, konnten nach § 131 Abs. 1 Nr. 2 InsO angefochten werden. Die Nachunternehmer mussten diese Bürgschaften letztlich an den Insolvenzverwalter bzw. die bürgende Bank herausgeben, ohne dass die Bank als Bürgin Zahlung leisten musste.*

Allgemein gilt: Wenn § 648a BGB-Bürgschaften innerhalb des zweiten oder 633 dritten Monats vor Insolvenzantragstellung herausgelegt worden sind, ist eine Anfechtung nur möglich, wenn der Schuldner – das insolvente Bauunternehmen – zur Zeit der anzufechtenden Handlung zahlungsunfähig war, § 131 Abs. 1 Nr. 2 InsO. Hierbei ist es unerheblich, ob diese Zahlungsunfähigkeit dem späteren Anfechtungsgegner bekannt war oder nicht.

Kann eine solche Zahlungsunfähigkeit innerhalb des zweiten und dritten Mo- 634 nats nicht schlüssig dargelegt werden, bleibt als weitere Möglichkeit, die Anfechtung der Herauslegung einer § 648a BGB-Bürgschaft auf § 131 Abs. 1 Nr. 3 InsO zu stützen. Dies setzt voraus, dass der Begünstigte Kenntnis von der Gläubigerbenachteiligung hatte, d.h. er wusste, dass er im Verhältnis zu anderen Gläubigern bevorzugt wurde, als er auf Stellung der Sicherheit bestand.

Im geschilderten Fall konnten für einen nicht unerheblichen Betrag Bürg- 635 schaftszahlungen eingespart werden. Die Bürgschaftsurkunden mussten von den Nachunternehmern herausgegeben werden.

3. Direktzahlungen des Bauherrn an Nachunternehmer des insolventen Bauunternehmens

636 Häufig bestehen in der Baupraxis **Kettenverträge**: Vertrag zwischen Bauherrn und Generalunternehmer; Vertrag zwischen Generalunternehmer und Nachunternehmer. Beide Verträge bestehen unabhängig nebeneinander und müssen separat abgewickelt werden. Befindet sich der Generalunternehmer im Zahlungsverzug, so kann für den Fall, dass für den Bauvertrag die Anwendung der Regelungen der VOB/B vereinbart ist, der Nachunternehmer gem. § 16 Nr. 6 VOB/B direkte Zahlung vom Bauherrn an sich verlangen.

637 Der Bauherr kann nach h.M. aber nur mit schuldbefreiender Wirkung an den Nachunternehmer leisten, wenn er keine Kenntnis von einem Veräußerungsverbot gegenüber dem insolventen Generalunternehmer hatte, § 82 Satz 2 InsO.[137]

> **Hinweis:**
>
> D.h., wenn der Auftraggeber ahnt, dass der Generalunternehmer Insolvenzantrag stellen wird, sollte er auf keinen Fall Zahlungen an Nachunternehmer leisten, denn dann kann ihn der Insolvenzverwalter erneut zur Zahlung auffordern.

638 Hat der Bauherr vor Erlass eines allgemeinen Veräußerungsverbots Zahlungen an den Nachunternehmer geleistet, so hat dieser i.d.R. eine inkongruente Befriedigung erhalten. Soweit die weiteren Voraussetzungen des § 131 InsO gegeben sind, ist diese inkongruente Deckung anfechtbar, d.h. der Nachunternehmer muss den erhaltenen Betrag an den Insolvenzverwalter zurückzahlen.

639 Beklagter in diesem Fall wäre der Nachunternehmer, nicht der Bauherr. Dieser war nämlich wegen § 16 Nr. 6 VOB/B vor dem Erlass eines Veräußerungsverbotes berechtigt, mit schuldbefreiender Wirkung an den Nachunternehmer zu bezahlen. Falls unklar ist, wer der richtige Anfechtungsgegner ist, sollten zur Sicherheit beide, Bauherr und Nachunternehmer, vom Insolvenzverwalter verklagt werden.

640 Es gibt aber auch Fälle, in denen eine **dreiseitige** Vereinbarung zwischen Auftraggeber, Generalunternehmer und Nachunternehmer vor Erlass eines allge-

137 BGH, 17.06.1999 – IX ZR 176/98, ZInsO 1999, 470 = NJW 1999, 2969.

meinen Veräußerungsverbots geschlossen wurde. Wenn diese dreiseitige Vereinbarung im engen zeitlichen Zusammenhang umgesetzt wurde, kann es sich um ein **Bargeschäft** handeln (§ 142 InsO), sodass die Zahlung an den Nachunternehmer nicht vom Insolvenzverwalter zurückgefordert werden kann.[138]

138 BGH, 10.05.2007 – IX ZR 146/05, ZInsO 2007, 662 = DZWIR 2007, 466 = BauR 2007, 1412.

K. Steuerrechtliche Besonderheiten in der Bauinsolvenz

I. Die steuerlichen Pflichten des Insolvenzschuldners und des Insolvenzverwalters

Gem. § 155 InsO bleiben die handels- und steuerrechtlichen Pflichten des Schuldners zur Buchführung und zur Rechnungslegung unberührt. Mit Eröffnung des Insolvenzverfahrens hat der Insolvenzverwalter diese Pflichten zu erfüllen. 641

II. Umsatzbesteuerung im Insolvenzverfahren

In der Bauinsolvenz sind vor allem **umsatzsteuerrechtliche** Besonderheiten zu berücksichtigen, insbes. im Zusammenhang mit § 13b UStG. 642

Ausgangsbeispiel und Rechnungsmuster: 643

Der Bauherr beauftragt Firma A zur Errichtung eines Schwimmbades. Firma A beschäftigt für Teilleistungen einen Subunternehmer. Firma A stellt dem privaten Bauherrn eine Werklohnrechnung mit 19 % USt.

Nachunternehmer B stellt Firma A eine Rechnung ohne USt, da Steuerschuldner die Firma A ist, gem. § 13b Abs. 1 Nr. 4 UStG. D.h., die Firma A müsste die USt für den Nachunternehmer ans FA abführen. Da sie gleichzeitig einen Vorsteueranspruch gem. § 14 UStG in gleicher Höhe hat, hebt sich die Umsatzsteuerzahlungsverpflichtung auf.

Zum Beispiel vgl. 644

- ***Muster** einer Schlussrechnung zwischen einem privaten Bauherrn und dem Generalunternehmer, hier Firma A, in **Anlage K 1**, Rn. 723.*
- ***Muster** einer Rechnung vom Nachunternehmer an den Generalunternehmer, hier Firma A, in **Anlage K 2**, Rn. 724.*
- *Den **Gesetzestext** des **§ 13b UStG** finden Sie in Anlage K 3, Rn. 725.*

§ 13b UStG regelt, dass der Leistungsempfänger der Steuerschuldner ist. Dies setzt voraus, dass der Leistungsempfänger selbst ein Bauunternehmen ist, das Leistungen gem. § 13b UStG erbringt. Nur in diesen Fällen greift dieses sog. **Nullsummenspiel** bei der Rechnungslegung von Bauunternehmen untereinander, und nur in diesen Fällen können sog. **Netto-Rechnungen** gestellt werden. 645

646 **Hinweis:**

Der Hinweis auf § 13b Abs. 1 Nr. 4 UStG sollte auf der Rechnung stehen.

1. Vor Insolvenzantragstellung

647 Führt die Firma A im Ausgangsbeispiel wegen Zahlungsschwierigkeiten die USt nicht an das Finanzamt ab, hat das Finanzamt eine Forderung gegen die Firma A, die im Insolvenzfall dem Finanzamt grds. die Möglichkeit gibt, aufzurechnen. Dafür kommt bspw. eine Steuerrückerstattung zugunsten der Firma A aus der Zeit vor Eröffnung des Insolvenzverfahrens in Betracht.

Hinweis:

Zu beachten ist, dass für die Firma A ein Vorsteueranspruch in gleicher Höhe besteht.

2. Bei Insolvenzantragstellung

648 Stellt die Firma A Insolvenzantrag, bestehen für den Zeitraum des vorläufigen Insolvenzverfahrens folgende Regelungen für die Rechnungslegung und die Zahlung von USt:

649 Ist der Bauherr eine Privatperson, legt die Firma A ihm eine Rechnung mit USt vor. Firma A erhält ihre Leistung mit USt bezahlt. Im vorläufigen Insolvenzverfahren ist der Verwalter jedoch nicht dazu verpflichtet, die USt ans Finanzamt abzuführen. Er wird dies auch nicht tun, da die Umsatzsteuer auf Leistungen vor Insolvenzeröffnung lediglich eine Insolvenzforderung des Finanzamtes darstellt. Im Gegenzug wird das Finanzamt keine Vorsteueransprüche auszahlen.

650 Das Finanzamt kann diese offenen Umsatzsteuerforderungen im eröffneten Verfahren zur Tabelle anmelden oder mit Steuerrückerstattungsansprüchen aufrechnen. Evtl. kann das Finanzamt diese Ansprüche wegen offener Umsatzsteuerforderungen auch gegenüber einem Tochterunternehmen von Firma A geltend machen, sofern eine umsatzsteuerliche Organschaft besteht.

651 Ist der Bauherr ein Unternehmer i.S.d. Umsatzsteuerrechts, für den ebenfalls § 13b UStG gilt, so stellt Firma A nur eine Netto-Rechnung, d.h. ohne USt.

3. Bei Eröffnung des Insolvenzverfahrens

Auch der **Nachunternehmer** stellt der Firma A eine Rechnung ohne USt. In der Rechnung muss der Hinweis aufgenommen sein, dass Firma A als Leistungsempfänger Steuerschuldnerin gem. § 13b Abs. 1 Nr. 4 UStG ist. 652

Im Fall der Eröffnung des Insolvenzverfahrens über das Vermögen der Firma A ist der Insolvenzverwalter wie ein Unternehmer zur Steuerzahlung verpflichtet, d.h. er muss bei Rechnungen, die er an private Bauherren stellt, die in der Rechnung ausgewiesene USt als Masseverbindlichkeit ans Finanzamt abführen. 653

III. Freistellungsbescheinigung zum Steuerabzug bei Bauleistungen gem. § 48b Abs. 1 Satz 1 EStG, sog. Bauabzugsteuer

Mit dem Gesetz zur Eindämmung illegaler Betätigung im Baugewerbe vom 30.08.2001 (BGBl I, S. 2267) wurde zur Sicherung von Steueransprüchen bei Bauleistungen ein Steuerabzug eingeführt. 654

Ab 01.01.2002 haben demnach bestimmte Auftraggeber von Bauleistungen im Inland einen Steuerabzug i.H.v. 15 % der Gegenleistung für Rechnung des die Bauleistung erbringenden Unternehmens vorzunehmen, wenn nicht eine vom zuständigen Finanzamt ausgestellte Freistellungsbescheinigung vorliegt. 655

Nachfolgende Auftraggeber sind zum Steuerabzug **verpflichtet**: 656

- Juristische Personen des öffentlichen Rechts und alle Unternehmer i.S.v. § 2 UStG, für die jemand im Inland Bauleistungen erbringt. Auch solche Unternehmer, die keine Umsatzsteuererklärung abgeben, wie Kleinunternehmer, § 19 UStG, Unternehmer, die ausschließlich steuerfreie Umsätze tätigen, wie z.B. Erträge aus Vermietung und Verpachtung erzielen.
- Vom Steuerabzug sind nur Bauleistungen betroffen.
- Die Berechnungsgrundlage ist die Bauleistung zuzüglich der USt.

Zur Verdeutlichung ein

Fallbeispiel:

Nachunternehmer B stellt Firma A eine Rechnung über 100,00 € netto, da Firma A als Leistungsempfänger Steuerschuldner gem. § 13b UStG ist.

Berechnungsgrundlage für die Abführung der Bauabzugsteuer gem. § 48b Abs. 1 Satz 1 EStG ist aber die Leistung zzgl. 19 % USt, also 119,00 €.

Hiervon 15 % sind 17,85 €. Daher zahlt die Firma A an den Nachunternehmer einen Betrag von 82,15 €.

657 **Muster** für eine **Freistellungsbescheinigung zum Steuerabzug** gem. § 48b Abs. 1 Satz 1 EStG finden Sie in **Anlage K 4**, Rn. 726.

658 **Hinweis:**

Der Insolvenzverwalter sollte sich im eröffneten Verfahren unverzüglich beim zuständigen Finanzamt eine derartige Bescheinigung ausstellen lassen, sofern er in der Bauinsolvenz noch nach Eröffnung Leistungen erbringt.

IV. Umsatzsteuerverpflichtung für das gesamte vom Insolvenzverwalter im eröffneten Verfahren fortgeführte Bauvorhaben

659 Ist der Bauherr eine Privatperson oder eine Gesellschaft, die nicht selbst Bauunternehmer ist, sodass § 13b UStG nicht anwendbar ist, so hatte der BFH[139] die Meinung vertreten, dass der Insolvenzverwalter erst mit Fertigstellung des Werkes geliefert hat, also im eröffneten Verfahren, sodass die nicht gezahlte USt für das Gesamtbauvorhaben auch für den vorinsolvenzlichen Zeitraum vom Insolvenzverwalter als Masseverbindlichkeit zu bezahlen ist. Der BFH stellt auf die Gesamtabnahme des Bauwerkes ab, den Realisationszeitpunkt.

660 **Hinweis:**

Hatte das insolvente Unternehmen Abschläge auf die Umsatzsteuerschuld gezahlt, kann es jedoch trotzdem so sein, dass der Verwalter Nachzahlungen befürchten muss, wenn nur i.H.v. 16 % Umsatzsteuervorauszahlungen vom insolventen Unternehmen gezahlt wurden. Hier ist also große Vorsicht geboten.

661 Zwar wird diese Rechtsprechung teilweise angegriffen, weil sie mit der Rechtsprechung über die Teilbarkeit von Bauleistungen nicht übereinstimme, aber angesichts dieser Rechtsprechung ist es sicher sinnvoller, zunächst im vorläu-

139 BFH, KTS 1979, 208, 210 r. Sp., Grundlage für OFG Hannover, Vfg. v. 7.2.2001 – S7340-152-StH 531-S7340-68-StO355, KTS 2001, 419, 416.

figen Insolvenzverfahren den Bauvertrag mit dem Bauherrn zu beenden und erst im eröffneten Insolvenzverfahren für eine Teilleistung einen gesonderten Bauvertrag zwischen Bauherrn und Insolvenzverwalter abzuschließen (vgl. Rn. 216 und das Muster Rn. 721). Auf diese Weise gibt es **zwei voneinander unabhängige Werkverträge**. Die Nachzahlungsrisiken wegen USt aus dem Vertrag zwischen Schuldner und Bauherren können nur vom Finanzamt zur Tabelle angemeldet werden. Die Höhe der Umsatzsteuerzahlungen im Vertrag zwischen Insolvenzverwalter und Bauherrn im eröffneten Verfahren beziehen sich nur auf die nach Eröffnung geleisteten Gewerke.

Dieses Problem der Gesamthaftung des Insolvenzverwalters für nicht gezahlte 662
USt stellt sich nicht, wenn der Bauherr ein **Unternehmen** ist, das wegen § 13b Abs. 1 Nr. 4 UStG selbst Umsatzsteuerschuldner gegenüber dem Finanzamt ist. Denn dann muss der **Bauherr** die USt bezahlen.

Ist der Leistungsempfänger ein Generalunternehmer und das insolvente 663
Unternehmen der Nachunternehmer, gilt das Gleiche. Wegen § 13b Abs. 1 Nr. 4 UStG muss der Generalunternehmer die USt abführen.

Diese Besonderheiten bei der Behandlung der USt sollte sich der vorläufige 664
Insolvenzverwalter gleich zu Beginn des vorläufigen Insolvenzverfahrens ansehen, um Fehler bei der Rechnungsstellung und bei der Berücksichtigung von Umsatzsteuerverpflichtungen, die im eröffneten Verfahren zu Masseverbindlichkeiten werden können, zu beachten.

V. Besonderheiten beim Einzug von Forderungen gegenüber der Öffentlichen Hand

Macht der Insolvenzverwalter im eröffneten Verfahren Forderungen gegen- 665
über der Öffentlichen Hand geltend, kann es sein, dass der erfolgreiche Abschluss eines Vergleichs nicht durchsetzbar ist, weil die Öffentliche Hand mit Steuerrückständen aufrechnet.

Beispiel:

Insolvenzverwalter A verhandelt eine Forderung gegenüber der BRD wegen offener Forderungen aus Bauvorhaben zur Errichtung von Autobahnteilabschnitten i.H.v. 100.000,00 €. Die BRD behauptet jedoch, Forderungen wegen rückständiger USt i.H.v. 120.000,00 € gegenüber der Firma A zu haben. Somit wird der Bund die verhandelte Summe i.H.v. 100.000,00 € nicht an den Insolvenzverwalter auszahlen, sondern diese mit der Steuerforderung von 120.000,00 € aufrechnen.

666 In diesem Fall wären die Bemühungen des Insolvenzverwalters, Gelder zur Masse zu ziehen, umsonst. **Voraussetzung** für eine Verrechnungsmöglichkeit ist, dass sich die Forderung der Firma A aus einer Schlussrechnung und die fällige Forderung des Finanzamtes vor Eröffnung des Insolvenzverfahrens fällig gegenüber standen, § 94 InsO.

VI. Umsatzsteuerliche Organschaft und Insolvenz der Organgesellschaft, § 73 AO

667 Der Zeitpunkt der Beendigung einer umsatzsteuerlichen Organschaft nach Stellung eines Insolvenzantrags über das Vermögen der Organgesellschaft (hier: Firma A) ist umstritten.

668 Es gibt Rechtsmeinungen[140], die begründen, dass die Organschaft mit Anordnung der „schwachen" vorläufigen Insolvenzverwaltung endet. Der BFH und die h.M. vertreten jedoch die Auffassung, dass die umsatzsteuerliche Organschaft erst mit Eröffnung des Insolvenzverfahrens über das Vermögen der Organgesellschaft endet.[141] Weitere Literaturmeinungen vertreten die Auffassung, dass für den Fall, dass ein vorläufiger starker Verwalter bestellt wird, bereits mit dessen Bestellung die Organschaft endet.[142]

669 **Hinweis:**

Das hat für die andere Organgesellschaft **existenzielle Auswirkungen**:

670 I.d.R. wird das Unternehmen, das Insolvenzantrag stellt, seine steuerrechtlichen Verpflichtungen und seine Steuerzahlungen, insbes. USt-Zahlungen nicht an das zuständige Finanzamt abgeführt haben. In diesem Fall **haftet die Organgesellschaft** für die Steuerschulden aus dem Zeitraum vor Insolvenzantragstellung.

671 Die Haftung der Organgesellschaften wird von den **Finanzverwaltungen** unterschiedlich beurteilt. Teilweise wird die Haftung einer **Muttergesellschaft** eher bejaht als die eines **Tochterunternehmens** für die Muttergesellschaft oder ein anderes **Schwesterunternehmen**.

140 Hölzle, DStR 2006, 1210.

141 BFH, 01.04.2004, DStR 2004, 951.

142 Rondorf, INF 2003, 466; Uhländer/Waza, Skript zum NWB-Seminar, Umsatzsteuer in der Insolvenz, 2006, S. 68 ff.

Während des vorläufigen Insolvenzverfahrens wird der Insolvenzverwalter keine USt abführen. Damit steigt die Steuerschuld beim Finanzamt, sofern der vorläufige Insolvenzverwalter im vorläufigen Insolvenzverfahren zusammen mit dem Insolvenzantrag stellenden Unternehmen noch Bauleistungen erbringt. 672

Nach der h.M. haftet das organschaftlich verbundene Unternehmen für die Umsatzsteuerschuld des Insolvenzantrag stellenden Unternehmens für den Zeitraum der vorläufigen Insolvenzverwaltung. Dies kann zu **Folge-Insolvenzen** führen. 673

Teilweise vereinbaren vorläufige Insolvenzverwalter in solchen Fällen, dass sie selbst im vorläufigen Verfahren die USt bezahlen. Dies dürfte aber nicht zulässig sein, da dadurch die Insolvenzmasse verringert wird und ein Gläubiger, eine Organgesellschaft, bevorzugt würde. 674

Aus meiner Sicht gibt es keine Pflicht des vorläufigen Insolvenzverwalters, auf die organschaftlich verbundenen Unternehmen Rücksicht zu nehmen, da es sich um selbstständige Rechtspersönlichkeiten handelt und keine Verpflichtung des Insolvenzverwalters besteht, andere Gesellschaften vor einer Insolvenz zu schützen. Er vertritt die Gläubigerinteressen des von ihm verwalteten Bauunternehmens. 675

Möglicherweise besteht hier aber eine Aufklärungspflicht des Steuerberaters, die Mutter- und Tochtergesellschaften eines Unternehmens, das kurz vor der Insolvenz steht, auf diese möglichen Zahlungsverpflichtungen aufmerksam zu machen. 676

L. Krisenkommunikation bei Bauinsolvenzen

I. Bedeutung der Presse- und Öffentlichkeitsarbeit bei Insolvenzverfahren

Jede Unternehmensinsolvenz ist grds. ein Krisenfall, der eine zielgerichtete Krisenkommunikation erfordert. Je nach Größe und regionaler Bedeutung des insolventen Bauunternehmens fällt das **Interesse der Öffentlichkeit** größer oder geringer aus. Doch auch die Insolvenz eines kleineren mittelständischen Bauunternehmens kann in ländlicher strukturschwacher Region wegen drohender Arbeitsplatzverluste zu großer Aufmerksamkeit in der Öffentlichkeit führen. Sobald ein Insolvenzantrag gestellt wird, geraten Entscheidungsträger eines insolventen Bauunternehmens unter erheblichen **Druck**. Tageszeitungen, Nachrichtenagenturen, Hörfunk und Fernsehen, ob regional oder überregional – alle wollen informiert werden, wenn es um den Abbau von Arbeitsplätzen, die Fertigstellung eines Bauprojekts und die Sanierung oder Zerschlagung eines Unternehmens geht. 677

Aufmerksame Beobachter gibt es allemal, wie z.B. die um ihren Arbeitsplatz besorgten Bauarbeiter, den Bauherrn, die Partner aus der ARGE und die Zulieferer des Bauunternehmens, aber auch die Insolvenzrichter, Banken und sonstige Gläubiger. Alle haben großes Interesse zu erfahren, wie es weitergehen soll. Gleichwohl **meiden** viele Insolvenzverwalter das Thema Presse- und Öffentlichkeitsarbeit. Bezeichnend ist, dass heute kaum noch ein Insolvenzverwalter auf eine eigene Homepage verzichtet, dass aber ein Journalist oftmals vergebens auf dieser Homepage einen Pressebutton mit weiterführenden Informationen zum jeweiligen Insolvenzfall sucht. Warum meiden Insolvenzverwalter die Medien? Lehnen sie den Kontakt zu den Journalisten ab, weil diese mit ihren insistierenden Fragen anschließend oft ungenau, verkürzt, übertrieben oder gar falsch über einen Insolvenzfall berichten? Scheuen sie den Kontakt zu den Medien aus Angst vor möglicher Kritik, die sie in den Augen der Insolvenzrichter in Misskredit bringen könnte? Gerade aus diesem Misstrauen und dieser latenten Ablehnung gegenüber der Presse nutzen viele Insolvenzverwalter nicht die Chancen, die sich für sie aus einer klugen und strategischen Medienarbeit ergeben. 678

Jede Insolvenz erfordert von den Entscheidungsträgern – aus vertraglichen Gründen der Verschwiegenheit – einerseits strikte Diskretion, andererseits 679 eine **aktive Presse- und Öffentlichkeitsarbeit**, die stets integraler Bestandteil eines professionellen Krisenmanagements ist. Diesen „Spagat" muss der Insolvenzverwalter meistern, denn die medienträchtigen Fallstricke lauern überall und Spekulationen können sehr schnell aus dem Boden sprießen. **Unüberlegte Äußerungen** oder eine „vernichtende" Presse können den Weiterbau eines wichtigen Projekts ins Stocken bringen und damit eine positive Entwicklung des Insolvenzverfahrens oder gar die Massemehrung erheblich gefährden.

680 Tatsache ist: Viele Insolvenzverwalter nehmen sich kaum oder keine Zeit für die Fragen der Journalisten und überlassen das Terrain der öffentlichen Meinungsbildung oft anderen Beteiligten, wie etwa den Gewerkschaften oder den regionalen Politikern vor Ort. Im Ergebnis dürfen sie sich nicht wundern, wenn andere Interessensvertreter das Feld der Diskussions- und Meinungshoheit für sich besetzen. Wenn ein Verwalter z.B. aus arbeitsrechtlichen Gründen zahlreichen Baumitarbeitern kündigt, den Baustopp über eine Baustelle anordnet und dabei seine Entscheidungen und Handlungen der Presse nicht aktiv kommuniziert und erläutert, wird er es schwer haben, die öffentliche Meinung für sich zu gewinnen. Gerade in einer Krisensituation darf ein Verwalter die Presse nicht ignorieren, sonst läuft er Gefahr, dass er die Chance verpasst, selbst die öffentliche Meinungsbildung über seine Arbeit mit zu gestalten und zu steuern.

681 ***Ein Beispiel:***

Im Insolvenzfall haben die Arbeitnehmervertreter zu Beginn des Verfahrens sehr stark eine negative Stimmung gegen den Insolvenzverwalter geschürt. So hatte ein Gewerkschaftsfunktionär dem Insolvenzverwalter Wortbruch und Betrug vorgeworfen. Natürlich hatte sich der Betriebsrat lauthals für den Erhalt der Arbeitsplätze stark gemacht und dies über die Medien kommuniziert. Die Journalisten haben die heftigen Vorwürfe des Betriebsrates als eine der wenigen verfügbaren Informationsquellen über alle Medien verbreitet – vom Insolvenzverwalter hingegen war zu diesem Zeitpunkt nichts zu hören. Im Ergebnis führte die Ablehnung einer Stellungnahme des Verwalters zu einem negativen Medienecho – eine verpasste Chance.

682 Dieser Fall belegt: Medien bieten den unterschiedlichen Interessensträgern die „Bühne", auf der die konträren Meinungen ausgetragen werden. Zu diesem Zeitpunkt der Berichterstattung waren hunderte Arbeitsplätze akut gefährdet und das Schicksal der Beschäftigten „kochte" als Thema in den Medien förmlich hoch. Das „Abtauchen" des Insolvenzverwalters öffnete zudem

der **Spekulation** Tür und Tor. Dies zeigt, dass die Interessengefechte rigoros auf dem Feld der Öffentlichkeit ausgetragen werden. Sie erwecken Zugzwang und fordern geradewegs zu einer Stellungnahme und Positionierung des Verwalters heraus. Nur wer als Insolvenzverwalter auch bereit ist, öffentlich Flagge zu zeigen, wird die Möglichkeit erhalten, dass seine **Strategie** zum Erhalt des insolventen Unternehmens und zur Befriedigung der Gläubiger in den Medien wahrgenommen wird.

Insolvenzverwalter dürfen in einer Krisensituation die Medien nicht als Gegner, sondern als **Partner** im Kommunikationsprozess wahrnehmen. Es gibt Fälle, bei der eine positive Berichterstattung über ein Insolvenzverfahren die **Gläubigerbanken** zu einer Zustimmung für ein Sanierungskonzept mit beeinflusst hat; in einem anderen Fall wurden Lieferanten von Rohstoffen und Energie durch den Mediendruck dazu bewegt, ihre Lieferungen wieder aufzunehmen, denn sonst hätten die Maschinen stillgestanden. 683

Fazit: Eine gute Beziehung zu den Medien und eine professionelle Presse- und Öffentlichkeitsarbeit ist in Krisensituationen für einen Verwalter unerlässlich. Sie erfordert eine kluge und aktive Kommunikationsstrategie und einen souveränen Umgang mit den Spielregeln der Medien. 684

II. Erste Maßnahmen bei der Krisenkommunikation – der Einsatz eines Medienprofis

Sobald der Verwalter seine Tätigkeit bei einem insolventen Bauunternehmen übernommen hat, darf er keine Zeit verlieren. Insbes. bei größeren Insolvenzverfahren stellt er ein Team aus externen Beratern wie etwa Sanierungsexperten, Fachanwälten für Insolvenzrecht, Spezialisten für betriebswirtschaftliche und für arbeitsrechtliche Entscheidungen sowie Wirtschaftsprüfer zusammen, die ihn bei der Bewältigung seiner Arbeit unterstützen. In einem solchen Insolvenz-Team sollte ein Medienberater nicht fehlen. Der Medienberater ist der Kommunikationsexperte, der die Spielregeln der Medien kennt und der seine Erfahrung in der Krisenkommunikation, seine Journalistenkontakte und sein gesamtes Netzwerk für die Interessen des Insolvenzverwalters optimal einsetzt. 685

Der externe Medienberater muss eine **Person des Vertrauens** sein, der dem Insolvenzverwalter den Rücken freihält, damit dieser sich voll auf seine Aufgaben und unternehmerischen Entscheidungen konzentrieren kann. I.Ü. grei- 686 fen die meisten Verwalter nur in Ausnahmefällen auf den möglicherweise im insolventen Unternehmen vorhandenen Pressesprecher zurück, sondern beauftragen – meist aus Gründen der Unabhängigkeit gegenüber zurückliegenden Ereignissen – vorwiegend ihren eigenen **externen** Medienberater. Der Medienberater sollte zudem ein Insolvenzverfahren auch über einen längeren Zeitraum professionell begleiten und damit als Kontaktperson für die Presse ein Höchstmaß an Kontinuität garantieren. Denn Journalisten benötigen einen festen Ansprechpartner, den sie auch nach vielen Wochen oder Monaten kurzfristig zu dem jeweiligen Stand befragen und zu dem sie ein Vertrauensverhältnis aufbauen können.

III. Instrumente einer aktiven Medienarbeit in Krisensituationen

687 Gerade in den ersten Wochen eines in die Insolvenz geratenen Bauunternehmens gilt es, die Weichen etwa für die Fortsetzung der Bautätigkeit auf Baustellen, die Sanierung oder eine Zerschlagung des Bauunternehmens zu stellen. Qualität und Erfolg einer zielgerichteten Krisenkommunikation hängen zunächst von einer schlüssigen Konzeption über die zu kommunizierenden Botschaften ab. Erst anschließend werden die dazu passenden Instrumente der Medienarbeit abgeleitet und umgesetzt.

1. Konzeption und Festlegung der Kommunikationsziele

688 Ohne eingehende Analyse der individuellen Situation der insolventen Baufirma ist keine erfolgreiche Öffentlichkeitsarbeit möglich. Die Konzeption ist das Gerüst für eine zielgerichtete Krisenkommunikation. In der **Ist-Analyse** werden die wichtigsten zu erwartenden Fragen gestellt und Antworten gesucht. Wie ist die derzeitige aktuelle Situation beim insolventen Bauunternehmen? Wie groß ist die Baufirma und auf welche Bereiche hat sie sich spezialisiert? Spielt sie in ihrem Marktsegment eine führende Rolle in ihrer Region oder bietet sie auch überregional Spezialleistungen an, die kaum andere vergleichbare Baufirmen anbieten? Wann wurde sie gegründet und welche Bedeutung hat sie beschäftigungspolitisch für ihre Region und den jeweiligen Markt? Was weiß die Öffentlichkeit über das Bauunternehmen? Gab es im Vorfeld eine Berichterstattung etwa zu ersten Anzeichen über eine Liquiditätskrise? An welchen Projekten und Baustellen arbeitet das Unternehmen? Ist sie in ARGEN eingebunden und welche Szenarien leiten sich daraus für den Verwalter ab? Wie hoch waren bislang Umsatz und Gewinn? Wie viele Mit-

arbeiter sind betroffen? Welche Gründe haben vermutlich zur Zahlungsunfähigkeit geführt? Hat es konjunkturelle, branchenspezifische Gründe gegeben oder führte ein Mitverschulden der Geschäftsleitung zur Insolvenz?

Zu allen möglichen **Journalistenfragen**, die sich aus der Krisensituation ergeben, erarbeitet der Medienberater plausible und nachvollziehbare Antworten (Question & Answers, Q & A), die er mit dem Verwalter abstimmt. Er bespricht und klärt mit ihm auch die kurzfristigen und mittelfristigen Kommunikationsziele. Hierzu gehört insbes. die Festlegung der **Sprachregelung**. In dieser Sprachregelung wird eindeutig geklärt, was gesagt werden soll, aber noch wichtiger ist: es muss dringend abgestimmt werden, was auf keinen Fall gesagt werden darf! Diese konkreten Vorgaben und ein Zeitplan bestimmen den Kommunikationsprozess in den ersten Wochen nach Übernahme des Verfahrens. 689

Abgestimmt werden auch die Ziele des vorläufigen Insolvenzverwalters. Diese sind z.B. die mögliche Rettung der Baufirma durch Sanierung mittels Verkauf oder Teilverkauf, die Gewährung eines Massekredits, die Insolvenzgeldvorfinanzierung für die Beschäftigten, der Erhalt möglichst vieler Arbeitsplätze und insbes. die Befriedigung der Gläubigerinteressen. Sobald diese Ziele präzise definiert sind, werden hierzu die Kernaussagen (Was wollen wir wann konkret mitteilen?) abgeleitet und die Zielgruppen (Wen wollen wir erreichen? Mitarbeiter, Lieferanten, Investoren, Branchenmedien, regionale Tageszeitungen etc.) festgelegt. 690

Was sieht i.d.R. die Konzeption für die **erste schwierige Phase einer Bauinsolvenz** vor? Spätestens am Tag nach dem Insolvenzantrag, wenn es z.B. schon eine Betriebsversammlung gegeben hat, sollten über die Medien den verunsicherten Beschäftigten Signale gegeben werden, um die Lage zunächst zu beruhigen und die Baustellenmitarbeiter zu motivieren. Damit erhöht der Insolvenzverwalter die Chancen für die Fortsetzung der Bautätigkeiten sowie für die **Erhöhung der Masse**. Käme es zu einer langfristigen Arbeitsniederlegung oder gar zu einem Stillstand, würden dem Verwalter kaum noch Assets verbleiben, denn Baugeräte und einzelne Baukräne würden bei einer Verwertung kaum Masse generieren. 691

Fazit: Zu den primären Kommunikationszielen zählt der Aufbau von Vertrauen nach innen und außen. Nicht nur die ersten zentralen Botschaften müssen 692 klar abgestimmt sein, auch die Kommunikationswege – wer wann überhaupt etwas in der Öffentlichkeit sagen darf – sind strikt einzuhalten.

2. Pressemeldung

693 Die Pressemeldung ist das von den Insolvenzverwaltern am häufigsten genutzte Instrument der Medienarbeit. Damit die Pressemeldung in den Redaktionen bei der Flut der täglich eingehenden Informationen nicht untergeht, bedarf es der Einhaltung **klarer Spielregeln** bei Stil, Aufbau und Form. Diese Regeln entscheiden, ob die Pressemeldung den Weg in die Medien findet oder im Papierkorb landet. Eine Pressemeldung ist zunächst eine Nachricht, die **sachlich informiert**, **kurz** und **aussagekräftig** ist und v.a. **aktuelle Fragen** zu einem **neuen Sachverhalt** vermittelt.

694 Verwalter und Entscheidungsträger sollten die formalen und inhaltlichen Grundsätze einer Presseinformation kennen, damit sie auch die Arbeit des unterstützenden Medienberaters bei der Abstimmung und Freigabe einer Meldung beurteilen und verbessern können.

695 Die **zehn wichtigsten Regeln** zu einer erfolgreichen Pressemeldung lauten:

☐ Regel 1 Länge und Kennzeichnung

Pressemeldungen sollten nicht länger als eine Seite lang sein. Je kürzer und prägnanter, desto eher werden sie vom Redakteur gelesen. Die Pressemeldung muss aus presserechtlichen Gründen den Vermerk „Presseinformation“, „Pressemitteilung“ oder ,„Pressemeldung“ tragen.

☐ Regel 2 Absender der Pressemeldung

Jede Meldung muss den Absender eindeutig mit Adresse und Logo nennen. Absender ist in diesem Fall nicht das insolvente Unternehmen, sondern der Insolvenzverwalter.

☐ Regel 3 Datum der Pressemeldung

Das Datum des Erscheinungstages der Pressemeldung ist unverzichtbar, da Journalisten in Archiven nach Informationen suchen und der Zeitpunkt des Erscheinens wichtig ist. Börsennotierte Unternehmen sind nach §15 Wertpapierhandelsgesetz (WpHG) verpflichtet, Unternehmensnachrichten, die den Aktienkurs potenziell erheblich beeinflussen können, unverzüglich zu veröffentlichen. Dabei muss beachtet werden, dass die Wertpapierbörse durch eine Ad-hoc-Meldung mindestens 30 Minuten vor den anderen „normalen“ Medien benachrichtigt wird.

□ Regel 4 Überschriften

Die Überschrift ist die Schlagzeile der Meldung und wird durch fette, größere Schrift hervorgehoben. Sie muss auf kurze und eindringliche Weise dem Redakteur ins Auge fallen und unmittelbares Interesse wecken, damit sie unter der Vielzahl von konkurrierenden Meldungen bemerkt wird. Bei einer Überschrift kann das Wichtigste in die Hauptschlagzeile und das nachrangig Wichtige in einer Unterschlagzeile formuliert werden. Entscheidend hierbei ist: Eine gute erfolgreiche Schlagzeile muss einen Sachverhalt immer zuspitzen, ohne dabei zu übertreiben.

□ Regel 5 Inhaltlicher Aufbau

Die Reihenfolge lautet: „Das Wichtigste zuerst!“. Die Neuigkeit steht zu Beginn im ersten Absatz des Fließtextes und die weiteren Informationen und Erläuterungen folgen dem Prinzip der abnehmenden Wichtigkeit. Erwähnen Sie etwa die Vorgeschichte des insolventen Unternehmens und weitere nachrangige Informationen eher im letzten Absatz. Der Grund: Zeitungsredakteure müssen, wenn etwa mehrere Artikel zu lang geworden sind, die einzelnen Meldungen aus redaktionellen Zwängen kürzen. Daher fällt meistens der Schlussteil mit dem weniger wichtigen Inhalt einer Pressemeldung weg.

□ Regel 6 Fokussierung auf das Wesentliche und Perspektivwechsel

Der Text einer Pressemeldung konzentriert sich auf das Wesentliche. Das Grundprinzip lautet: Weniger ist mehr! Erwähnen Sie nie zu viele Aspekte und verwirren Sie damit nicht die Journalisten, sondern schildern Sie die Inhalte sachlich kurz und prägnant. Fokussieren Sie Ihre Botschaft. Formulieren Sie einen spannenden pointierten Einstieg und beachten Sie den sog. „Perspektivwechsel“. Das, was den Leser interessiert, interessiert auch den Journalisten.

☐ **Regel 7 Antworten auf die sechs W-Fragen**

Die Pressemeldung gibt Antworten auf die sechs W-Fragen: Wer? Was? Wann? Wie? Wo? und Warum? Dadurch gliedern Sie den News-Charakter der Pressemeldung. Ein Journalist kann damit sehr kurzfristig den Newswert erkennen und entscheidet in wenigen Sekunden, ob er die Meldung berücksichtigt oder nicht. Schildern Sie den Sachverhalt möglichst objektiv und verzichten Sie auf Wertungen. Informieren, nicht missionieren heißt das Gebot!

☐ **Regel 8 Zitate**

Machen Sie Meinungsäußerungen klar erkennbar, als Zitat oder durch Umformulierung in die indirekte Rede. Zitate sollten in keiner Pressemeldung fehlen, da sie den Text auflockern und die Authentizität der Pressemeldung erhöhen. Somit erhält der Leser später den Eindruck, als habe der Journalist der Zeitung persönlich mit dem Zitatgeber gesprochen. Zitate eignen sich, um Meinungen, Einschätzungen, Forderungen oder Appelle wiederzugeben.

☐ **Regel 9 Sprachstil**

Formulieren Sie kurze und leicht lesbare Sätze in einer einfachen und klaren Sprache. Schachtelsätze sind tabu! Der Ausdruck muss klar sein und darf dem Journalisten keine Rätsel aufgeben. Nutzen Sie lebendige Verben im Aktiv statt Substantivierungen in langen Passiv-Sätzen. Vermeiden Sie auch Fremdwörter oder erläutern Sie diese in einem kurzen Nebensatz.

☐ **Regel 10 Verwalterportrait und Kontaktdaten**

Formulieren Sie in zwei bis drei kurzen Sätzen etwas zu der Insolvenzverwalterkanzlei (Sitz und Größe, Zahl der Verfahren usw.), damit der Insolvenzverwalter und seine Kanzlei für den Journalisten ein Profil erhält und er sie einordnen kann. Keinesfalls fehlen darf der konkrete Ansprechpartner mit sämtlichen Kontaktdaten (Büro, Telefon-Nummer, Mail-Adresse, Fax- und Handy-Nummer). Der Ansprechpartner sollte stets für die Presse erreichbar sein, auch am Wochenende, da Redakteure einen anderen Arbeitsrhythmus haben und am Sonntag z.B. die Tageszeitung für den Montag füllen müssen.

3. Presseverteiler

Wer seine Botschaften veröffentlichen will, muss sehr genau die Wege und Kanäle kennen, die er hierfür nutzen kann. Der **Presseverteiler** stellt eine der wichtigsten Grundlagen für die Medienarbeit und Krisenkommunikation bei einer Unternehmensinsolvenz dar. Pressemeldungen werden über einen für den einzelnen Insolvenzfall eigens erstellten individuellen Presseverteiler versandt. Aufgrund der Schnelligkeit findet der Versand inzwischen vorwiegend über E-Mail-Verkehr statt. Fax- und Postversand spielen nur eine untergeordnete Rolle, Tendenz weiter fallend. 696

Für die Medienarbeit im Insolvenzverfahren sind die **Kontakte** zu den zahlreichen freien Journalisten und den fest angestellten Redakteuren der einzelnen Medien entscheidend. Ein erfahrener Medienberater oder eine gute Medienagentur verfügt über einen sehr differenzierten umfangreichen Medienverteiler, der die Kontaktdaten sämtlicher wichtiger Medienvertreter enthält. Diese Datenbanken, etwa auch mit den Mobil-Nummern von einflussreichen Journalisten, müssen stets aktualisiert und erweitert werden. 697

In diesem Zusammenhang spielen die **Nachrichtenagenturen** wie etwa dpa, Reuters, ddp, AP und AFP eine besondere Rolle, da sie eine wichtige Multiplikatorenfunktion übernehmen. Sofern eine Nachrichtenagentur die Pressemeldung mit der Neuigkeit zum Insolvenzfall aufgreift, stehen die Chancen gut, dass die Pressemeldung eine größere Verbreitung findet. In solchen Fällen rufen Redakteure der Nachrichtenagentur bei dem Medienberater an, lassen sich den Inhalt der Pressemeldung bestätigen und stellen weitere ergänzende Fragen zum Sachverhalt. Oftmals erweitern sie auch die Meldung, in dem sie z.B. den Betriebsrat, Betroffene und Marktteilnehmer ergänzend befragen. 698

Sobald die Nachrichtenagentur daraus eine eigene „Agenturmeldung“ erstellt und an alle Medien versendet hat, erreicht sie in kürzester Zeit eine Vielzahl von regionalen Tageszeitungen, überregionalen Wirtschaftsredaktionen und die branchenspezifischen Fachmedien. Denn die Zeitungen beziehen den größten Teil ihrer Informationen nicht durch eigene Recherchen und eigene Berichte, sondern durch die große Zahl der Agenturmeldungen, die sie abonniert haben. Diese Agenturmeldungen, erkennbar am Kürzel am Textende (dpa oder Reuters etc.), übernimmt die Tageszeitung entweder teilweise oder in manchen Fällen auch ganz, je nach redaktioneller Entscheidung und je nachdem, wie viele Zeilen für die Meldung noch frei sind. 699

700 Im Presseverteiler findet sich das „Who is Who“ der Medienbranche, aufgeteilt in regionale und überregionale Printmedien, Hörfunk, Fernsehen und Branchenmedien.

4. Pressekonferenz

701 Eine Pressekonferenz (PK) gibt allen Medienvertretern die Möglichkeit, sich vor Ort über eine neue Entwicklung oder einen neuen Sachverhalt zu informieren und im Anschluss an die Statements des Verwalters eigene Fragen zu stellen, **Zitate** oder für Funk und Fernsehen auch Original-Töne (O-Töne) einzuholen. Üblicherweise schließen sich bei einer PK nach den Statements des Verwalters die Fragen der Presse an, bei denen die Journalisten sowohl inhaltliche Positionen des Insolvenzverwalters als auch Verständnisfragen klären. Daher müssen sich der Verwalter und alle ggf. Beteiligten, die sich mit auf dem Podium den Fragen der Journalisten stellen, sehr genau und möglichst lückenlos auf kritische Nachfragen der Medien vorbereiten. Hierbei sollte insbes. die **Sprachregelung** (was will ich sagen und was will ich zu diesem Zeitpunkt auf keinen Fall sagen) minutiös eingehalten werden.

702 Zu einer Pressekonferenz wird stets eine **Pressemappe** für die Journalisten vorbereitet, die eine aktuelle Pressemeldung, in einigen Fällen auch Auszüge der Statements mit den Kernbotschaften des Verwalters sowie weitere aufgearbeitete Informationen (Historie zum Bauunternehmen, Tätigkeitsgebiete und Leistungsspektrum, kurze Angaben über die Verwalterkanzlei etc.) beinhaltet. Der Versand der Pressemeldung soll während, aber **nie vor** (es sei denn mit einem zeitlichen Sperrvermerk) dem Beginn der Pressemeldung erfolgen, da sonst viele Journalisten aus Zeitmangel auf den Besuch der Pressekonferenz verzichten. Das Zeitbudget der Journalisten darf bei einer Pressekonferenz nicht strapaziert werden, weil die meisten Journalisten tagesaktuell arbeiten, stets unter hohem zeitlichen Druck stehen und bis zum Redaktionsschluss noch ihren Artikel fertigstellen müssen.

703 Eine Pressekonferenz sollte in einem Insolvenzverfahren aber nur im **Ausnahmefall**, wenn wirklich wichtige neue Entwicklungen stattfinden, als Instrument für die Medienarbeit genutzt werden. Dies ist sicherlich unmittelbar nach dem Insolvenzantrag eines größeren überregional mit mehreren Niederlassungen operierenden Bauunternehmens der Fall. Bei der weiteren Entwick-

lung empfehlen sich hingegen vertrauliche Hintergrundgespräche in einem kleinen Kreis von Journalisten.

5. Hintergrundgespräch

Eine effektive Säule der Krisenkommunikation ist die Durchführung von Hin- 704
tergrundgesprächen. Sie sind für beide Seiten interessant, denn so können sich die Journalisten ein **persönliches Bild** aus den Schilderungen des Verwalters **in einem kleinen Kreis** machen. Gleichzeitig bieten Hintergrundgespräche dem Verwalter und seinem Medienberater die Möglichkeit, vorhandene Kontakte zu vertiefen und gegenseitiges **Vertrauen** Schritt für Schritt aufzubauen. Aus diesem Grund finden Hintergrundgespräche in vielen Fällen als exklusives Einzelgespräch mit nur einem Medienvertreter statt. Der Journalist fühlt sich durch die Einladung zu einem vertraulichen Hintergrundgespräch „geehrt" und hat unter dem sich verschärfenden harten Wettbewerb der Medien untereinander einen direkten Wettbewerbsvorteil, da er exklusiv vorab Informationen erhält und eigene Fragen in Ruhe mit dem Verwalter besprechen kann. Ein Insolvenzverwalter darf jedoch **nie einseitig** einen einzelnen Journalisten oder eine bestimmte Tageszeitung bevorzugen, da er sich sonst dem Vorwurf einseitiger Information aussetzt und die anderen Medienvertreter gegen sich aufbringt.

Hintergrundgespräche mit vertrauensbildenden Maßnahmen sind entschei- 705
dend, wenn es um die Gewinnung und Beeinflussung der Medien durch Informationen geht. Denn grds. haben Journalisten keinen direkten Zugang zu wesentlichen internen Informationen, es sei denn, es gibt „undichte Stellen" im insolventen Unternehmen, etwa durch ehemalige Mitarbeiter, die aus eigenem Interesse Gerüchte und Spekulationen streuen. Wenn Journalisten nur auf allgemein zugängliche Informationen angewiesen sind und nicht über Insiderwissen verfügen, können sie in einigen Fällen die unternehmerischen Entscheidungen und Handlungen eines Verwalters nicht immer nachvollziehen. Die anschließende „Medienschelte" über die Arbeit des Verwalters ist letztlich oft das Ergebnis mangelnder Fachkenntnis der Presse über die Hintergründe seiner Entscheidungen.

Insolvenzverwalter geraten durch ihre Verschwiegenheitsverpflichtung in der 706
öffentlichen Wahrnehmung oftmals in die Defensive. Gerade in einer solchen

Situation bieten sich vertrauensvolle Hintergrundgespräche mit dem Journalisten an. Dabei unterscheiden die Medien zwischen **drei Kategorien**:

Kategorie 1

Alles, was gesagt wird, kann vom Journalisten mit **Nennung der Quelle** des Informanten gesagt werden. Es werden Namen genannt und Zitate genannt und veröffentlicht.

Kategorie 2

Alles, was gesagt wird, kann von dem Journalisten unter der Voraussetzung veröffentlicht werden, dass die Quelle, also der Informant, nicht offengelegt wird. Dies findet sich später im Artikel in den Textpassagen wieder, in denen formuliert wird: „... hieß es aus gut unterrichteten Kreisen." – oder „... sagte ein Branchenexperte, der nicht genannt werden wollte." Der Informant genießt **Informantenschutz** und der Journalist deckt nie seine Quelle auf.

Kategorie 3

Alles, was gesagt wird, gilt als streng vertraulich und darf von dem Journalisten auf keinen Fall veröffentlicht werden. Die **vertraulichen Informationen** („Off Records") dienen nur dem Hintergrundwissen des Journalisten, um einen Sachverhalt etwa aus einer anderen Perspektive besser einzuschätzen.

707 Vertrauensvolle Journalisten – und nur die sollte ein Medienberater zu einem exklusiven Hintergrundgespräch mit dem Verwalter einladen – halten sich strikt an diese Vereinbarungen. Verstößt ein Journalist gegen diesen **Kodex**, wird er als nicht vertrauenswürdig eingestuft und bei weiteren Hintergrundgesprächen nicht mehr berücksichtigt. Dies spricht sich in den Medien schnell herum. Da gute Journalisten nicht nur von der Qualität ihrer professionellen Arbeit, sondern insbes. von ihren guten Kontakten und Informationen leben, halten sich in fast allen Fällen die Journalisten an diese Regelung.

708 Zu einem solchen Hintergrundgespräch bietet es sich an, dem Journalisten aus Verständnisgründen aufgearbeitete schriftliche Informationen zu übergeben. Die Medien sind stets hungrig nach neuen Informationen und müssen komplexe Vorgänge und Sachverhalte auf den Verständnishorizont ihrer Leserinnen und Leser „herunterbrechen". Gerade Medienvertreter der regionalen Presse, die i.d.R. nicht über wirtschaftliche Zusammenhänge und Insolvenzverfahren berichten, benötigen erweiterte Hintergrundinformationen, um Zu-

sammenhänge besser zu verstehen. So müssen z.B. Begriffe wie „Insolvenzgeldvorfinanzierung" in die Sprache der Medien **übersetzt** werden. Längst nicht jeder Journalist verfügt über umfassende Kenntnisse des Insolvenzrechts oder kennt die Abläufe in einem Insolvenzverfahren. Gerade bei Bauinsolvenzen gibt es Besonderheiten, die einer Erläuterung bedürfen. Das vertrauliche Hintergrundgespräch ist das richtige Forum hierfür.

IV. Bedeutung der Medienkontakte

Erfolgreiche und auf lange Sicht angelegte Medienarbeit lebt von persönlichen Kontakten zu den Journalisten; diese Kontakte müssen stets gepflegt werden. In manchen Situationen können sie enorme Bedeutung erlangen. 709

Ein Beispiel: 710

Bei einem großen insolventen Bauunternehmen sollte das Auslandsgeschäft an einen der zahlreichen Interessenten verkauft werden. In der Phase der Due-Diligence herrscht große Anspannung, weil zahlreiche Investoren Einblick in den Data Room erhalten und anschließend ihr Gebot abgeben. Bei großen Unternehmenstransaktionen ist im Medienumfeld stets mit „Sperrfeuer" beteiligter Dritter und mit Spekulationen aus bestimmten Kreisen zu rechnen. Durch das bewusste anonyme Streuen von Indiskretionen soll der Verkaufspreis gedrückt und Mitbewerber im laufenden Bieterverfahren verunsichert werden. In dieser angespannten Situation wurden einem Redakteur interne Unterlagen mit sensiblen Zahlen über das Auslandsgeschäft – von welcher Seite blieb ein Geheimnis – übergeben, die das Bieterverfahren bei einer Veröffentlichung umgehend gefährdet hätten. Der Journalist konfrontierte den Insolvenzverwalter mit den Unterlagen und verlangte eine Bestätigung und eine Stellungnahme. Doch während eines Bieterverfahrens muss sich der Insolvenzverwalter strikt an seine Verschwiegenheitsvereinbarung halten und darf kein Wort sagen. Die Situation war prekär und das Bieterverfahren offensichtlich gefährdet.

In dieser Situation hatte der Medienberater des Verwalters sich mit dem Redakteur getroffen und ihm in einem vertraulichen Gespräch die Folgen eines Platzens des Bieterverfahrens mit allen Konsequenzen, wie etwa der starken Gefährdung zahlreicher Arbeitsplätze, vor Augen geführt. Dem Insolvenzverwalter waren die Hände gebunden und es gab keine Option, wenn der Journalist entgegen den Beteuerungen des Medienberaters seine ihm anonym „zugesteckten" Informationen veröffentlicht hätte. Nach eindringlichem Gespräch einigten sich der Medienberater und der Journalist auf einen Deal. Schließlich war der Journalist aufgrund des vertraulichen Gesprächs und der für das insolvente Unternehmen drohenden negativen Folgen bereit, auf seine Veröffentlichung zunächst zu verzichten. Im Gegenzug wurde ihm zugesichert, dass er bei einem erfolgreichen Verkauf der erste Journalist sei, der die Nachricht des Vertragsabschlusses im Vorfeld exklusiv erhalten würde.

711 **Fazit:** Eine weitsichtige und vertrauensvolle Zusammenarbeit mit den Medien ist Teil eines professionellen Krisenmanagements. Gute und effiziente Pressearbeit bedeutet längst nicht nur, dass etwas veröffentlicht wird, sondern dass z.B. in ganz bestimmten bedeutenden oder gar kritischen Phasen nicht über einen Vorgang berichtet wird. Presse- und Medienarbeit sollte für den Insolvenzverwalter Chefsache sein.

V. Zusammenfassende Thesen

712
- **Strategische Medienarbeit ist integraler Bestandteil eines Krisenmanagements.**
- **Insolvenzverwalter sollen die Scheu und das Misstrauen gegen die Medien ablegen. Ein partnerschaftlicher Umgang mit den Medien ist nicht nur wünschenswert, sondern unverzichtbar.**
- **Eine aktive Medienarbeit ist in Krisensituationen unerlässlich. Verwalter müssen sich an der Meinungsbildung beteiligen und dürfen das Feld nicht den anderen Interessensträgern überlassen.**
- **Kluge Medienarbeit bedeutet: strategische Planung für die wichtigsten Kommunikationsziele, klare Botschaften und strikte Sprachregelung.**
- **In vielen Insolvenzverfahren ist die Beauftragung eines Medienberaters für die Umsetzung einer professionellen Medienarbeit unerlässlich. Dieser übernimmt alle Aufgaben von der strategischen Kommunikationsarbeit über den Versand von Pressemeldungen bis hin zur Beantwortung von Journalistenanfragen.**
- **Vertrauensbildende Maßnahmen, wie etwa Hintergrundgespräche, sind die Basis für eine langfristige und gute Beziehung zu der Presse.**
- **Aktive Medienarbeit spiegelt die Leistungen, die Kompetenz und Qualität der Arbeit des Insolvenzverwalters wieder. Bemühungen und Erfolge, wie die Sanierung eines Unternehmens, müssen kommuniziert werden.**
- **Durch eine aktive Medienarbeit erhalten Insolvenzverwalter ein klares Profil nach außen und bei den Insolvenzgerichten.**

M. Anhang

Anlage B 1 – Muster eines optimalen Beschlusses für ein vorläufiges Insolvenzverfahren

Amtsgericht 713

Insolvenzgericht

Geschäfts-Nr.: ..... IN ..... /07

(bitte stets angeben)

Beschluss

In dem Insolvenzantragsverfahren ..... ,

- Antragstellerin -

gegen

Allbau GmbH, Musterstadt

- Antragsgegner -

wird gemäß §§ 21, 22 Insolvenzordnung (InsO) zur Sicherung der Masse und zum Schutz der Gläubiger gegen den Antragsgegner am ..... **um** ..... **Uhr** angeordnet:

1. Gemäß § 21 Abs. 2 Ziff. 1 InsO wird die vorläufige Verwaltung des Vermögens des Antragsgegners angeordnet.
   Zur **vorläufigen Insolvenzverwalterin wird bestellt:**
   Rechtsanwältin .....
2. Gemäß § 21 Abs. 2 Ziff. 2 InsO wird angeordnet, dass Verfügungen des Antragsgegners nur mit Zustimmung der vorläufigen Insolvenzverwalterin wirksam sind.
3. Maßnahmen der Zwangsvollstreckung werden gem. § 21 Abs. 2 Nr. 3 InsO untersagt, bereits eingeleitete Maßnahmen werden einstweilen eingestellt – soweit nicht unbewegliche Gegenstände betroffen sind.
4. Die vorläufige Insolvenzverwalterin wird ermächtigt, Forderungen des Antragsgegners auf ein Treuhandkonto einzuziehen und Gelder

entgegenzunehmen sowie Bankauskünfte betreffend den Schuldner einzuholen.

5. Der Beschluss vom 08.02.2008 (Gutachtenauftrag) bleibt aufrechterhalten.

6. Die vorläufige Insolvenzverwalterin soll gemäß § 22 Abs. 2 InsO das Vermögen des Antragsgegners sichern und erhalten;
ein Unternehmen, das der Antragsgegner betreibt, bis zur Entscheidung über die Eröffnung des Insolvenzverfahrens mit dem Antragsgegner fortführen, soweit nicht das Insolvenzgericht einer Stilllegung zustimmt, um eine erhebliche Verminderung des Vermögens zu vermeiden.

7. Die Verfügungsbefugnis über bestehende Arbeitsverhältnisse obliegt weiterhin dem Antragsgegner; die Begründung, Änderung und Beendigung bestehender Arbeitsverhältnisse bedürfen der Zustimmung der vorläufigen Insolvenzverwalterin.

8. Die vorläufige Insolvenzverwalterin ist berechtigt, die Geschäfts- und Wohnräume des Antragsgegners zu betreten; der Antragsgegner hat der vorläufigen Insolvenzverwalterin Einsicht in seine Bücher und Geschäftspapiere zu gestatten.

9. Die Anordnung der vorläufigen Verwaltung erfolgt auf Antrag des Sachverständigen. Die Anordnung war notwendig, um bis zur Entscheidung über den Antrag eine für die Gläubiger nachteilige Veränderung in der Vermögenslage des Antragsgegners zu verhindern.

Richter am Amtsgericht

Ausgefertigt:

..... , den

Urkundsbeamtin der Geschäftsstelle

Anlage B 2 – Vollständigkeitserklärung über Auskünfte des Geschäftsführers

714

Vollständigkeitserklärung

Ich bestätige, dass ich ..... als Geschäftsführer der Allbau GmbH sämtliche für die Erstellung des Eröffnungsgutachtens notwendigen Erklärungen, Auskünfte und Nachweise nach bestem Gewissen und Wissen gegenüber Rechtsanwältin ..... gegeben habe.

Dies betrifft sowohl die angeforderten Unterlagen als auch die meines Erachtens einzubeziehenden Geschäftspapiere. Die erforderlichen Auskünfte und Informationen wurden vollständig und umfassend gegeben. Wesentliche Angaben wurden nicht verschwiegen. Ich bestätige daher zusammenfassend, dass Rechtsanwältin ..... alle meiner Einschätzung nach wesentlichen Informationen, Auskünfte und Nachweise erhalten hat, um sich ein zutreffendes Bild über die Vermögenslage der Gesellschaft zu verschaffen.

Musterstadt, den .....

.....

Geschäftsführer der Allbau GmbH

Anlage B 3 – Widerruf von Lastschriften

715 **Insolvenzverfahren über das Vermögen der Allbau GmbH**

Hier: Lastschriftenwiderruf

Sehr geehrte Damen und Herren,

in vorbezeichnetem Insolvenzantragsverfahren nehme ich Bezug auf die Mitteilung über die Anordnung der vorläufigen Verwaltung. Beschluss über die vorläufige Verwaltung in Anlage.

Nach zwischenzeitlich durchgeführter Sichtung der Kontoauszüge hat sich ergeben, dass erhebliche Lastschrifteneinzüge erfolgt sind.

Im Hinblick auf meine durch Beschluss legitimierten Befugnisse habe ich – soweit der Rechnungsabschluss quartalsweise erfolgt – hiermit meine Zustimmung zu den jeweiligen Lastschrifteneinzügen ab dem 3. Quartal 2008 zu verweigern; im Fall eines monatlichen Rechnungsabschlusses zumindest ab dem Monat August 2008.

Insoweit wird höflichst um Rückbuchung der Zahlungen gebeten sowie um Anweisung auf das nachfolgend für dieses Verfahren benannte Hinterlegungskonto:

Hinterlegungskonto Nr.: .....

..... **Bank**

BLZ .....

Rechtsanwältin ..... **als vorläufige Insolvenzverwalterin der Allbau GmbH**

Mit freundlichen Grüßen

.....

Rechtsanwältin

Als vorläufige Insolvenzverwalterin der Allbau GmbH

Anlage B 4 – Werkvertrag zwischen Bauherr und Nachunternehmer

716

VEREINBARUNG

zwischen

.....

- nachfolgend Auftraggeber/Bauherr genannt –

und

Nachunternehmer

.....

- nachfolgend Auftragnehmer genannt –

wird die folgende Vereinbarung zur Ausführung der Schalungs- und Betonarbeiten an dem Bauprojekt ..... getroffen:

1. Der Auftraggeber tritt mit Wirkung ab dem ..... (Tag der Eröffnung des vorläufigen Insolvenzverfahrens) in alle Recht und Pflichten des zwischen der Firma Allbau GmbH und Nachunternehmer am ..... geschlossenen Werkvertrages ein.
2. Der Leistungsumfang ergibt sich aus dem anliegenden Werkvertrag und seinen Anlagen, die zum Bestandteil dieses Vertrages werden.
3. Die Rechnungen für die Leistungen ab dem ..... (Tag der Eröffnung des vorläufigen Insolvenzverfahrens) sind an den Auftraggeber zu adressieren, unmittelbar nach Rechnungsstellung zunächst dem Generalplaner für das Bauvorhaben, den Architekten ..... zur Prüfung zuzuleiten.
4. Nebenabreden, Änderungen und Ergänzungen zu diesem Vertrag sind nur gültig, wenn sie schriftlich vereinbart worden sind; sie müssen ausdrücklich als Vertragsänderung bzw. Vertragsergänzung bezeichnet sein.
5. Sollten einzelne Bestimmungen dieses Vertrages ganz oder teilweise unwirksam sein oder werden, so soll hierdurch die Gültig-

keit der übrigen Bestimmungen nicht berührt werden. Anstelle der unwirksamen Bestimmung ist eine solche wirksame Bestimmung zu vereinbaren, welche dem Sinn und Zweck der unwirksamen Bestimmung entspricht.

.....	.....
Ort, Datum	Ort, Datum
.....	.....
Auftraggeber	Nachunternehmer

Der vorläufige Insolvenzverwalter über das Vermögen der Allbau GmbH, Rechtsanwalt ..... , erklärt mit der Unterschrift das Einverständnis zum Abschluss dieser Vereinbarung.

.....

Ort, Datum

.....

Unterschrift vorläufiger Insolvenzverwalter

.....

Unterschrift Geschäftsführer der Allbau GmbH

Anlage B 5 – Interessenausgleich mit dem Betriebsrat

717

Interessenausgleich

zwischen

.....

und

dem Betriebsrat

Präambel

Unter dem ..... wurde über das Vermögen der ..... Antrag auf Eröffnung eines Insolvenzverfahrens beim Amtsgericht – Insolvenzgericht – ..... gestellt. Zum vorläufigen Insolvenzverwalter wurde ..... bestellt. Der Beschluss des Amtsgerichts ..... vom .... ist als **Anlage 1** Bestandteil dieses Interessenausgleichs.

Mit Beschluss des Amtsgerichts – Insolvenzgericht – ..... vom ..... wurde das Insolvenzverfahren über das Vermögen der ..... das Insolvenzverfahren eröffnet und ..... zum Insolvenzverwalter bestellt. Der Beschluss des Amtsgerichts ..... vom ..... ist als **Anlage 2** Bestandteil dieses Interessenausgleiches.

Anlass dieses Interessenausgleichs ist die Entscheidung des Insolvenzverwalters, den Betrieb des Unternehmens umgehend nach Insolvenzeröffnung stillzulegen und lediglich die noch vorhandenen Aufträge innerhalb der Zeit der jeweils maßgeblichen Kündigungsfristen der Arbeitnehmer von maximal drei Monaten zum Monatsende abzuarbeiten (sogenannte Ausproduktion).

Der Betriebsrat nimmt diese Entscheidung zur Kenntnis.

§ 1 Gegenstand der Betriebsänderung

1.1. Unterrichtung des Betriebsrates

Der Betriebsrat wurde über die wirtschaftliche und finanzielle Lage des Unternehmens eingehend informiert. Der Insolvenzverwalter teilte mit, dass als Ergebnis der durchgeführten Analyse festzustellen ist, dass das Unternehmen überschuldet und zahlungsunfähig ist und für eine Fortführung des Betriebes mangels ausreichender finanzieller Grundlage keine wirtschaftlich sinnvolle Möglichkeit besteht. Der Eintritt der Masseunzulänglichkeit im eröffneten Verfahren ist nicht auszuschließen. Als Folge der Stilllegungsentscheidung hält der Insolvenzverwalter den Abbau sämtlichen Personals für unabdingbar.

Zum Nachweis der wirtschaftlichen Ausgangsdaten wurde dem Betriebsrat das Hinterlegungskonto und das Gutachten des Insolvenzverwalters an das Amtsgericht – Insolvenzgericht – ..... zur Eröffnung des Insolvenzverfahrens zur Einsicht vorgelegt.

Der Betriebsrat nimmt diese Information des Insolvenzverwalters gleichfalls zur Kenntnis.

1.2. Geltungsbereich

Nachfolgend werden Arbeitnehmer/innen und Auszubildende lediglich als Arbeitnehmer bezeichnet. Hiervon sind sowohl Arbeitnehmer weiblichen als auch männlichen Geschlechts sowie gewerbliche Arbeitsnehmer und Angestellte erfasst.

Diese Vereinbarung gilt für alle Arbeitnehmer, die am ..... in einem Arbeitsverhältnis zur Firma ..... standen/stehen. Ausgenommen hiervon sind Leitende Angestellte im Sinne des § 5 Abs. 3 BetrVG.

1.3. Maßnahmen zur Umsetzung

In Umsetzung der Betriebsänderungen werden die auf der durch Heftung beigefügten **Namensliste** genannten Mitarbeiter kurzfristig nach Abschluss dieses Interessenausgleiches betriebsbedingt gekündigt. Die Arbeitsverhältnisse können auch durch Aufhebungsvertrag oder Abwicklungsvertrag beendet werden. Die Namensliste ist diesem Interessenausgleich als **Anlage 3** beigefügt und mit dem Interessenausgleich durch Heftung fest verbunden. Die Liste enthält folgende Angaben: Name, Vorname und im Fall der Namensgleichheit auch das Geburtsdatum.

Sofern der Auszubildende seine Ausbildung wegen der betriebsändernden Maßnahme nicht abschließen kann, wird sich der Insolvenzverwalter darum bemühen, eine Übernahme des Ausbildungsverhältnisses durch andere geeignete Betriebe sicherzustellen. Soweit dies nicht gelingen sollte, besteht Einvernehmen, auch den Auszubildenden betriebsbedingt im Hinblick auf die Betriebsstilllegung außerordentlich mit Auslauffrist von drei Monaten zum Monatsende kündigen zu dürfen.

§ 2 Abwicklung

Der Insolvenzverwalter ist berechtigt, die für eine ordnungsgemäße Ausproduktion erforderlichen Arbeitnehmer nach Ausspruch der betriebsbedingten Kündigungen für die Zeit der Kündigungsfrist mit Abwicklungsarbeiten zu beschäftigen.

Der Insolvenzverwalter ist berechtigt, Arbeitnehmer, für die es während der Kündigungsfrist keine sinnvolle Beschäftigungsmöglichkeit mehr gibt, von ihrer Arbeitsverpflichtung unter Anrechnung der Zeit der Freistellung auf Urlaubsansprüche und Freizeitguthaben freizustellen.

Resturlaubsansprüche sind, soweit es die betrieblichen Belange zulassen, abzubauen.

Soweit Freizeitansprüche aus Urlaub und Guthabenstunden aus dem Zeitkonto in Natura gewährt werden, werden vorrangig Freizeitansprüche aus Urlaub vor den Guthabenstunden aus dem Zeitkonto abgebaut.

Die Arbeitnehmer erhalten mit dem Ausscheiden ein wohlwollendes und qualifiziertes Arbeitszeugnis. Auf Wunsch werden auch Zwischenzeugnisse erteilt.

§ 3 Mitbestimmungsrechte des Betriebsrates

3.1.

Alle personellen Maßnahmen aus Anlass oben benannter Betriebsmaßnahmen werden im Rahmen des BetrVG und unter Wahrung der gesetzlichen und tariflichen Rechte des Betriebsrates und der Mitarbeiter durchgeführt.

3.2.

Allen von diesem Interessenausgleich betroffenen Arbeitnehmern soll auf Wunsch die Konsequenzen und Zusammenhänge des Interessenausgleiches mündlich erläutert werden, gegebenenfalls unter Hinzuziehung eines Betriebsratsmitgliedes.

3.3.

Bei Kündigung eines Schwerbehinderten ist die Zustimmung des Integrationsamtes vorab einzuholen. Bei der Kündigung im Mutterschutz oder in Elternzeit befindlicher Arbeitnehmer, sind, wie auch bei Arbeitnehmern, die sich im Wehr- oder Zivildienst befinden, die Zustimmungen der zuständigen staatlichen Stellen vorab einzuholen.

§ 4 Beteiligungsrechte des Betriebsrates

4.1.

Der Betriebsrat bestätigt, im Zusammenhang mit den Verhandlungen über den Interessenausgleich auch gemäß §§ 102, 103 BetrVG angehört worden zu sein. Er bestätigt insbesondere, dass ihm anlässlich der Beratungen eine komplette Belegschaftsliste mit allen persönlichen, funktionellen und sozialen Daten sowie ordentlichen Kündigungsfristen bzw. nach § 113 InsO auf drei Monate verkürzten Kündigungsfristen der Mitarbeiter vorgelegt wurde.

Das Anhörungsverfahren für die Kündigung gemäß §§ 102, 103 BetrVG wurde durch Übergabe einer vollständigen Personalliste mit allen relevanten Daten, auch der Kündigungsfristen, an den Betriebsrat am ..... ordnungsgemäß eingeleitet. Darüber hinaus wurden dem Betriebsrat auch im Einzelfall ergänzende Auskünfte erteilt. Der Betriebsrat hatte Zugriff auf alle Unterlagen und Daten der Personalverwaltung, insbesondere die Personalakten.

Der Betriebsrat bestätigt mit der Unterschrift dieses Interessenausgleiches und der Personalliste, dass das Anhörungsverfahren nach §§ 102, 103 BetrVG ordnungsgemäß abgeschlossen ist und keine weiteren Einwendungen erhoben werden. Die Vertragsparteien sind sich darüber einig, dass mit Unterzeichnung des Interessenausgleiches die Unterrichtungsverpflichtungen nach §§ 102, 103 BetrVG abschließend erfüllt worden sind. Der Betriebsrat erklärt des Weiteren, dass in der Zustimmung zum Interessenausgleich die Erklärung enthalten ist, im Rahmen des Anhörungsverfahrens nach §§ 102, 103 BetrVG zu den beabsichtigten Kündigungen gemäß der Personalliste keine weiter gehende Stellungnahme abgeben zu wollen bzw. abgegeben zu haben und den aus der Namensliste ersichtlichen beabsichtigten Kündigungen zugestimmt zu haben.

Aus Sicht des Betriebsrates ist das Anhörungsverfahren nach §§ 102, 103 BetrVG hierdurch abschließend durchgeführt und erledigt worden.

4.2.

Die Stellungnahme des Betriebsrates nach § 17 Abs. 3 Satz 2 KSchG und dessen Beteiligung im Rahmen der Verfahren nach §§ 87 ff. SGB IX und BerzGG/BEEG wurde mit den Verhandlungen über den Interessenausgleich und der Anhörung nach §§ 102, 103 BetrVG verbunden. Der Interessenausgleich ersetzt insoweit die Stellungnahme des Betriebsrates. Der Betriebsrat wird im Rahmen des § 17 KSchG daher keine weitere Stellungnahme mehr abgeben, insbesondere auch nicht nach § 20 KSchG.

§ 5 Sozialplan

Zum Ausgleich der durch die Betriebsänderung entstehenden Nachteile werden die Betriebsparteien einen Sozialplan unter Beachtung der Regelungen in § 123 InsO vereinbaren. Die weiteren Einzelheiten regelt der noch abzuschließende Sozialplan.

§ 6 Inkrafttreten

Dieser Interessenausgleich tritt mit Unterzeichnung in Kraft. Insolvenzverwalter und Betriebsrat sind sich darüber einig, dass die entsprechenden Verhandlungen abgeschlossen sind.

..... , den .....

.....	.....
als Insolvenzverwalter über das Vermögen	Betriebsrat
der	der .....

Anlage B 6 – Aufhebungsvereinbarung eines Mietverhältnisses

718

Vergleich

zwischen

1. Rechtsanwältin ..... , als vorläufige Insolvenzverwalterin über das Vermögen der Allbau GmbH

2. Allbau GmbH

- nachfolgend Mieter genannt -

und

Herrn .....

- nachfolgend Vermieter genannt -

wird folgender Aufhebungsvertrag geschlossen:

Präambel

Mit Beschluss des Amtsgerichts ..... vom ..... zu Aktenzeichen ..... IN ..... / ..... wurde Rechtsanwältin ..... zur vorläufigen Insolvenzverwalterin über das Vermögen der Allbau GmbH bestellt. Das Insolvenzverfahren ist noch nicht eröffnet worden. Es wird erwartet, dass das Verfahren ..... eröffnet wird.

Mit schriftlichem Vertrag vom ..... mietete der Mieter bei dem Vermieter mit Wirkung vom ..... auf dem Grundstück ..... einen Betriebshof an. Die Nutzungsfläche beträgt ca. ..... m^2. Eine Kaution wurde vereinbart aber nicht gezahlt.

Der Mieter befindet sich mit Stand vom ..... mit der Zahlung für den Monat September 2008 von Miet- und Betriebskosten im Zahlungsverzug. Eine fristlose Kündigung des Mietverhältnisses erfolgte noch nicht.

Die Vertragsparteien schließen nachfolgende Vereinbarung:

1.

Das zwischen dem Mieter und dem Vermieter bestehende Mietverhältnis wird einvernehmlich zum 30.10.2008 aufgehoben. Die Räumlichkeiten werden bis zum 30.10.2008 durch den Mieter geräumt. Sie stehen ab dem 01.11.2008 dem Vermieter zur Weitervermietung zur Verfügung. Sollten sich in den Geschäftsräumen noch Gegenstände befinden wie Leasinggeräte etc., die mit Rechten Dritter belastet sind, verpflichtet sich der Vermieter neben dem Mieter, diese Gegenstände an die Berechtigten herauszugeben. Sollte dem Mieter bekannt sein oder bekannt werden, dass derartige Rechte bestehen, wird er dies dem Vermieter umgehend mitteilen.

2.

Der Vermieter duldet befristet bis zum 30.10.2008 die Nutzung der beiden Parteien bekannten Flächen. Im Gegenzug zahlt der Mieter eine Rate für den Monat ..... 2008. Die weiteren noch offenen Zahlungen, auch aus Betriebskostennachzahlungen, wird der Vermieter zur Insolvenztabelle anmelden.

3.

Der Vermieter hat kein Vermieterpfandrecht geltend gemacht. Er erklärt mit Unterzeichnung dieser Vereinbarung, dass er auch zukünftig kein Vermieterpfandrecht geltend machen wird.

4.

Mit Unterzeichnung dieser Vereinbarung wird das Mietverhältnis einvernehmlich zwischen den Parteien zum 30.10.2008 aufgehoben.

Sollten Bestimmungen dieses Vertrages ganz oder teilweise nicht wirksam oder nicht durchführbar sein oder ihre Rechtswirksamkeit oder Durchführbarkeit verlieren, so soll hierdurch die Gültigkeit der übrigen Bestimmungen des Vertrages nicht berührt werden. Das Gleiche gilt, soweit sich herausstellen sollte, dass der Vertrag eine Regelungslücke enthält. Anstelle der unwirksamen und undurchführbaren Bestimmungen oder zur Ausfüllung der Lücke soll eine angemessene Regelung gelten, die, soweit rechtlich möglich, dem am nächsten kommt, was von den Parteien der vorliegenden Vereinbarung gewollt wurde oder nach dem Sinn und Zweck des Vertrag gewollt sein würde.

Ort, Datum

.....

Rechtsanwältin ..... als vorläufige Insolvenzverwalterin über das Vermögen der Allbau GmbH

Ort, Datum

.....

Geschäftsführer der Allbau GmbH

Ort, Datum

.....

.....

Vermieter

Anlage B 7 – Mahnschreiben im vorläufigen Insolvenzverfahren

An 719

Firma A

Insolvenzverfahren über das Vermögen der Allbau GmbH

Sehr geehrte Damen und Herren,

mit Beschluss vom ..... wurde vom Amtsgericht ..... über das Vermögen der Allbau GmbH die vorläufige Insolvenzverwaltung angeordnet und Rechtsanwältin ..... als vorläufige Insolvenzverwalterin bestellt. Eine Kopie des Beschlusses liegt an.

Nach den vorliegenden Unterlagen stehen noch Forderungen in Höhe von insgesamt ..... € zur Zahlung aus. Die genaue Zusammensetzung ersehen Sie aus der unterstehenden Aufstellung. Zahlungen können mit schuldbefreiender Wirkung allein auf das

Hinterlegungskonto Nr.: .....

..... **Bank**

BLZ .....

IBAN .....

BIC .....

Rechtsanwältin ..... **als vorläufige Insolvenzverwalterin der Allbau GmbH**

geleistet werden. Für den Eingang haben wir uns den ..... vorgemerkt.

Sollten Sie der Auffassung sein, dass die Forderung nicht besteht, teilen Sie die Ihrer Auffassung nach entgegenstehenden Gründe bitte umgehend schriftlich/per Fax mit. Sofern Sie Rechnungen bereits (teilweise) ausgeglichen haben, bitten wir – unter Beifügung geeigneter Nachweise – um Information, wann und auf welches Konto Sie gezahlt haben. Geleistete Zahlungen lassen sich im Insolvenzverfahren leider nicht mehr vollständig nachvollziehen.

Mit freundlichen Grüßen

.....	.....
Rechtsanwältin	Geschäftsführer der Allbau GmbH
als vorläufige Insolvenzverwalterin	
der Allbau GmbH	

Datum	Rechnung Nr.	Fällig	Betrag in €	Davon noch offen €

Anlage B 8.1 – Mustervertrag für Fortführung einer Baustelle im eröffneten Verfahren

720

VEREINBARUNG

zwischen Rechtsanwalt .....

als vorläufiger Insolvenzverwalter über das Vermögen der Allbau GmbH

– nachstehend „AUFTRAGNEHMER“ (AN) genannt –

und

.....

– nachstehend „AUFTRAGGEBER“ (AG) genannt –

Präambel

Die Allbau GmbH (Insolvenzschuldnerin) hat für den Auftraggeber auf der Grundlage des Bauvertrages „Wohnhauserweiterung, Errichtung einer Schwimmhalle“ für das dort benannte Bauvorhaben Bauleistungen erbracht.

Der Vertrag ist nicht vollständig erfüllt. Das Amtsgericht Frankfurt am Main hat mit Beschluss

vom ..... zum Geschäftszeichen: ..... IN ..... /08 Herrn Rechtsanwalt ..... als vorläufigen Insolvenzverwalter über das Vermögen der Allbau GmbH bestellt. Der Beschluss des Amtsgerichts liegt diesem Vertrag als **Anlage 1** bei.

Dies vorausgeschickt, vereinbaren die Vertragsparteien Folgendes:

Teil A: Abwicklung des Altvertrages

(I) Der bisherige Bauvertrag zwischen der Insolvenzschuldnerin und dem Auftraggeber vom ..... wird in beiderseitigem Einvernehmen aufgehoben.

(II) Die Vertragsparteien verpflichten sich, unverzüglich gemeinsam eine schriftlich protokollierte und von beiden Parteien unterschriebene Leistungsfeststellung zu fertigen. Diese Leistungsfeststellung wird am ..... (1 Tag vor Insolvenzeröffnung) durchgeführt werden. Die Insolvenzschuldnerin wird auf der Grundlage dieser Leistungsfeststellung die bis zum ..... (1 Tag vor der Insolvenzeröffnung) erbrachten Leistungen unter Berücksichtigung der bis zu diesem Zeitpunkt durch den AG geleisteten Abschlagszahlungen abrechnen.

(III) Im Hinblick auf den vom AG vorgenommenen Sicherheitseinbehalt treffen die Parteien folgende Vereinbarung: Der AG hat beim AN laut vertraglicher Vereinbarung vom ..... eine Sicherheit in Höhe von 10 % der Auftragssumme einbehalten. Dieser Einbehalt besteht derzeit in Höhe von € 35.000,00.

Teil B: Vereinbarung über ausstehende Restleistungen

§ 1 Gegenstand des Vertrages

Gegenstand dieser Vereinbarung zwischen dem AG und dem AN ist die Fertigstellung der von der Insolvenzschuldnerin gemäß dem Bauvertrag vom ..... im Zeitpunkt der Insolvenzeröffnung (Stichtag zur Abgrenzung – *genaues Datum* –) noch nicht erbrachten Bauleistungen.

§ 2 Vertragsbestandteile und Leistungsgrundlagen

(I) Es wird hiermit noch einmal klargestellt, dass der alte Bauvertrag vom ..... beendet ist. Neuer Vertragsbestandteil dieses heute verhandelten Vertrages sind die noch ausstehenden Bauleistungen des alten Bauvertrages vom ..... nebst Anlagen, soweit die vorliegende Vereinbarung nichts Anderweitiges regelt.

(II) Bei Widersprüchen zwischen dem Bauvertrag und dieser Vereinbarung ist letztere vorrangig.

(III) Etwaige Geschäftsbedingungen/Lieferbedingungen/Zahlungsbedingungen des AN oder des AG sowie anderer am Bau Beteiligter sind nicht Vertragsbestandteil, es sei denn, sie sind bereits wirksam im Bauvertrag vom ..... vereinbart.

§ 3 Vertretung der Vertragspartner

(I) Der AG wird vertreten durch den Architekten ..... . Dieser ist zur Einzelvertretung und Vergabe von Untervollmachten berechtigt.

(II) Der AN wird vertreten durch Herrn ..... . Der Vertreter des AN ist uneingeschränkt zur Entgegennahme von Willenserklärungen und

Durchführung der Abnahme, gleich welcher Art, im Zusammenhang mit diesem Vertrag berechtigt.

§ 4 Auftrags- und Leistungsumfang des AN

Der AN hat die von ihm zu erbringenden Bauleistungen eigenverantwortlich zu erbringen. Der AN hat mit den Bauleistungen ohne schuldhaftes Zögern zu beginnen.

§ 5 Vergütung

Als Vergütung für die Bauleistungen werden die im Bauvertrag vom ..... vereinbarten Einheitspreise in Höhe von € 350.000,00 zuzüglich berechtigter Nachtragsforderungen vereinbart.

Als Kalkulation wird **Anlage 2** zugrundegelegt.

§ 6 Abnahme

(I) Die Parteien vereinbaren die förmliche Abnahme.

(II) Der Abnahmetermin ist spätestens zwölf Werktage nach der Mitteilung des AN, dass seine Leistungen fertig sind, durchzuführen.

(III) Im Übrigen bedarf die Einrichtung oder anderweitige Nutzung des Objektes durch den AG oder durch von diesem beauftragte Dritte der vorherigen schriftlichen Genehmigung durch den AN.

§ 7 Rechnungsstellung

Alle Rechnungen des AN sind prüffähig und in einfacher Ausfertigung beim AG einzureichen. Die notwendigen Rechnungsprüfungsunterlagen, z.B. Massenberechnungen, Abrechnungs¬zeichnungen, Handskizzen etc. sind ebenfalls einfach beizufügen.

§ 8 Zahlungen

(I) Abschlagszahlungen sind gemäß § 16 Nr. 1 Abs. 3 VOB/B binnen 18 Werktagen nach Zustellung der Aufstellung beim AG gemäß dem zur Vertragsgrundlage gemachten **Zahlungsplan**, der als **Anlage 3** beigefügt ist, zu leisten, sofern die Voraussetzungen des § 16 Nr. 1 VOB/B vorliegen.

(II) Vorauszahlungen sind nicht vereinbart.

(III) Die Parteien vereinbaren, dass der AG wegen etwaiger Forderungen aus dem Bauvorhaben vom ..... (ursprünglicher Bauvertrag) bzw. aus dem Bauvertrag vom ..... (neuer Bauvertrag mit dem Insolvenzverwalter) keine Aufrechnung erklären und keine Zurückbehaltungsrechte gegenüber dem Werklohnanspruch des AN geltend machen wird.

§ 9 Sicherheitsleistung

(I) Der AN leistet Sicherheit für die Vertragserfüllung und Gewährleistung der von ihm geschuldeten Bauleistung auf der Grundlage der entsprechenden Regelungen des Bauvertrages vom ..... (**neuer Vertrag mit dem Insolvenzverwalter, Anlage B 9.2**). Der AN leistet Sicherheit durch die Zahlung eines Betrages in Höhe von 10 % der restlichen Auftragssumme (brutto) auf ein Sperrkonto ein, über das der AG und der AN nur gemeinsam verfügen dürfen (sog. Und-Konto).

(II) Der AG hat nicht das Recht, aufgrund der Eröffnung des Insolvenzverfahrens über das Vermögen der Insolvenzschuldnerin und der mit der Eröffnung zusammenhängenden Rechtswirkungen die ihm von der Insolvenzschuldnerin bereits übergebenen bzw. ihm vom AN gemäß dieser Vereinbarung zu übergebenden Sicherheiten in Anspruch zu nehmen.

§ 10 Sonstige Vereinbarungen

(I) Der Vertrag gibt das zwischen den Parteien Besprochene vollständig wieder. Mündliche Nebenabreden zu diesem Vertrag bestehen nicht. Änderungen und Ergänzungen dieses Vertrages bedürfen ebenso der Schriftform, wie die Aufhebung dieser Schriftformklausel. Die Schriftform ist gewahrt, wenn die Erklärung per Fax zugeht.

(II) Sollte eine Bestimmung dieses Vertrages unwirksam sein oder werden, so wird dadurch die Gültigkeit des Vertrages im Übrigen nicht berührt. Die Parteien verpflichten sich, in diesem Falle eine Vereinbarung zu treffen, die den in diesem Vertrag zum Ausdruck kommenden wirtschaftlichen Interessen der Parteien am nächsten kommt.

§ 11 Streitigkeiten

Als ausschließlicher Gerichtsstand für etwaige Streitigkeiten aus und im Zusammenhang mit diesem Vertrag wird ..... vereinbart; gesetzlich geregelte, ausschließliche Gerichtsstände sind hiervon nicht berührt.

.....	.....
(Ort, Datum)	(Ort, Datum)
.....	.....
(Auftraggeber)	(Vorläufiger Insolvenzverwalter)

Anlage B 8.2 – Mustervertrag für Fortführung einer Baustelle im eröffneten Verfahren

721 Zwischen

.....

- nachstehend als Auftraggeber bezeichnet -

und

Rechtsanwalt .....

als Insolvenzverwalter über das Vermögen der Allbau GmbH

(Adresse Kanzlei des Insolvenzverwalters)

- nachstehend als Auftragnehmer bezeichnet -

wird folgender

Bauvertrag

geschlossen:

§ 1 Vertragsgegenstand

Gegenstand des Vertrages ist die Ausführung der **Restbauleistungen** folgender Bauleistungen/Gewerke an dem Objekt ..... in .....

§ 2 Vertragsbestandteile

2.1 Bestandteile dieses Vertrages sind – bei Widersprüchen – in der nachgenannten Reihen- und Rangfolge

2.1.1 das Verhandlungsprotokoll vom ..... (Tag vor der Insolvenzeröffnung)

2.1.2 die Regelungen der Vereinbarung über die Abwicklung des ursprünglichen Bauvertrages vom ..... (Tag vor der Insolvenzeröffnung)

2.1.3 die Regelungen dieses Bauvertrages,

2.1.4 die Leistungsbeschreibung,

2.1.5 das Leistungsverzeichnis,

2.1.6 die Ausführungsplanung,

2.1.7 die Entwurfsplanung,

2.1.8 der Lageplan Baustelleneinrichtungsfläche,

2.1.9 alle technischen Vorschriften und Normen in der bis zur Abnahme jeweils aktuellen Fassung wie z.B. DIN-Normen, EN-Normen, ISO-Normen, VDI/VDE-Richtlinien einschließlich veröffentlichter Entwürfe, soweit sie den allgemein anerkannten Regeln der Technik entsprechen, die Herstellerrichtlinien und -vorschriften sowie die sonstigen allgemein anerkannten Regeln der Technik zum Zeitpunkt der Abnahme,

2.1.10 die einschlägigen Bestimmungen zum Arbeitsschutz wie z.B. die Baustellenverordnung und die Regelungen zum Arbeitsschutz auf Baustellen, das Arbeitsschutzgesetz, die Arbeitsstättenverordnung und die Arbeitsstättenrichtlinien, die Unfallverhütungsvorschriften und die Bestimmungen der Berufsgenossenschaften, die Richtlinien und Vorschriften der Deutschen Sachversicherer und die Herstellerrichtlinien und -vorschriften,

2.1.11 öffentlich-rechtliche Gesetze, Verordnungen und sonstige Vorschriften des Bundes, der Länder und sonstiger öffentlich-rechtlicher Körperschaften, wie z.B. das Kreislaufwirtschaftsabfallgesetz, die Nachweisverordnung, das Abfallverzeichnis, das Bundesimmissionsschutzgesetz und die entsprechenden Verordnungen und Durchführungsvorschriften, die Bauordnung des Landes ..... und ergänzende Durchführungsvorschriften.

2.1.12 Die Allgemeinen Vertragsbedingungen für die Ausführung von Bauleistungen (VOB/B), in der zum Zeitpunkt der Auftragserteilung geltenden Fassung,

2.1.13 Die Allgemeinen Technischen Vertragsbedingungen für Bauleistungen (VOB/C).

2.2 Weitere Vertragsbestandteile sind nicht vereinbart.

§ 3 Vertretung des Auftraggebers

3.1 Der Auftraggeber bevollmächtigt folgende Personen, ihn rechtsgeschäftlich zu vertreten:
Architekt .....
Gesetzliche Vertretungsbefugnisse bleiben von der vorstehenden Regelung unberührt.

3.2 Änderungen und das Erlöschen der Vollmacht müssen dem Auftragnehmer gegenüber angezeigt werden.

§ 4 Leistungsumfang des Auftragnehmers

Die vom Auftragnehmer zu erbringenden Leistungen werden durch diesen Bauvertrag und die in § 2 aufgeführten Vertragsbestandteile beschrieben.

§ 5 Vergütung

5.1 Die Vergütung des Auftragnehmers erfolgt auf der Grundlage der von ihm angebotenen und verhandelten Einheitspreise und der tatsächlich ausgeführten, durch Aufmaß belegten Leistungen sowie der für Teilleistungen vereinbarten Pauschalpreise.

5.2 Die vorläufige Vergütung beträgt danach 350.000,00 € brutto (Kalkulation gemäß **Anlage 1**).

§ 6 Nachunternehmer

Der Auftragnehmer ist verpflichtet, dem Auftraggeber Auskünfte über eingesetzte Nachunternehmer und die mit ihnen abgeschlossenen Verträge zu erteilen, soweit dies zur Wahrnehmung der Rechte des Auftraggebers erforderlich ist und berechtigten Interessen des Auftragnehmers oder des Nachunternehmers nicht widerspricht oder der Geheimhaltung unterliegt.

§ 7 Leistungsänderungen

7.1 Die Anordnung von Leistungsänderungen und deren Vergütung richtet sich nach den Vorschriften der VOB/B.

7.2 Anordnungen erfolgen aus Beweisgründen schriftlich und dürfen nur von Personen erteilt werden, die zur Anordnung von Leistungsänderungen nach den Regelungen dieses Vertrages berechtigt sind.

7.3 Als Nebenpflicht hat der Auftragnehmer auch bei Ansprüchen nach §§ 1 Nr. 3, 2 Nr. 5 VOB/B entstehende Mehrkosten dem Auftraggeber unverzüglich schriftlich anzuzeigen.

§ 8 Ausführungsfristen

8.1 Die Parteien vereinbaren folgende voraussichtliche Ausführungsfrist:

Beginn der Ausführung der Leistungen auf der Baustelle: voraussichtlich ab dem ..... (einige Tage nach Eröffnung des Insolvenzverfahrens), Gesamtfertigstellung spätestens am .....

§ 9 Rechnung/Zahlung

9.1 Der Auftragnehmer ist berechtigt, Abschlagsrechnungen für vertragsgemäß erbrachte Leistungen einschließlich etwaiger Nachtragsleistungen zu stellen. Die Fälligkeit von Abschlagsrechnungen tritt jeweils innerhalb von sieben Werktagen nach Zugang beim Auftraggeber ein, wenn der Abschlagsrechnung eine prüffähige Aufstellung über die ausgeführten und abgerechneten Leistungen beigefügt ist.

9.2 Die Bezahlung von Abschlagsrechnungen stellt weder ein Anerkenntnis des erreichten Bautenstandes noch eine Abnahme der ausgeführten Leistungen dar.

9.3 Die Schlussrechnung ist innerhalb von zwei Wochen nach Fertigstellung der Leistung und Durchführung der Endabnahme nach diesem Vertrag mit allen notwendigen Unterlagen in prüffähiger Form aufzustellen und dem Auftraggeber zuzuleiten. Die Schlussrechnungsstellung setzt in jedem Fall die ordnungsgemäße Abnahme nach diesem Bauvertrag voraus. In der Schlussrechnung müssen die bisher geleisteten Abschlagszahlungen jeweils nochmals einzeln aufgeführt werden. **Die Umsatzsteuer ist auszuweisen, soweit nicht der Auftraggeber nach § 13b UStG Steuerschuldner ist.**

9.4 Die Schlusszahlung erfolgt nach Ablauf einer angemessenen Prüffrist, spätestens innerhalb von zwei Wochen nach Zugang der Schlussrechnung.

§ 10 Aufmaß

Die Abrechnung der Vergütung des Auftragnehmers erfolgt auf der Grundlage des Aufmaßes der tatsächlich ausgeführten Leistungen. Das Aufmaß ist zwischen Auftragnehmer und Auftraggeber gemeinsam zu erstellen und zu unterzeichnen.

§ 11 Abnahme

11.1 Nach Fertigstellung sämtlicher Leistungen des Auftragnehmers findet gem. §§ 12 Nr. 1, 12 Nr. 4 VOB/B eine förmliche Abnahme statt.

11.2 Der Auftragnehmer hat die Fertigstellung der Vertragsleistung schriftlich anzuzeigen und die Abnahme zu beantragen. Eine Abnahme erfolgt zwölf Werktage nach Zugang der Anzeige beim Auftraggeber.

§ 12 Mängelansprüche

Die Mängelhaftung richtet sich nach den Vorschriften der VOB/B.

§ 13 Sicherheiten

Als Sicherheit für die Vertragserfüllung und für die Mängelansprüche wird der Auftragnehmer auf einem Sperrkonto, über das der Auftraggeber und der Auftragnehmer nur gemeinsam verfügen können, einen Betrag in Höhe von zehn v.H. der Auftragssumme (brutto) für die Restleistung einzahlen. Dem Auftraggeber steht bei etwaigen Mängelansprüchen nur dieser Sicherheitseinbehalt zur Verfügung. Darüber hinausgehende Ansprüche gegen den Auftragnehmer sind ausgeschlossen.

§ 14 Sonstige Bestimmungen

14.1 Änderungen und Ergänzungen sowie mündliche Nebenabreden zu diesem Vertrag sind nicht getroffen worden. Aus Beweisgründen ist für Vertragsänderungen und Ergänzungen ebenfalls die Schriftform zu wählen. Dies gilt auch für das Schriftformerfordernis selbst.

14.2 Sollten Bestimmungen dieses Vertrages unwirksam sein oder werden oder sollte sich in dem Vertrag eine Lücke herausstellen, so wird hierdurch die Gültigkeit der übrigen Bestimmungen des Vertrages nicht berührt. Die Vertragsparteien haben sich so zu verhalten, dass der angestrebte Zweck erreicht wird und alles unternommen wird, was erforderlich ist, um die Teilnichtigkeit zu beheben bzw. die Lücke auszufüllen. Anstelle der unwirksamen Bestimmung oder zur Ausfüllung der Lücke soll eine angemessene, rechtlich zulässige Regelung treten, die dem am nächsten kommt, was die Vertragparteien gewollt hätten, wenn sie die Teilnichtigkeit oder Lücke bedacht hätten.

14.3 Für die Durchführung dieses Vertrages gilt das Recht der Bundesrepublik Deutschland.

14.4 Erfüllungsort für alle Verpflichtungen aus diesem Vertrag ist der Ort des Bauvorhabens.

..... , den .....

.....	.....
Auftraggeber	Insolvenzverwalter (nach Eröffnung unterschreiben)

Anlage B 9 – Mustervertrag für eine im vorläufigen Insolvenzverfahren fortgeführte Baustelle mit Schlussrechnungslegung

722

Vereinbarung

zwischen

RA Hermann

als Insolvenzverwalter der Allbau GmbH

- nachfolgend Insolvenzverwalter genannt -

und

.....

- nachfolgend Auftraggeber genannt -

Präambel

Der Auftraggeber beauftragte die Firma Allbau GmbH mit Sitz in ..... – im weiteren Gemeinschuldnerin genannt – auf der Grundlage des Vertrags vom ..... mit der Erstellung des Rohbaus sowie der erweiterten Rohbauarbeiten an dem Bauvorhaben „ ..... “. Das Amtsgericht ..... hat mit Beschluss vom ..... – Aktenzeichen ..... IN ..... / ..... – das Insolvenzverfahren eröffnet und Herrn Rechtsanwalt ..... als Insolvenzverwalter bestellt. Der Beschluss liegt dieser Vereinbarung als Anlage 1 bei.

Zum Zeitpunkt der Eröffnung des Insolvenzverfahrens waren die zwischen den Vertragsparteien bestehenden und sich aus dem Vertrag vom ..... ergebenden wechselseitigen Vertragsverpflichtungen noch nicht vollständig erfüllt. Die Vertragsparteien hatten in einer gemeinsamen Leistungsstandsfeststellung die seitens der Gemeinschuldnerin bis zum Zeitpunkt des ..... (kurz vor Eröffnung des Insolvenzverfahrens) erbrachten Werkleistungen festgestellt. Auf der Grundlage dieser Leistungsstandsfeststellung hat die Gemeinschuldnerin mit Schlussrechnung vom ..... ihre bis kurz vor Insolvenzeröffnung erbrachten Leistungen abgerechnet. Die unter dem ..... (Datum) seitens der Gemeinschuldnerin erstellte, jedoch seitens des Auftraggebers noch nicht geprüfte Schlussrechnung endet mit einem noch ausstehenden Zahlungsbetrag in Höhe von ..... € brutto.

Dies vorausgeschickt wird Nachfolgendes vereinbart:

1. Die Parteien kommen darüber ein, den Bauvertrag vom ..... im beiderseitigem Einvernehmen für die Zukunft aufzuheben. Etwaige noch bestehende Vertragsverpflichtungen aus dem Bauvertrag vom ..... sind seitens des vorläufigen Insolvenzverwalters nicht mehr zu erfüllen und werden seitens des Auftraggebers erlassen.

2. Die Parteien sind sich einig, dass der (ursprüngliche) Bauvertrag vom ..... auf der Grundlage der gemeinsamen Leistungsstandsfeststellung sowie der erstellten Schlussrechnung vom ..... (kurz vor Insolvenzeröffnung) abzurechnen ist. Die Schlussrechnung wird am ..... an den Auftraggeber übergeben. Auf eine gemeinsame Abnahme der erbrachten Leistungen wird einvernehmlich verzichtet (alternativ: Die gemeinsame Abnahme der erbrachten Leistungen findet am ..... statt).

3. Die Parteien kommen darüber ein, dass der Auftraggeber bei der Prüfung der Schlussrechnung vom ..... eine etwaig durch die Gemeinschuldnerin verwirkte Vertragsstrafe von der zu ermittelnde Schlusszahlung nicht in Abzug bringen wird.
Ein sich aus der endgültigen Prüfung der Schlussrechnung ergebender Vergütungsanspruch der Allbau GmbH wird spätestens 14 Tage nach Zusendung des Prüfungsergebnisses der Schlussrechnung vom ..... an den Insolvenzverwalter auf das nachfolgend bezeichnete Konto des Insolvenzverwalters gezahlt:

Kto.-Nr .....

..... Bank

BLZ .....

Die Zahlung hat bedingungslos und unter Verzicht auf jegliche bestehende Zurückbehaltungs- und Aufrechnungsrechte zu erfolgen. Der Insolvenzverwalter nimmt den hiermit erklärten Verzicht an.

4. Darüber hinaus kommen die Parteien überein, dass die Baustelle durch die Gemeinschuldnerin von nicht mehr benötigtem Schalungsmaterial und Bauschutt bis spätestens zum Ablauf der 44. Kalenderwoche beräumt wird. Darüber hinausgehende Leistungen werden von dem Auftraggeber gegenüber dem Insolvenzverwalter nicht mehr verlangt.

5. Der Bauzaun bleibt bestehen und wird von dem Auftraggeber übernommen. Eventuelle Schäden, die durch ein unsachgemäßes Aufstellen des Bauzaunes durch die Gemeinschuldnerin noch vor der Eröffnung des Insolvenzverfahrens verursacht wurden, werden durch die Insolvenzverwaltung der Versicherung der Gemeinschuldnerin gemeldet. Soweit die Versicherung der Gemeinschuldnerin eine Regulierung der Ansprüche ablehnt, kann der Auftraggeber etwaige Schadensersatzansprüche im Rahmen des Insolvenzverfahrens der Allbau GmbH ausschließlich zur Insolvenztabelle anmelden. Eine Zahlungsverpflichtung des Insolvenzverwalters aufgrund der hier getroffenen Vereinbarung besteht nicht und wird ausdrücklich ausgeschlossen.

6. Die Versorgung der Baustelle mit Baustrom und Bauwasser wird für einen Zeitraum von drei Wochen ab Abschluss dieser Vereinbarung durch den Insolvenzverwalter vorgehalten. Etwaige entstehende Kosten für Baustrom und Bauwasser gehen jedoch ab dem Zeitpunkt der Eröffnung des Insolvenzverfahrens zulasten des Auftraggebers und werden durch diesen bezahlt. Der Auftraggeber verpflichtet sich ausdrücklich, den Insolvenzverwalter von etwaigen entstehenden Kosten für Baustrom und Bauwasser freizustellen und diese zu übernehmen.

7. Hinsichtlich der sich aus dem Bauvertrag vom ..... ergebenden Gewährleistungsverpflichtungen der Gemeinschuldnerin für die bis zum Zeitpunkt der Insolvenzeröffnung erbrachten Leistungen kommen die Parteien darüber ein, dass die Gewährleistungsfrist fünf Jahre beträgt und mit rechtswirksamem Abschluss dieser Vereinbarung beginnt. Darüber hinaus sind sich die Parteien darüber einig, dass etwaige Gewährleistungsansprüche durch den Insolvenzverwalter nicht erfüllt werden. Insbesondere besteht Einigkeit darüber, dass der Abschluss dieser Vereinbarung keine Erfüllungswahl des Bauvertrages vom ..... durch den Insolvenzverwalter beinhaltet. Etwaige Gewährleistungsansprüche können seitens des Auftraggebers ausschließlich im Rahmen des Insolvenzverfahrens zur Insolvenztabelle angemeldet werden.

8. Hinsichtlich der dem Auftraggeber vorliegenden Vertragserfüllungs- und Gewährleistungsbürgschaft in Höhe von ..... € der ..... Bank vom ..... – Bürgschaftsnummer ..... – kommen die Parteien darüber ein, dass diese zunächst beim Auftraggeber verbleibt. Der Auftraggeber verpflichtet sich hiermit sowohl gegenüber dem Insolvenzverwalter als auch gegenüber dem Bürgen, die vorliegende Vertragserfüllungs- und Gewährleistungsbürgschaft zunächst nicht in Anspruch zu nehmen. Nach der Ausschreibung und Vergabe der bis zum Zeitpunkt der Insolvenzeröffnung durch die Gemeinschuldnerin nicht erbrachten Restleistungen vereinbaren die Parteien hinsichtlich eines eventuell bestehenden und durch die Bürgschaft besicherten Schadensersatzanspruches sich über die Schadenshöhe zunächst vorab auszutauschen und zu verständigen, bevor die Bürgin aus der Bürgschaft durch den Auftraggeber in Anspruch genommen wird.

9. Änderungen dieser Vereinbarung bedürfen der Schriftform, soweit nicht eine strengere Form kraft Gesetz gilt. Gleiches gilt auch für diese Schriftformklausel. Nebenabreden bestehen nicht.

10. Sollten einzelne Bestimmungen dieser Vereinbarung ganz oder teilweise unwirksam sein oder werden oder sollte die Vergleichsregelung Lücken enthalten, so wird die Wirksamkeit der übrigen Bestimmungen nicht berührt. In diesem Fall sind die Parteien verpflichtet, unwirksame oder lückenhafte Bestimmungen durch solche Bestimmungen zu ersetzen, wie sie nach Sinn und Zweck bei Abschluss dieses Vergleiches vernünftigerweise vereinbart worden wären.

11. Gerichtsstand für etwaige Streitigkeiten aus und im Zusammenhang mit dieser Vereinbarung ist .....

Frankfurt am Main	Frankfurt am Main .....
.....	.....
Insolvenzverwalter	Auftraggeber

Anlage K 1 – Muster einer Schlussrechnung zwischen einem privaten Bauherrn und dem Generalunternehmer

723

Bauherr

Nummer
Datum: 27.09.2008
St.-Nr.:

Ausf.-Zeitr.: Sep. 2008

SCHLUSSRECHNUNG

Kurz-Name: Rohbau
Objekt:
Umbau, Erweiterung

Positions-Nr.	Leistungs-Beschreibung	Menge	Einh.	EP/EUR	GP/EUR
01. . .	NEUBAU - UMBAU				
01.01. .	Baustelleneinrichtung				
01.01.01.	Baustelleneinrichtung				
01.01.01.0001	Einrichten und Räumen der Baustelle	1,000	PSCH	121.929,00 €	121.929,00 €
01.01.01.0002	Reinigung des Bauleitungsbüros	38,000	StWo	40,40 €	1.535,20 €
01.01.01.0003	Bauzaun, geschlossen	84,170	m	17,75 €	1.494,02 €
01.01.01.0004	Zulage für Tor	2,000	St	1.090,80 €	2.181,60 €
01.01.01.0010	Treppenturm Vorläufig	2,500	St	1.411,20 €	3.528,00 €
01.01.01.0011	Vorhaltung über 4 Wochen	70,000	StWo	28,15 €	1.830,50 €
01.01.01.0014	Schuttcontainer, Inhalt 7 m^3, Holz	2,000	st	280,00 €	560,00 €
01.01.01.0016	Schuttcontainer, Inhalt 7 m^3, Restmüll	1,000	st	465.00 €	465,00 €

RECHNUNGS-NR.: Datum:
KURZNAME: Rohbauarbeiten

Objekt: Umbau, Erweiterung

SCHLUSSRECHNUNG; Objekt-Nr.: ____________________

Zusammenstellung:	Netto/EUR	MwSt/%	MwSt/EUR	Brutto/EUR
Forderung:	2.238.848,84 €	19,00 %	425.381,28 €	2.664.230,12 €

Rechnungsobjekte: 1 bis 17

36063	46.679,72 €	16,00%	7. 468,75 €	54.148,47 €
36064	38.775,74 €	16,00%	6.204,12 €	44.979,86 €
36067	40.162,08 €	16,00%	6.425,93 €	46.588,01 €
36073	141.914,84 €	16,00%	22.706,38 €	164.621,22 €
36082	188.705,40 €	16,00%	30.192,86 €	218.898,26 €
37001	130.089,57 €	19,00%	24.717,02 €	154.806,59 €
37006	94.429,22 €	19,00%	17.941,55 €	112.370,77 €
37012	114.672,05 €	19,00%	21.787,69 €	136.459,74 €
37016	149.941,02 €	19,00%	28.488,79 €	178.429.81 €
37022	230.606,66 €	19,00%	43.815,26 €	274.421,92 €
37031	227.979,53 €	19,00%	43.316,11 €	271.295,64 €
37039	85.051,57 €	19,00%	16.159,80 €	101.211,37 €
37042	110.607,90 €	19,00%	21.015,50 €	131.623,40 €
37047	125.311,24 €	19,00%	23.809,14 €	149.120,38 €
37054	84.276,64 €	19,00%	16.012,56 €	100.289,20 €
37058	84.033,61 €	19,00%	15.966,39 €	100.000,00 €
37065	42.016,81 €	19,00%	7.983,19 €	50.000.00 €
	1.935.253,60 €		354.011,04 €	2.289.264,64 €
Forderung:	303.595,24 €	19,00%	57.683,10 €	361.278,34 €

Anlage K 2 – Muster einer Rechnung vom Nachunternehmer an den Generalunternehmer

724

Bauwerksabdichtung

RECHNUNG
Datum:
E-Mail:
Internet:
Telefon:
Ansprechpartner:

Rechnungsnummer

Kundennummer

Firma A

BV: Tiefgarage
Vertrags-Nr.:
Projekt:
Gewerk: Verpressarbeiten
Unsere Bauakte Nr.
Abrechnung gem. Baustellenserviceleistungen

Pos.	Text	Anzahl	Einheit	Einzelpreis	Betrag/EURO
1.01	Arbeitstägliche Baustelleneinrichtung, inkl. An- und Abfahrten der Kolonne zur Baumaßnahme, sowie Einrichten und Räumen der Baustelle	14,00	Tag	125,00	1.750,00
1.02	Sanierung von stark wasserführenden Rissen, eingerechneter Materialverbrauch von 0,5 kg pro lfm an Injekt	56,00	lfm	119,25	6.678,00
1.03	Injektionspacker zum Verpressen von stark wasserführenden Fehlstellen, eingerechneter Materialverbrauch von 0,5 kg pro lfm an Injekt	38,00	Stück	24,30	923,40
1.04	Materialmehrverbrauch an Injekt	431,00	Kg	14,50	6.249,50
1.05	Zusätzlich notwendige Arbeiten, Bereitsstellung von Injektionstechnikern lt. beigefügten Arbeitsberichten	102,00	Std.	52,00	5.304,00
1.06	Epoxidharzmörtel	47,00	kg	19,50	916,50
Zwischensumme			€		21.821,40
Gesamtbetrag			€		21.821,40

Kein Ausweis der MwSt. Leistungsempfänger ist Steuerschuldner gemäß § 13b Abs. 1 Ziffer 4 UstG.

Zahlungsbedingungen: 31 Tage netto

Wir bitten um Überweisung auf unser Konto Nr. .... bei der Sparkasse

BLZ .... bis zum ....

Anlage K 3 – Gesetzestext § 13b UStG

§ 13b UStG – Leistungsempfänger als Steuerschuldner 725

(1) [1]Für folgende steuerpflichtige Umsätze entsteht die Steuer mit Ausstellung der Rechnung, spätestens jedoch mit Ablauf des der Ausführung der Leistung folgenden Kalendermonats:

1. Werklieferungen und sonstige Leistungen eines im Ausland ansässigen Unternehmers;
2. Lieferungen sicherungsübereigneter Gegenstände durch den Sicherungsgeber an den Sicherungsnehmer außerhalb des Insolvenzverfahrens;
3. Umsätze, die unter das Grunderwerbsteuergesetz fallen;
4. Werklieferungen und sonstige Leistungen, die der Herstellung, Instandsetzung, Instandhaltung, Änderung oder Beseitigung von Bauwerken dienen, mit Ausnahme von Planungs- und Überwachungsleistungen. Nummer 1 bleibt unberührt;
5. Lieferungen von Gas und Elektrizität eines im Ausland ansässigen Unternehmers unter den Bedingungen des § 3g.

[2]§ 13 Abs. 1 Nr. 1 Buchstabe a Satz 2 und 3 gilt entsprechend. [3]Wird in den in den Sätzen 1 und 2 genannten Fällen das Entgelt oder ein Teil des Entgelts vereinnahmt, bevor die Leistung oder die Teilleistung ausgeführt worden ist, entsteht insoweit die Steuer mit Ablauf des Voranmeldungszeitraums, in dem das Entgelt oder das Teilentgelt vereinnahmt worden ist.

(2) [1]In den in Absatz 1 Satz 1 Nr. 1 bis 3 genannten Fällen schuldet der Leistungsempfänger die Steuer, wenn er ein Unternehmer oder eine juristische Person des öffentlichen Rechts ist; in den in Absatz 1 Satz 1 Nr. 5 genannten Fällen schuldet der Leistungsempfänger die Steuer, wenn er ein Unternehmer ist. [2]In den in Absatz 1 Satz 1 Nr. 4 Satz 1 genannten Fällen schuldet der Leistungsempfänger die Steuer, wenn er ein Unternehmer ist, der Leistungen im Sinne des Absatzes 1 Satz 1 Nr. 4 Satz 1 erbringt. [3]Die Sätze 1 und 2 gelten auch, wenn die Leistung für den nichtunternehmerischen Bereich bezogen wird. [4]Die Sätze 1 bis 3 gelten nicht, wenn bei dem Unternehmer, der die Umsätze ausführt, die Steuer nach § 19 Abs. 1 nicht erhoben wird.

(3) Die Absätze 1 und 2 finden keine Anwendung, wenn die Leistung des im Ausland ansässigen Unternehmers besteht

1. in einer Personenbeförderung, die der Beförderungseinzelbesteuerung (§ 16 Abs. 5) unterlegen hat,
2. in einer Personenbeförderung, die mit einem Taxi durchgeführt worden ist,
3. in einer grenzüberschreitenden Personenbeförderung im Luftverkehr,
4. in der Einräumung der Eintrittsberechtigung für Messen, Ausstellungen und Kongresse im Inland oder
5. in einer sonstigen Leistung einer Durchführungsgesellschaft an im Ausland ansässige Unternehmer, soweit diese Leistung im Zusammenhang mit der Veranstaltung von Messen und Ausstellungen im Inland steht.

(4) [1]Ein im Ausland ansässiger Unternehmer ist ein Unternehmer, der weder im Inland noch auf der Insel Helgoland oder in einem der in § 1 Abs. 3 bezeichneten Gebiete einen Wohnsitz, seinen Sitz, seine Geschäftsleitung oder eine Zweigniederlassung hat. [2]Maßgebend ist der Zeitpunkt, in dem die Leistung ausgeführt wird. [3]Ist es zweifelhaft, ob der Unternehmer diese Voraussetzungen erfüllt, schuldet der Leistungsempfänger die Steuer nur dann nicht, wenn ihm der Unternehmer durch eine Bescheinigung des nach den abgabenrechtlichen Vorschriften für die Besteuerung seiner Umsätze zuständigen Finanzamts nachweist, dass er kein Unternehmer im Sinne des Satzes 1 ist.

(5) Bei der Berechnung der Steuer sind die §§ 19 und 24 nicht anzuwenden.

(6) Das Bundesministerium der Finanzen kann mit Zustimmung des Bundesrates durch Rechtsverordnung bestimmen, unter welchen Voraussetzungen zur Vereinfachung des Besteuerungsverfahrens in den Fällen, in denen ein anderer als der Leistungsempfänger ein Entgelt gewährt (§ 10 Abs. 1 Satz 3), der andere an Stelle des Leistungsempfängers Steuerschuldner nach Absatz 2 ist.

Anlage K 4 – Muster für eine Freistellungsbescheinigung zum Steuerabzug gem. § 48b Abs. 1 Satz 1 EStG

Finanzamt 726

Offenbach am Main-Land

Finanzamt Offenbach am Main-Land. Postfach 100552 63005 Offenbach

Firma

Steuernummer
Geschäftszeichen

Bearbeiter/in

Zimmer
Telefon
Fax

Dienstgebäude
Ihr Zeichen
Ihre Nachricht

Datum

Für Internetabfrage (vgl. Hinweis): Steuernummer .... Sicherheits-Nummer ....

Freistellungsbescheinigung zum Steuerabzug bei Bauleistungen gemäß § 48b Abs. 1 Satz 1 des Einkommensteuergesetzes (EStG)

Firma, Name:	Vorname:
Umsatzsteuer - Rechnungsnummer:	Rechtsform:
Anschrift:	

wird hiermit bescheinigt, dass der Empfänger der Bauleistung (Leistungsempfänger) von der Pflicht zum Steuerabzug nach § 48 Abs. 1 EStG befreit ist.

Diese Bescheinigung gilt vom 01.02.2007 bis zum 31.01.2008.

Wichtiger Hinweis:

Diese Bescheinigung ist dem Leistungsempfänger im Original auszuhändigen, wenn sie für bestimmte Bauleistungen gilt. Ist die Bescheinigung für einen allgemeinen Zeitraum gültig, kann auch eine Kopie ausgehändigt werden. Das Original ist mit Dienstsiegel. Unterschrift und Sicherheits-Nummer versehen.

Der Leistungsempfänger hat die Möglichkeit, sich durch eine Prüfung der Gültigkeit der Freistellungsbescheinigung über ein eventuelles Haftungsrisiko Gewissheit zu verschaffen. Diese Prüfung kann durch eine Internetabfrage beim Bundeszentralamt für Steuern www.bzst.de) erfolgen. Dazu werden die Daten beim Bundeszentralamt für Steuern gespeichert und bei einer Internetabfrage dem Leistungsempfänger bekanntgegeben. Bestätigt das Bundeszentralamt für Steuern die Gültigkeit nicht oder kann der Leistungsempfänger eine Internetabfrage nicht durchfuhren, kann er sich durch Nachfrage bei dem auf der Freistellungsbescheinigung angegebenen Finanzamt Gewissheit verschaffen. Das Unterlassen einer Internetabfrage beim Bundeszentralamt für Steuern oder beim Finanzamt begründet für sich allein keine zur Haftung führende grobe Fahrlässigkeit.

Die Befreiung von der Pflicht zum Steuerabzug gilt für Zahlungen, die innerhalb des o.g. Gültigkeitszeitraumes und oder für die o.g. Baulistung geleistet werden. Die Aufrechnung (Verrechnung) des Leistungsempfängers mit Gegenansprüchen gegenüber dem Leistenden!) steht einer Zahlung gleich.

Der Widerruf dieser Bescheinigung bleibt vorbehalten.

In Auftrag | Dienstsiegel

Bitte geben Sie stets die Steuernummer oder das Geschäftszeichen an. Sie erleichtern damit sich und uns die Arbeit. Vielen Dank.

Sprechzeiten:	Finanzservicestelle - montags, dienstags donnerstags von 07:30 - 15:30 Uhr, mittwochs von 13:00 - 18.00 Uhr und freitags von 07:30 -12:00 Uhr oder nach Vereinbarung
Gleitende Arbeitszeit:	Anrufe bitte montags bis donnerstags von 08.30 - 12:00 Uhr und 13:30 - 15:30 Uhr. freitags von 08:3G - 12:00 Uhr

Bieberer Straße 59 63065 Offenbach am Main Telefon (0 69) 8C91-1 Telefax ;0 69) 80 91-34 00

E-Mail: Internet de

Bankverbindungen: (beim Finanzamt Offenbach am Main - Stadt) Landesbank Hessen-Thüringen.
BLZ: 530 500 00. Kto: 1 000 447 BIC: HELADEFF. IBAN: DE76 5005 0000 0001 0004 47
DT BBK Fil. Frankfurt am Main. BLZ 500 000 00. Kto 50 001 500

Stichwortverzeichnis

Die Zahlen verweisen auf die Randnummern.

Insolvenzrechtsportal.de
herausgegeben von Haarmeyer/Wutzke/Förster

Jede Insolvenzverwaltung ist ein Kraftakt.
Entscheidend ist, wie Sie ihn meistern.

Ein echtes Power-Paket: Für Ihren Erfolg als Insolvenzverwalter!

Einfach gratis testen unter:
www.insolvenzrechtsportal.de
oder Test anfordern per
Fax: 0 18 05/53 97 10* oder
per Telefon: 0 18 05/53 97 99*

(*14 Cent pro Minute aus dem dt. Festnetz)

Bringen Sie sich mit Insolvenzrechtsportal.de in Bestform:

- ✔ **Innovative Online-Dienste:** Rechtsprechungsreport, Insolvenz-Forum, Pushdienst mit aktuellen Insolvenzbekanntmachungen usw.
- ✔ **Über 50 Kommentare:** Präsenzkommentar von Haarmeyer/Wutzke/Förster, Hamburger Kommentar zum Insolvenzrecht und viele andere mehr…
- ✔ **Über 100 Hand- und Formularbücher** sowie Fachlexika im Sofort-Zugriff
- ✔ **Aktuelle Fachzeitschriften** inklusive stets verfügbarem Online-Archiv: ZInsO, DZWIR, InsbürO etc.
- ✔ **Mehr als 50.000 Volltext-Entscheidungen**, sorgfältig ausgewählt und redaktionell angereichert.

Testen Sie Insolvenzrechtsportal.de 4 Wochen GRATIS!

www.insolvenzrechtsportal.de

PRAXISLÖSUNGEN FÜR RECHT & VERWALTUNG
Mandantengewinnung | Recherche-Lösungen | Kanzlei-Management | Wissensmanagement

LexisNexis®

LexisNexis and the Knowledge Burst logo are trademarks of Reed Elsevier Properties Inc., used under license. © 2008 LexisNexis, a division of Reed Elsevier Inc. All rights reserved.

Bestens gerüstet!

Das Formularbuch Insolvenzrecht in neuer Auflage!

Prof. Dr. Hans Haarmeyer/
Dr. Gerhard Pape/Guido
Stephan/Cornelius Nickert (Hrsg.)
Formularbuch Insolvenzrecht
Regelinsolvenzverfahren · Planverfahren · Eigenverwaltung · Internationales Insolvenzrecht
2. Auflage Dezember 2008
ca. 800 Seiten
gebunden inkl. CD-ROM
Preis ca. 128,– €
ISBN 978-3-89655-262-4

Ihr Lotse durch das Insolvenzverfahren!

Mit ca. 240 Mustern haben Sie mit diesem Formularbuch jederzeit eine **konkrete Handlungsanleitung** zur Abwicklung selbst komplexer Insolvenzverfahren zur Hand! Durch die am Aufbau der Insolvenzordnung orientierte Struktur des Buches verfügen Sie über alle relevanten Informationen für die im jeweiligen Verfahrensabschnitt notwendigen Schritte.

Die 2. Auflage des Formularbuchs berücksichtigt vollständig alle Änderungen infolge des Gesetzes zur Vereinfachung des Insolvenzverfahrens vom 13. April 2007 **(VereinfG 2007)**.

Jedem Themenkomplex ist eine **kurze Einleitung** vorangestellt, die Muster werden **an neuralgischen Punkten kommentiert**. Dabei werden insbesondere auch die neuesten Entwicklungen in Rechtsprechung und Literatur dargelegt und Problemschwerpunkte für die Praxis aufgezeigt. Zur besseren Bearbeitung am eigenen PC sind alle Muster auch auf der **beiliegenden CD-ROM** enthalten.

Außerdem: Mit diesem Werk ist der Insolvenzverwalter auch für die Abwicklung von Internationalen Insolvenzverfahren in deutscher und englischer Sprache bestens gewappnet.

Am besten sofort bestellen:
Telefon: 0 22 03/10 02 479
Fax: 0 22 03/10 02 195 oder
E-Mail: bestellung@lexisnexis.de

ZAP

LexisNexis®

Damit Ihre Schlussrechnung kein böses Ende nimmt!

Dipl.-Rpfl. Michael Heyrath/FA für Steuer- und Insolvenzrecht Stefan Ebeling/ Steuerberater Dipl.-Kfm. Dr. Reinhard Reck

Schlussrechnungsprüfung im Insolvenzverfahren

1. Auflage September 2008

237 Seiten, broschiert

Preis 44,– €

ISBN 978-3-89655-370-6

Das **aktuelle Handbuch** zur Schlussrechnungsprüfung im Insolvenzverfahren liefert Ihnen fundierte Handlungsanleitungen für die ordnungsgemäße, sinnvolle und schnell nachvollziehbare Darstellung der durchgeführten Verwaltung und der sich daran anschließenden Schlussrechnung.

Schnelle Antworten auf alle Fragen

Neben den wichtigen Grundlagen wie Zeitpunkt, Bestandteile und Ziele der Rechnungslegung sind auch einzelne Beanstandungen und Qualitätsanforderungen sowie bewährte Methoden für die Überprüfung der Rechtmäßigkeit der Schlussrechnung umfassend erläutert.

Die praktische Lösung

Zahlreiche Arbeitshilfen wie Formulare, Checklisten und Beispielrechnungen sowie eine umfangreiche Mustersammlung erleichtern Ihnen die Umsetzung in die Praxis. Einen außergewöhnlichen Mehrwert liefert die einzigartige Zusammenstellung der **besten 100 Prüfungstipps** für das Gericht und den Verwalter.

Am besten sofort bestellen:
Telefon: 0 22 03/10 02 479
Fax: 0 22 03/10 02 195
E-Mail bestellung@lexisnexis.de
oder bei Ihrem Buchhändler

ZAP

LexisNexis®

Die Insolvenzanfechtung in Theorie und Praxis

Profitieren Sie von unverzichtbarem Know-how!

Rechtsanwalt Berthold Schäfer
Insolvenzanfechtung
anhand von Rechtsprechungsbeispielen
2. Auflage September 2008
ca. 350 Seiten, gebunden
mit CD-ROM
Preis ca. 58,– €
ISBN 978-3-89655-347-8

Das Insolvenzanfechtungsrecht anhand von über 100 Beispielsfällen:

Das Insolvenzanfechtungsrecht gehört zu den kompliziertesten Bereichen des Zivilrechts und ist dabei für Sie von erheblicher praktischer Bedeutung.

RA Berthold Schäfer, wissenschaftlicher Mitarbeiter bei BGH-Rechtsanwälten, ist mit dem Thema Insolvenzanfechtung seit vielen Jahren in der Praxis vertraut. Gezielt greift er über 100 Sachverhalte aus der umfangreichen höchstrichterlichen Rechtsprechung auf, erläutert diese anschaulich und zeigt ihre Konsequenzen **für die Praxis** auf.

Durch diese systematische Herangehensweise, die instruktive Sachverhaltsanalyse und eine komprimierte Darstellung hilft Ihnen das Buch selbst bei der Erfassung schwierigster Sachverhalte. Damit ist das Werk ein wertvoller **Leitfaden** für Ihre eigene erfolgreiche Insolvenzanfechtung.

Die 2. Auflage jetzt mit **neuen Entscheidungen** z. B. zur Globalzession, zur Anfechtung einer einheitlichen Rechtshandlung, zur mittelbaren Zuwendung gegenüber mehreren Anfechtungsgegnern u.v.m.

Sie finden die maßgebliche Rechtsprechung zu allen Schwerpunkten des Insolvenzanfechtungsrechts:

- § 129 InsO – Tatbestandsmerkmal der Rechtshandlung
- § 129 InsO – Erfordernis der objektiven Gläubigerbenachteiligung
- § 130 InsO – Anfechtung einer kongruenten Deckung
- § 131 InsO – Anfechtbarkeit wegen inkongruenter Deckung
- § 132 InsO – Anfechtbarkeit unmittelbar nachteiliger Rechtshandlungen
- § 133 Abs. 1 InsO – Vorsätzliche Gläubigerbenachteiligung in Kenntnis des anderen Teils
- § 134 InsO – Anfechtbarkeit unentgeltlicher Leistungen des Schuldners
- § 135 InsO – Anfechtung der Befriedigung oder Sicherung bei Eigenkapitalersetzenden Gesellschafterleistungen
- § 142 InsO – Bargeschäft
- § 143 InsO – Wesen, Wirkung und Rechtsfolgen der Insolvenzanfechtung

Am besten sofort bestellen:
Telefon: 0 22 03/10 02 479
Fax: 0 22 03/10 02 195 oder
E-Mail: bestellung@lexisnexis.de

ZAP

LexisNexis®